让你轻松带团队的
管理心理学

牧之 ◎ 著

一本书破解团队心理密码　带出最有战斗力的尖刀团队

立信会计 出版社
LIXIN ACCOUNTING PUBLISHING HOUSE

图书在版编目（CIP）数据

让你轻松带团队的管理心理学 / 牧之著. -- 上海：立信会计出版社，2015.1

（去梯言）

ISBN 978-7-5429-4397-2

Ⅰ.①让… Ⅱ.①牧… Ⅲ.①管理心理学 – 通俗读物 Ⅳ.①C93-05

中国版本图书馆CIP数据核字（2014）第263588号

策划编辑　蔡伟莉
责任编辑　方士华
封面设计　久品轩

让你轻松带团队的管理心理学

出版发行	立信会计出版社
地　　址	上海市中山西路2230号　　邮政编码　200235
电　　话	（021）64411389　　　　　传　　真　（021）64411325
网　　址	www.lixinaph.com　　　　 电子邮箱　lxaph@sh163.net
网上书店	www.shlx.net　　　　　　　电　　话　（021）64411071
经　　销	各地新华书店
印　　刷	固安县保利达印务有限公司
开　　本	720毫米×1000毫米　　　　 1/16
印　　张	18.75　　　　　　　　　　 插　　页　1
字　　数	240千字
版　　次	2015年1月第1版
印　　次	2016年11月第3次
书　　号	ISBN 978-7-5429-4397-2/C
定　　价	36.00元

如有印订差错，请与本社联系调换

前　言

许多管理者都有过这样的困惑:自己付出了很多努力和心血,有时甚至可以说是事必躬亲、鞠躬尽瘁,然而员工的工作积极性难以提高,会议中作出的决策难以执行下去,队伍松散,员工各行其是,工作互相推诿,执行力和战斗力不强,工作难以打开局面,队伍和企业绩效低下。

为什么会出现这样的现象,其中的症结究竟何在？要解答这一问题,先来看下面一则管理小故事。

素有"经营之神"之称的日本松下电器总裁松下幸之助,有一次在一家餐厅招待客人,一行六人都点了牛排。等六个人都吃完主餐,松下让助理去请烹调牛排的主厨过来,他还特别强调："不要找经理,找主厨。"助理注意到,松下的牛排只吃了一半,心想一会儿的场面可能会很尴尬。

主厨来时很紧张,因为他知道请自己的客人不一般。"是不是牛排有什么问题？"主厨紧张地问。"烹调牛排,对你已不成问题,"松下说,"但是我只能吃一半。原因不在于厨艺,牛排真的很好吃,你是位非常出色的厨师,但我已80岁了,胃口大不如前。"

主厨与其他的五位用餐者困惑得面面相觑,大家过了好一会儿才明白怎么一回事。"我想当面和你谈,是因为我担心,当你看到只吃了一半的牛排被送回厨房时,心里会难过。"

这则故事揭示了这样一个管理哲理:对下属表示关心和善意,比任何礼物都能产生更多的效果。时刻真情关怀下属感受的领导,将完全捕获下属的心,并让下属心甘情愿为他赴汤蹈火。

管理的对象是人而非机器,管理的过程是与人打道的过程。而人是有灵性、有意识和心智存在的高等动物，每个人都有自己的内在心理活动，管理者如果在管理中忽略人的因素，不重视员工的心理变化，不注重从心理上寻找解决管理问题的方案和途径，那么管理起来就会变得困难重重，最终陷入管理的死角，陷入进退维谷的境地。

管理不仅仅是一种单纯的管人活动，也不仅仅是一种能力和技术，更是对人的心理探索的过程。这就是管理心理学所关注的要点和探讨的内容。管理心理学是把心理学的知识应用于分析、说明、指导管理活动中的个体和群体行为的心理学。它可以调动人的积极性，改善组织结构和领导绩效，提高工作、生活质量，建立和谐文明的人际关系，最终达到提高管理水平和发展生产的目的。

管理工作不是使用"蛮力"就所能做好的，而是需要施以"巧力"。就施以"巧力"而言，必须以掌握人的心理规律为基础，这是前提条件。本书以精练的语言、经典的事例、独到的见解，对管理心理学的原理和方法进行了深入浅出的解析，从领导素质、员工激励、团队管理、沟通技能、识人用人、培训育人等方面，深入剖析了管理心理学在管理各个环节中的应用之道，系统梳理了在执行过程中管理者可能遇到的各类心理问题，并给管理者提出了疏导、解决这些心理问题的基本方案。全书内容充实，观点科学，有较强的思想性、逻辑性、操作性、指导性、实用性，是管理者提高自身能力、管好员工、带好队伍的必读指南。

管理者如果能够深刻领会掌握并加以灵活运用心理原理、效应和定律，将其融会贯通到平时的管理活动中，就能充分调动员工的积极性，使人尽其才、才尽其能，从而收到事半功倍的管理效果，全面提升管理实效，打造出一个强大而富有活力的团队。

先带人心后带队伍，带队伍就是带人心，优秀的管理者首先要是一位优秀的心理学家。学会管理心理学，掌握管理人心的利器，快速聚拢人心；运用管理心理学，轻松带好队伍，提升绩效，开创辉煌！

目 录

第1章 管人先管心，先带人心后带团队
——管理要懂心理学

管理的核心是"人" /3

管理与心理的关系 /4

什么是管理心理学 /5

管理心理学的历史演变 /7

管理中的心理效应 /14

根据下属的心理特征调整管理方式 /21

管理的对象是人而不是机器 /25

第2章 做优秀的精神领袖，让团队跟着你跑
——领导魅力心理学

优秀领导应具备的成功素质 /37

优秀领导应拥有的一般才能 /51

优秀领导应掌握的人际沟通技巧 /64

优秀领导应了解的魅力修炼要诀 /74

第3章　点燃员工激情，让员工自动自发完成任务
——员工激励心理学

让激励真正产生作用（一）——给员工以物质上的满足 /95

让激励真正产生作用（二）——给员工以精神上的满足 /104

让激励真正产生作用（三）——最佳激励组合 /114

让激励真正产生作用（四）——最佳激励典范 /128

第4章　掌握沟通"蜂舞"法则，带团队如鱼得水
——组织沟通心理学

沟通力是一种管理关键能力 /141

领导工作离不开沟通 /143

掌握沟通的类型 /147

几种常见的沟通障碍及克服方法 /152

建立完善的沟通制度 /157

改善企业中沟通的困境 /159

深入团队基层，到处走走访访 /161

提供有效沟通的机会和氛围 /164

"5~15报告"沟通方法 /167

视意见为财富 /170

不拘形式地进行良好的沟通 /171

第5章　把人心凝聚成一股绳，抱团打天下
——团队管理心理学

什么是团队 /181

三种类型的团队 /183

　　工作团队的成员角色 / 186
　　团队成功的注意事项 / 189
　　抱成团走向胜利：苹果的创业历程 / 191
　　企业需要三种人：梦想家、生意人和"杂种狗" / 193
　　如何化解团队中的冲突 / 194
　　构建优秀团队的指导思想和行事技巧 / 196

第6章　以人为本知人善任，用活人才带活团队
——识人用人心理学

　　选用人才应持有的正确观念 / 203
　　识别人才中的心理法则 / 206
　　任用人才的一般原则 / 213
　　只有合理分工才能使下属心情舒畅 / 221
　　人只有做符合自己秉性的事才会更积极 / 223
　　用人与信任——用人不疑，疑人不用 / 224
　　有失公平的用人心理 / 227
　　玩弄权术是用人的忌讳 / 231
　　用人以长，容人之短 / 232
　　察人所短，因人而用 / 233
　　人心各异，方法有别 / 236
　　放手让下属去干，会有意想不到的成就 / 239
　　激起下属的好斗心，才能使他有更大的决心 / 241

第7章　人性管理凝聚人心，留住人才带稳团队
——留人心理学

　　多方面的心理抵触导致人才流失 / 247

让员工产生归宿感是留住人才的根本方法 /249

人性化管理，留住员工的心 /251

轻易地开除员工只能造成更多人的心理不安 /253

合适的解雇方法要以保护员工自尊心为基础 /256

第8章　给员工输送新鲜血液，让团队从优秀到卓越
——培训育人心理学

培训的含义 /263

员工培训的类型 /265

培训的方式 /267

培训的方法和技术 /269

优秀企业的培训经验 /270

人性育人术（一）——洞察下属的学习需求 /273

人性育人术（二）——润物细无声的秘诀 /277

第1章
管人先管心，先带人心后带团队
——管理要懂心理学

世界管理大师彼得·圣吉说："三流管理者学管理知识，二流管理者学管理技巧，一流管理者修炼管理心智。"中国著名企业家柳传志也说："经营人才，最重要的一点就是经营人心。"管理的核心是人，管人的核心是管心。

管理的过程其实就是一个经营人心的过程，管理之道在于管理人心。每一位优秀、成功的管理者，都应该是一位优秀的心理学家。

管理的核心是"人"

在现代社会,管理的价值大家几乎一致认同,但有关管理的概念却各有各的说法。

目前,对于管理的概念,大致有两种代表性的观点:

(1)管理是一种工作程序和办事的方法。持此观点的人认为,管理职能可划分为计划、组织、协调、指挥、监督等五个方面,而所有的职能均是工作的细化、简化,是充分地利用人力物力而有效实现目标的科学手段。

(2)管理是处理人与事的艺术。持这一观点的人认为,管理是要以有效的方法达到目的的具体行为。这就必然要求在实践上设计一种行得通的解决办法。这时,艺术就是达到某种所需要的具体结果的"诀窍"。因此,认为管理应该是一种行为的知识,即运用实际技巧的艺术。管理所要应对的主要是"人"和"事",而人的思想、行为以及心理情绪差异万千、难以捉摸,各种事物的形态、种类、关系等变化无穷,所以管理是不能用固定不变的法则来应付千变万化的"人"和"事"的。因此,在管理实践中必须运用高超的艺术,才能激发组织成员的工作热情、汇集众人的才智、实现组织的共同目标。

总之,如果对管理一词作最通俗最简单的解释,就是促使人把事做好。比较具体地讲,管理的概念应该是以下四项基本内涵的综合:

(1)管理是一种具有科学原则和运用艺术的方法及工作程序。

(2)管理的核心是"人",建立分工合作的、融洽的人际关系是其重点。

(3)管理的对象是"事",是充分利用各种资源以满足人类物质和精神需要的"事"。

(4)管理的目的是以最高的效率达成目标。

管理与心理的关系

心理学家莫利儿曾说过:"人是心理的动物,其情绪、价值、思考、意念和抉择莫不被环境、教育和经验所左右。"由于组织的主体是"人",人们在管理的过程中,对事物的观点不尽相同,对利害的反应也不一致,其心理的变化、情绪的高低,都将会刺激其行为。同时,人与人之间的相处、人与事的调适,也都易受到主观意识的影响,招致许多非常情所能理解、非常理所能衡量的纷扰,故"管理"与"心理"两者之间,实是具有一种互动的因果关系存在。

一个人在组织中的行为比较复杂,不能忽略其对管理的情境所产生的影响,而这种影响也体现了管理与心理的关系。所谓行为,是指代表个人肉体与精神上的各种动作。其产生的基本过程,依据行为科学家李威特的说法:"一个人的行为产生,总是因先受到某种刺激,才引发某种需要(即行为动机),而产生某种行为。"从需要到达成目的的行为过程中,一般都会伴随着一种心理学上所称的紧张状态。故欲了解一个人的行为,通常都可从他的眼神、脸色或一些心理现象中察觉。事实上,一个人的行为,无一不是一种选择,而每一种选择,也无一不是根据某种价值观念和心理或生理上的需求所做出的。换言之,人的行为是有原因、有动机的,是目标导向的。

传统的管理理论,将职工当作管理的工具,把个人在工作上的种种努力视为当然,并不认为个人的心理因素对管理成败存在影响。事实上,组织既是由"人"所组成的集合体,任何组织不管工作科学化、专业化到何种程度,绝不能把人与机器用同样的方法去处理,因为"人"毕竟是有灵性、有意识和心智存在的高等动物。

因此,一个管理者和组织,必须从人性的观点把人当人看,从心理的分析知道其行为的原因,从外部的刺激反应了解他需要满足的层次与内涵,进而多关切、多尊重、藉以激发其生命共同体的团队精神，唯有这样，才有可能成为成功的管理者和组织。

什么是管理心理学

管理心理学是把心理学的知识应用于分析、说明、指导管理活动中的个体和群体行为的工业心理学分支。它有助于调动人的积极性、改善组织结构和领导绩效，提高工作生活质量，建立健康文明的人际关系，达到提高管理水平和发展生产的目的。

中国古代就有丰富的管理心理学思想。例如，春秋末年军事家孙武在《孙子兵法》一书中就写道："道者，令民与上同意也，故可以与之死，可以与之生，而不畏危。"孙武强调领导与下属之间意愿协调一致的重要性，这在今天看来也是十分重要的管理心理学原则。

中国古代的管理哲学思想充分反映在关于人性的争论上。荀子认为"今人之性，饥而欲饱，寒而欲暖，劳而欲休，此人之情性也"（《荀子·性恶》）。孟子则认为："人性之善也，犹水之就下也。"中国古代管理心理学思想已经受到管理心理学家的广泛重视，中国的有关古籍也成了一些国家培养管理人员的必读书目。

不过，管理心理学的产生和发展还是与现代化大生产密切相联系的。19世纪末，资本主义得到发展，生产规模日益扩大，对企业的管理也更为复杂，劳动组织和合理安排也提到科学研究的日程。这时出现了科学管理的学院，其代表人物是弗里德里克·泰勒（Frederick W.Taylor，1856-1915）。泰勒着重研究了工人操作合理化的问题，但他把人看成是经济人，忽视了人的社会性。

第一次世界大战对管理心理学的发展起了促进作用，参战各国都力图利用心理学原则来改进管理，提高生产为战争服务。例如，制定人员选拔和训练的方法，研究最有效的组织形式，调整工人与管理人员的关系等。

第二次世界大战后，工业生产的发展提出了一些新的问题，如人在生产中社会性因素的作用等。以社会心理学家梅奥（George E.Mayo，1880-1949）为首的一批专家进行了霍桑实验，提出了"社会人"的思想。他们认为，单靠物质刺激不能保证调动工人的积极性。良好的人际关系、有利的社会条件与工作效率有更密切的关系。此外，他们还提出了非正式组织在群体中的作用。

第二次世界大战中工业心理学的发展，强调研究人–机关系，同时也提出了解决人–人关系，人–组织关系的问题。战后，许多学者总结了战时的经验，考虑到有必要建立一门研究人的行为的综合科学，认为可以把人与社会、人与生产中的诸因素统一加以考虑。于是，1949年在美国芝加哥大学的一次讨论会上，便提出了"行为科学"这一名称。其后美国福特基金会给予了经济上的支持；在许多大学中开展了有关行为科学的研究，并出版了行为科学杂志。

由于行为科学这一名称过于广泛，有人把医学中的行为研究、动物行为研究等也包括在内，不能突出与生产管理有关的工作。所以后来有不少科研机构与专家采用"组织行为学"或"组织心理学"的名称，专指在一定组织内活动的个体和群体行为的研究。在中国则多用"管理心理学"这一名称。

管理心理学主要研究与组织行为有关的人的个体特点，如动机、能力、性向等；人的群体特点，如群体的分类、人与组织的相互作用等；领导行为特点，如领导风格，领导的评估与培训等；组织理论与组织变革，如组织的模型，组织变革与组织开发研究等；工作生活质量研究，着重从改善工作环境，工作丰富化、扩大化方面调动职工的积极性，提高生产率；跨文化管理心理学，比较不同的地区、国家、社会制度、文化背景下管理行为的异同，为国际间的经济交流、合作经营企业提供科学依据。

在研究方法方面，管理心理学并没有一种适用于解决一切问题的通用的方法。它主要以心理学及社会学的研究方法，如观察法、访谈法、问卷法量表法、个案分析、准实验研究、社会调查、公众意见调查等方法为基础，结合管理实际，根据不同的情况、不同的问题，采用适宜的方法，使问题的解决有客观的科学的根据。

西方国家组织行为学主要应用于人力资源的研究，如利用测验方法选拔职工，或应用"评价中心方法"对领导进行评价；由专家组帮助企业增加自我完善的能力，带动各种组织进行改革；决策理论的应用，如协助大企业对重大项目、经营战略进行审定等。采用决策会议方式，在专家指导下，利用电子计算机及专门的决策软件可以大大加快决策的制定过程和提高决策的质量；工作生活质量研究，如制定更完善的作业班制度，防止事故，减少工作的应激等。

管理心理学的历史演变

早期管理理论

一、科学管理理论

从19世纪末至20世纪初，管理逐步成为一门科学，并形成了科学管理学派。这一学派注重工作任务的分析与设计，以提高生产效率为直接的管理目标，以便增强组织效能，即通过科学的管理方法，取得高额利润和长远发展。科学管理的主要代表人物是泰勒。泰勒通过在伯利恒钢铁公司进行的著名的"搬铁块"实验和"时间-动作分析"，以及相继完成的"铁锹实验"、"金属切削实验"等多项实验，提出了"劳动定额"、"工时定额"、"工作流程图"、"计件工资制"等一系列科学管理制度和方法。他于1911年所发表的《科学管理原理》一书，成为科学管理学派的代表作。泰勒提出了以

下科学管理原则：

（1）把工作组织的所有责任分配给经理而不是工人。由管理人员负责工作的计划和设计，而让工人执行工作任务。

（2）运用科学方法决定每一工作任务的最好方式。由经理设计每位工人的工作，确定完成任务的标准和方法。

（3）对每一种工作选择最适合的人。经理应该使每位工人的能力与各自工作的需要相匹配。

（4）对工人进行培训，以便正确从事其工作。经理应该训练工人在工作中运用标准的方法。

（5）对工作作业进行监控，以保证正确执行具体工作程序，并取得适当成果。经理应该实施规范的控制，确保所管辖的工人总是以最佳的方式开展工作。

（6）通过计划工作任务分配和消除中断动作来提供进一步支持。经理能够帮助工人继续完成高水平工作任务。

科学管理的焦点仍然是人。其他一些管理科学家也在科学管理的发展中作出了重要贡献，例如，亨利·L·甘特（HenryL.Gantt，1861~1919）建立的"任务奖金工资计划"，把员工任务成效与管理人员的奖金联系在一起。他所发明的"计划比较图表"，以甘特的名字命名，称为"甘特图表"。现代管理中流行的"方案评价与回顾技术"（PERT）就是以甘特图表为基础的。弗兰克·吉尔布雷斯（FrankGilbreth，1868-1924）和丽莲·吉尔布雷斯（LillianGilbreth，1878-1972）夫妇发明的一种快速测量仪，进行了动作研究，对工人操作时的手部动作进行了细致的分析，确定了每一动作所需的时间。我国企业现行的"劳动定额"、"工时定额"、"计件工资"等管理制度，都在很大程度上来源于"泰勒制"。这些制度与系统的管理目标联系在一起，发挥了积极的作用。

当时工业心理学的主流以曾经担任美国心理学会主席的胡戈·明茨伯格（Hugo Münsterberg）为代表。他的《心理学与工业效率》一书系统地总结了早期管理心理学的研究成果，论述了采用心理测验方法选拔合格员工的心理技术学问题，主要研究职业选拔和职业培训、工作疲劳、劳动合理化等方面的问题。胡戈·明茨伯格成为把心理学应用于商务与工业的先驱，尤其在工作安全和把能力倾向与工作样本测验用于员工选拔方面著称，并且，第一个把效度验证作为正式标准程序引入人员选拔实践。正如胡戈·明茨伯格的经典论著所表明的，早期工业心理学主要关注的是通过更好的员工选拔、培训方法、工作设计和工作场所布局等关键途径，提高工作效率。因此，其思路与科学管理理论相一致。他所创立的心理技术学研究的基本思路是，挑选和培养合格的人员去适应他们所要掌握的机器和承担的工作任务，即解决人适应岗位的问题。这些研究为管理心理学体系的形成做了准备。

二、行政管理理论和组织理论

几乎在科学管理发展的同时，行政管理学派也日益引人注目。与科学管理学派注重降低生产活动成本的思路不同的是，行政管理学派强调提高行政管理程序的效益。行政管理学派以亨利·法约尔（HenriFayol，1841-1925）为代表，他在担任法国矿业及冶金公司的总经理期间，提出了一系列行政管理原则，首先确定了五大管理职能：计划、组织、指挥、协调和控制（到了20世纪70年代，哈罗德·孔茨等管理学家以法约尔的管理职能为框架确定了现代管理学的基本轮廓，之后，更多的管理学家又将管理学的五大职能进一步确定为计划、组织、领导、控制四大职能）。法约尔具体论述了14条管理原则：①工作分工；②权威与责任；③纪律；④指令单元；⑤指导单元；⑥个体与整体利益；⑦人事报酬；⑧集中化；⑨层次链；⑩命令；⑪平等；⑫工龄稳定性；⑬首创精神；⑭团队协调。

法约尔的理论对于组织管理理论与实践产生了巨大的影响。

与此同时，马克斯·韦伯（MaxWeber，1864-1920）的层峰组织模型描述了管理的分化与整合特征。他提出层峰组织的六大特点：选拔与晋升标准、权威层次、规则与规章、劳动分工、书面文件和所有制分离。上述理论为提高行政管理规范化和组织效能研究，奠定了充分的理论基础。

行为科学理论

现代管理理论的重要发展是20世纪30年代至70年代兴起的行为科学理论。行为科学理论涉及心理学、政治学、社会学、人类学和管理学，行为科学的研究使管理思想出现了重大的转变，即从强调个体特征转移到注重"群体动力过程"，从而使管理心理学得到了长足的发展和完善。

一、霍桑研究与人群关系理论

行为科学学派是以霍桑研究为标志而形成和发展起来的。在1924年至1932年的霍桑研究中，以哈佛大学著名心理学家梅奥为首的一批学者，在美国芝加哥附近的西方电气公司霍桑工厂进行了一系列实验，运用科学方法考察员工工作行为。

霍桑研究分为三个阶段，用以评价物理条件变化和管理措施对于工作效能的影响。在霍桑研究的第一阶段，研究者分析了厂房照明对生产率的影响。测试组所在的工作场所照明强度变化，而对照组则处于恒定照明强度条件。研究者曾预期，测试组员工会由于灯光的明暗而影响劳动生产率；对照组则会因为照明强度恒定而保持产量稳定。出乎意料的是，两个组的生产率都提高了。研究者们分析认为，可能是社会条件变化，如员工受到研究者的重视，说明了两组生产的提高。为了验证这一假设，研究者进行了进一步的实验，考察职务简化、奖励、缩短工作时间、工间休息和友好监管等措施的效应。结果表明，生产率的提高在很大程度上是由于管理方式和群体关系及规范而引起员工态度的变化。因此，霍桑研究表明，员工的士气和积极性主要决定于群体规范、群体奖励和工作支持等社会心理因素。霍桑研究对注重效益与个体的科学管理和行政管理原则提出了挑战，并推动了"人际关系"理论的发展，把管理的焦点从单纯改进效益转移到增强员工成长、团队关系和满意感。霍桑研究可以说是管理心理学的开端。

二、X理论与Y理论

20世纪60年代，人群关系理论出现两个基本思路：X理论与Y理论。道格拉斯·麦格雷格（Douglas McGregor，1906–1964）提出了X理论，其基本假设认为：

（1）人天生是不喜欢工作的，他们会尽可能逃避工作。

（2）多数人都不愿负责任，无雄心大志，必须受别人的指导。

（3）用强制、惩罚的办法才能迫使他们为实现组织目标而工作。

持X理论观点的管理者，单纯从经济效益出发来管理和组织生产的各种元素——金钱、材料、设备和人员；注重于激励员工、指挥与控制他们的行为、矫正其行为，以满足组织的需要；认为员工对于组织需要都是被动和抵制的，需要加以说服、奖励或惩罚。麦格雷格认为，科学管理与行政管理学派比较倾向于X理论，而人群关系理论则更接近于Y理论。

Y理论主要有以下几点假设：

（1）在体力和心理上努力工作，就像游戏和休息。人们生来并非不喜欢作。

（2）外部控制和惩罚并非仅有的指挥工作、实现组织目标的途径，人们能对所承诺目标的实施进行自我指导和控制。

（3）对于目标的承诺与对成就的奖励密切有关，最显著的奖励是自我和自我实现需要的满足，它会使人们朝着组织目标而努力。

（4）回避责任、缺乏雄心大志、追安求稳等，都不是与生俱来的特征，在适当情景下，人们会学会接受和寻求责任。

（5）人们都具有想象力和创造性，并能在现实中加以运用。

持Y理论观点的管理者，除了从经济效益来组织生产的各种元素——金钱、材料、设备和人员，还把注意力放在帮助员工认识和开发自身的各种能力；管理的基本任务是设计和安排各种组织条件与方法。Y理论注重于帮助员工学会管理自己，而X理论则试图对员工加以控制，这是两种十分不同的管理思路。

行为科学理论研究的问题范围很广泛，既包括个体的激励、满意，也涉及群体动力、领导行为，以及组织管理的一般问题。这些问题也成为管理心理学理论体系的重要组成部分。

三、管理心理学应用

到20世纪30年代末，尽管只有100位左右的工业心理学家，管理心理学在第二次世界大战期间却获得了重要的进展。1921年，卡内基技术大学授予了第一个工业心理学博士学位。工业心理学逐步成为重要的职业领域，许多企业开始录用全职心理学家。同时，专业心理学咨询公司也应运而生。西方电气、美西百货、宝洁公司等各类公司都从心理学咨询公司雇用心理学家，取得管理心理学服务。

开放组织理论与战略管理理论

一、权变思想与认知理论的影响

从20世纪60年代起，组织管理理论和管理心理学受到权变思想和认知理论的显著影响。权变的观点认为，没有哪一个理论、程序或规则是在所有情景中都是行得通的；特定管理途径的有效性取决于所管理的情景特征。由于权变思想的影响，组织管理和管理心理学理论开始把研究重点，从寻求具有一般意义的管理规则转移到探索特定理论的关键条件。在研究的构思上，日益注意理论和关键因素的层次性。20世纪70年代以来，出现了一系列具有权变思想的新理论。

此外，随着认知心理学的兴起和发展，人类信息加工的思想也对管理理论和管理心理学产生了巨大的冲击。在认知能力、因果关系归因、激励理论、管理决策、人员选拔与评价、领导模式、组织设计和学习组织等领域，都提出了注重管理心理深层次认知成分的理论模型。例如，有关激励的认知评价理论和有关决策过程的权变理论等。

二、开放式组织理论

20世纪70年代初，出现了开放组织理论。这一理论把组织看成一个系统，这个系统由若干相互关联的子系统组成，并具有向外界环境开放的特点。其基本思想认为，子系统应付环境变化的能力以及子系统之间的协同程度，决定了组织的整体功能。一个组织可以包含行政、生产、财务、市场、销售、人力资源等子系统。组织的生存与发展，取决于这些子系统的协同能力。

开放式组织理论的典型模型有D.Katz与R.L.Kahn的系统过程模型和F.Emery与E.Trist的资源转换模型。开放式组织理论的研究使管理心理学在20世纪70年代和80年代日益注重组织层面的问题，有力地推动了管理心理学的发展。

三、战略管理理论

20世纪80年代后期，随着跨国经营的迅速扩展和组织变革的持续深入，管理理论越来越重视战略管理的思想。"战略管理"的概念起源于军事管理，"战略"一词来源于希腊语中的strategos，意思是指一位将军有关某次战役的整体设计。战略管理是有效地设计、实施和评价跨职能管理决策的过程。战略管理针对组织目标作出资源规划、制定使组织实现可持续发展的管理战略。战略管理要求管理者采用新的管理思路：超越组织边界和时间构架。这就是说，战略管理需要从组织内外关键因素及其互动关系和时间发展阶段的整体、动态的观点出发，设计与确定管理举措和行动。

战略管理理论的发展大大拓宽和加强了管理心理学的组织心理研究思

路，尤其在组织文化、交叉文化理论、管理授权和团队建设理论等几个方面形成了新的领域。

管理心理学与相关学科的关系

当今的许多管理心理学家，一边在大学的学术机构从事研究，一边在各个应用领域检验管理心理学理论，尤其集中于人们在组织背景中的行为。管理心理学和组织行为学与人事管理学有着密切的关系。组织行为学在很大程度上来源于管理心理学，不过，组织行为学与管理心理学相比，覆盖更广的领域，并且更为关注组织层面的因素和问题，需要运用心理学、社会学和人类学等多学科的原理。

管理中的心理效应

在人力资源管理的实践中，各级管理者如果能够灵活运用和处理一些心理效应，就能充分调动被管理者的积极性，使人尽其才、才尽其能，从而收到事半功倍的管理效果。

一、贝尔效应

英国学者贝尔天赋极高，曾经不止一个人预计说，如果他毕业后进行晶体和生物化学的研究，一定会赢得多次诺贝尔奖。但他却心甘情愿地选择了另一条道路——甘当人梯，提出一个个课题，指引别人进行研究，登上一座座科学的顶峰。于是有人把他这种甘为人梯的行动称为"人梯效应"，也称作"贝尔效应"。

宋朝太尉王旦曾经专门在皇帝面前夸赞寇准的长处，推荐他为宰相，但寇准却多次在皇帝面前痛陈王旦的缺点。

有一天，皇帝忍不住对王旦说："你虽然夸赞寇準的优点，可是他经常说你的坏话。"王旦却说："本来应该这样。我在宰相的位子上时间很久，在处理政事时失误一定很多。寇準对陛下不隐瞒我的缺点，愈发显示出他的忠诚，这就是我看重他的原因。"

有一次，王旦主持的中书省送寇準主持的枢密院一份文件，违反了规格。寇準马上将此事向皇帝汇报，使王旦因此受到责备。然而事隔不到一个月，枢密院有文件送中书省，结果也违反了规格，办事人员兴奋地把这份文件送交王旦，以为王旦定会报复寇準，可他没有这么做，而是把文件退还给枢密院，希望他们修正。对此，寇準十分惭愧，见到王旦时便恭维他度量大。后来，寇準升任武胜军节度使，寇準感谢皇帝对他的了解。不料皇帝却说："此乃王旦的推荐。"寇準更加敬服王旦。

王旦做宰相12年，推荐的大臣十几个，大多很有成就。王旦身上体现出来的，就是现代人所说的贝尔效应。其实，也不妨叫做"王旦效应"。

管理者应该向贝尔和王旦学习一下，自觉运用贝尔效应。一个成功的管理者，应该以国家和民族大业为重、以单位和集体利益为先，发扬伯乐精神和人梯精神，慧眼识才、努力养才、放手用才。

二、鲶鱼效应

以前，挪威人在海上捕得沙丁鱼后，希望鱼能活着抵达港口，因为活鱼比死鱼的价格高好几倍，然而只有一艘渔船能成功地带活鱼回港。人们纷纷探访，想知道这位船长是怎么做的。可他严守成功秘密。直到他死后，人们打开他船上的鱼槽，发现和别人的没有什么不同，只不过里面多了一条鲶鱼。百思之后终于明白，原来鲶鱼装入鱼槽后，由于环境陌生、生性好动而四处游荡，偶尔追杀沙丁鱼。沙丁鱼则因发现异己而紧张不已，四处逃窜，把整槽鱼搅得上下浮动，也使水面不断波动，从而氧气充分。如此这般，就能保证沙丁鱼活蹦乱跳地运进渔港。这就是所谓的"鲶鱼效应"。

在管理中运用"鲶鱼效应",是指当一个组织内部在人浮于事、缺乏效率等情况下,在内部挖掘或从外部引入一些"鲶鱼"。通过提升他们的积极性和主动性,来带动和刺激组织的其他人员,从而在组织内部形成一个人人向上的良好竞争氛围。这里的"鲶鱼"是指那些个人素质高、业务能力强、有着较强的个人感召力的业务骨干。他们在组织中可以拥有一定范围内的权力,但他们常常运用的却是非领导力,依靠个人魅力去带动和激励组织中的其他人员。

"鲶鱼效应"在管理中的作用表现在两个方面:带动作用和刺激作用。带动作用表现在那些"鲶鱼"有着较高的个人素质、较强的业务能力和较强的个人感召力,周围的人群总是在关注着他们、不知不觉地仿效并追随他们。刺激作用表现在"鲶鱼"积极向上、能力强,能够获得比其他人更多的领导关注、支持和更好的待遇,会给组织内其他人群带来压力,从而刺激他们的自尊心,若再辅以得当的引导,就会出现"比、学、赶、超"的良好工作氛围。

三、罗森塔尔效应

美国心理学家罗森塔尔曾做过这样一个实验:他考察某所学校,随意从每班选出3名学生,共18人,将他们的名字制作成一张表格交给校长,很严肃认真地对校长说:经过科学测定,这18名学生都是高智商人才。半年后,他又来到那所学校,竟然发现选出的那18名学生全部脱颖而出。这18人后来也都在不同的岗位上取得了很好的成绩。人们把这种现象反映的心理效应称为罗森塔尔效应(亦称皮格马利翁效应)。

一个成功的管理者,应该充分运用罗森塔尔效应。这就要求,管理者对下属要投入感情和期望,进行特别的诱导,使他们最大限度地发挥自身的主动性、积极性和创造性。例如,管理者在布置某项工作时,应该对下属如是说,"我相信你一定能办好"、"你们能够胜任这项工作"等。如此一来,下属就会积极向你的期待迈进，自身的能力也会很快有所进步。

四、马太效应

《圣经·新约·马太福音》讲述了这样一个故事：主人要外出，临走前把家产分给三个不同才干的仆人，分别是五千两、二千两和一千两银。那个领五千两银的随即去做买卖，又赚了五千两；领二千两的也赚了二千两；唯独那个领一千两的把银子埋到地里。主人回来，对前两位大加赞赏，用原数奖励他们，却把第三位仆人的银子收回来奖给了第一位。随后告诉他们：凡是有的，还要加给他，让他有余；没有的，连他所有的也要夺回来。这个故事反映的现象被人们称为马太效应。

对于企业管理，马太效应包含了三点启示：

（1）要根据每个人的实际能力，量才施用，把最合适的人放在最合适的岗位。量才施用是企业用人应遵守的黄金法则。

（2）要引导人才适应市场经济的发展，树立竞争意识，引入竞争机制。只有在竞争的环境中人才的潜力才会被激发出来，企业才会有不断的创新，才能拥有持久的竞争力。

（3）要运用目标激励机制，奖勤罚懒、优胜劣汰。不过在运用过程中，要掌握分寸。

对企业经营发展而言，马太效应则告诉我们，要想在某一个领域保持优势，就必须在此领域迅速做大。当你成为某个领域的领头羊的时候，即使投资回报率相同，你也能更轻易地获得比弱小的同行更大的收益。而若没有实力迅速在某个领域做大，就要不停地寻找新的发展领域，才能保证获得较好的回报。

五、海潮效应

天体的引力会影响大海的涨落，引力大的时候会出现大海潮，引力小的时候会出现小海潮，引力太弱的时候则不会出现海潮。这种现象被人们称为

海潮效应。

俗话说的"乱世出英雄",其实就是海潮效应的写照,因为"乱世"的时候,社会需要人才、时代呼唤人才,人才就会脱颖而出。现在我们国家处于快速发展时代,需要大量的人才,人才群体便会快速成长起来。

海潮效应对于管理也有重要的意义。一个组织要生存和发展,管理者必须通过调节人才的待遇等措施,实现人才的合理配置,加大组织的人才吸引力。不妨学习一下很多知名企业的管理口号:"以待遇吸引人,以感情凝聚人,以事业激励人。"

六、酒与污水效应

如果把一匙酒倒进一桶污水中,你得到的是一桶污水;如果把一匙污水倒进一桶酒中,你得到的仍是一桶污水。这就是酒与污水效应。

几乎在任何组织里,都存在几个难缠的"人物",喜欢到处搬弄是非、传播流言、破坏组织内部的和谐……他们似乎生下来就是为了搞破坏。他们具有惊人的破坏力,就像果箱里的烂苹果,如果处理不及时,会迅速传染,把果箱里的其他苹果也弄烂。一个正直能干的人进入一个混乱的部门可能会被吞没,而一个无德无才者能很快将一个高效的部门变成一盘散沙。你或许诧异,为什么破坏者能力这么强?其实一句话:破坏比建设容易。一个能工巧匠花费时日精心制作的陶瓷器,一头驴子一秒钟就能毁坏掉。

组织系统是建立在相互理解、妥协和容忍的基础上的,故而也很脆弱,很容易被侵害、毒化。因而,作为管理者,应该注意寻找组织内部的"污水"、"烂苹果"或"驴",并马上把它清除掉。

七、首因效应

一位心理学家对大学生应聘者做过这样一个实验:让两个大学生都做对30道题中的一半,但是让大学生甲做对的题目尽量出现在前15道题,而让大学生乙做对的题目尽量出现在后15道题,然后让决策者对两个大学生进行比较：谁更聪明？结果发现，决策者认为大学生甲更聪明。这就是心理学讲的首因效应。

首因效应职场上到处可见，"新官上任三把火"、"早来晚走"、"恶人先告状"、"先发制人"、"下马威"等，都是想利用首因效应占得先机。

首因效应有负面作用，容易使一个人对另外一个人的评价有失偏颇。主要表现在两个方面：一是以貌取人。对仪表堂堂、风度翩翩的容易得出良好的印象，而其缺点很容易被忽视。二是以言取人。那些口若悬河、对答如流者往往给人留下好印象。

管理者应该避免首因效应的负面作用。比如，在选拔人才时，不可仅凭第一印象取舍，而应该既听其言、观其貌又察其行、考其绩，进行综合评价。

八、奥卡姆剃刀效应

14世纪，英国奥卡姆对无休无止的关于"共相"、"本质"之类的争吵感到厌倦，主张唯名论，只承认确实存在的东西，认为那些空洞无物的普遍性要领都是无用的累赘，应当被无情地"剃除"。他主张：如无必要，勿增实体。这就是常说的"奥卡姆剃刀"。这把"剃刀"曾使很多人感到威胁，被认为是异端邪说。威廉本人也受到伤害。然而，这并未损坏这把"刀"的锋利。相反，经过数百年越来越快，并早已超越了原来狭窄的领域而具有广泛的、丰富的、深刻的意义。

事情总是朝着复杂的方向发展，复杂会造成浪费，而效能则来自于单纯。在你做过的事情中可能绝大部分是毫无意义的，真正有效的活动只是其中的一小部分，而它们通常隐含于繁杂的事物中。找到关键的部分，去掉多余的活动，成功并不那么复杂。

在企业管理中，奥卡姆剃刀效应可进一步深化为简单与复杂效应：把事情变复杂很简单，把事情变简单很复杂。启示我们：在处理事情时，要顺应自然，不要把事情人为地复杂化；要把握事情的实质、主流，解决最根本的问题。

九、晕轮效应

晕轮效应，和首因效应一样，也容易使人发生以点盖面、以偏概全的评价错误。比如，某位干部一次表现好，就认为他一切皆优，犯了一次错误，就说他一贯表现差。晕轮效应容易影响人才考核的准确性和人才评价的可信度。管理者应该避免晕轮效应的负面影响。

十、手表效应

所谓手表效应，是指一个人只有一只表时，可以知道现在是几点钟，而当他同时拥有两只表时却无法确定。两只表并不能告诉一个人更准确的时间，反而会让看表的人失去对准确时间的信心。此时，不妨听听尼采的忠告："兄弟，如果你是幸运的，你只需有一种道德而不要贪多，这样，你过桥更容易些。"因而，你要做的就是选择其中较信赖的一只，尽力校准它，并以此作为你的标准，听从它的指引行事。

现实生活中，很多人被"两只表"弄得无所适从，不知自己该信仰哪一个。还有人在环境、他人的压力下，违心选择了自己并不喜欢的道路，为此而郁郁终生，即使取得了受人瞩目的成就，也体会不到成功的快乐。其实，每个人都应该"选择所爱的，爱所选择的"。这样无论成败都可以心安理得。

在管理上，手表效应给我们一种直观的启发：对同一个人或同一个组织的管理不能同时设置两个不同的目标，不能同时采用两种不同的方法；每一个人不能由两个人来同时指挥，否则将使这个企业或这个人无所适从。另外，每个人都不能同时挑选两种不同的价值观，否则其行为将陷于混乱。

第1章 管人先管心，先带人心后带团队——管理要懂心理学

根据下属的心理特征调整管理方式

日本著名的企业家堤义明曾经说过这样的一段话："我并不是要天才人物为我做事，天才，不会为职业尽责的，我要用的就是有责任感的诚恳的人，他们会在自己的工作岗位上感到满足，从职业中获得快乐，这样的人，才是企业里最需要的人才。"世界上的人形形色色，公司里的职员也鱼龙混杂。一个成功的领导面对着各种各样的下属，不应该是束手无策，让下属搞得团团转，而是左右逢源，掌握各种各样下属的特点，并使他们所有人的才能得到充分发挥，做到人尽其才，物尽其用。

为了更好地说明"根据下属的心理特征调整管理方式"这一原则，下面举出与此相关的几个常见例子，希望能起到举一反三的作用。

一、对待夸夸其谈的下属

任何公司、企业都有这一类型的人，所有的领导对这种类型的下属都不陌生。喜欢虚夸的人通常一开始能给人留下不错的印象，让领导对他们刮目相看，寄予厚望，认为他们富有积极性，并且有发展前途。但是这种人很快就会露出马脚。所以领导者在聘用职员时，一定不要被他们的外表所迷惑，要认真观察他们的言行举止。领导不需要用嘴巴做事的人，需要的是有能力、能解决问题的人。任何一个冷静慎重的领导都不愿任用这种类型的职员。当然有些特殊的职位需要任用好口才的人，但是领导者在考虑口才的同时，也要考虑一下职员的双手。

一个汽车公司新招聘了一批年轻的员工，在面试的过程中，所有参与的领导都对其中一个年轻的小伙子留下了深刻的印象，他在整个过程中，口若悬河，讲任何事情都头头是道，其他的人和他相比，一个个显得很沉默。可是在使用期结束的时候，所有的领导对他都很失望，因为他对所有别人安排

给他的工作，都不屑于动手干，认为都是一些小事情，对他来说，是大材小用。部门经理每天晚上都要给各经理人发出通告，一次让这个年轻人帮他封信封。"我不封，"这个年轻人反抗说，"公司不是请我来封信封的。"他的态度让部门经理很生气，"如果你觉得这事太卑下的话，你就不用在这做事了。"这个年轻人没有办法，只得选择离开。而与他一起来的人，经过勤奋的工作，都有了不错的成绩。

二、对待常有非分要求的下属

作为公司部门的领导或者企业的经理，一定经常有下属向自己提出各种各样的要求。对于那些合情合理的，而自己又有能力做到的要求，应该给予支持。但是也有很多下属喜欢提一些不太合理或者自己没有资格提出的要求。这时，作为领导的你，是应该答应还是应该严词拒绝？答应了，会不会让其他的下属有意见？而不答应会不会影响下属的积极性？这些都是领导不得不考虑的问题。

很多人经理人常听到这样的话："我以前在另一家公司，他们答应……而他们也做到了……"、"而我有点失望，经理似乎并不看重……"，面对这样的情况，许多领导都觉得束手无策。其实，面对这样的下属，如果他确实很有能力，而且他提的要求，也可以做到，那么领导不如满足了他，自己也做回好人。如果他提的要求在你的能力范围以外，你应该把情况如实地告诉他，把选择的权利放到下属自己的手中，让他选择离开或是留下。在这种情况下，下属一般都会理解，并且他们会感受到你的诚意，从而不会有离开的念头。如果是那些能力不高的人，并且他提出的要求也有点过分，那么你就可以毫不犹豫地拒绝他。

三、对待只报喜不报忧的下属

这种类型的人在公司、企业更是很常见，他们为了突出自己的工作成绩，通常汇报工作时，总是拣好听的方面说，而坏的方面则隐瞒不说。这样他们的职位可以得到提升，但是实际上，时间一长，这样的下属会留下无数工作上的隐患。比如，一个部门经理让下属举办一个新产品上市的介绍会，事情过去后，这位下属来给经理汇报工作，"王总，昨天的介绍会开得很成功，许多公司对咱们的产品很感兴趣，都希望做进一步的了解……"如果到此为止，那么经理会真的认为很成功，这位下属很有能力。但是这个经理做事很认真，他后来又找了另外一个下属了解情况，而事实是，介绍会来的人很少，而且中间有几次冷场的局面。

作为经理，一定要警惕这样的下属，特别是对于那些很重要的工作，一定要多方面了解，不要轻信一个人的话，这样容易被蒙蔽，从而不利于工作的进展。

四、对待有后台的下属

社会是一个错综复杂的关系网络，作为一颗网络中的"纽扣"，每个人都不能逃脱这个大的关系网。在一个公司或者企业里，经理人手下经常有一些有后台的下属，面对这样的下属，经理都感到束手无策，怕一不小心，招惹上了麻烦。对待这样的下属，如果他们是很有能力的人，那么应该重用他们，如果有机会，就要提拔他们。这样有能力有后台的下属，晋升的机会很多，很可能有朝一日成为你的上司，所以对这样的人要很客气，也会给对方留下良好的印象。如果这样的下属，是个能力很普通的人，但是他们工作勤勤恳恳，那么经理只要让他们安心工作就行。如果有后台的下属，既没有能力，又很趾高气扬，不把你放在眼里，那么你就尽量与对方隔开距离，最好敬而远之。如果他实在是很过分，那么你也就没必要对他客气，因为你毕竟是他的领导，领导的威信还是要有的。

五、对待爱告密的下属

在我们的现实生活中，总是有很多喜欢向领导打报告的下属。对于这样的下属，作为领导的你一定要慎重对待。这样的下属喜欢夸大其词，小题大做，他们的话，领导一定要有选择地听，也一定要打折性地听。生活中，有许多经理或者领导喜欢偏爱这种人，把他们当作自己必不可少的得力助手，甚至作为公司的中流砥柱，大有心中爱将的感觉。但是经理或者领导者却没有意识到自己对其他下属的了解都是通过他们这些爱告密的人的传达，很可能加入了他们自己的主观见解，所以未必是真实的。同时公司其他的下属已经和自己的领导之间有了一道鸿沟，他们认为领导不重视他们的意见，而是喜欢听那些爱告密的人的谣言。

精明的经理或者领导对于这样的下属是要有保留地任用。他们通过这样的方式对其他下属起到监督的作用，但是又注重向其他的下属了解情况，这样就可以全面了解整个公司或者部门的情况。

六、对待爱迟到的下属

迟到是日常生活中最重要的事情，无论是在企业还是在公司，迟到都是无法避免的事情。但是作为一个经理，在面对着一个又一个的迟到者时，总不免要生气，特别是对于那些习惯迟到的下属。正确对待这样的局面，不仅对于整顿公司的纪律有很重要的作用，并且也决定了经理能否与自己的下属建立良好的关系。

有的人经常迟到，而有的人一年当中可能就迟到了这么一次，所以经理或者领导对于这些迟到者，必须因人、因事而异。不过，所有的领导都会先听听下属迟到的理由，以此来对他们的迟到作出处罚或者是原谅的决定。有的下属坦白地说明了自己的迟到原因，如果说得合情合理，并且也值得原谅，那么经理当然没有难为他们的理由。而如果下属的理由很牵强，而且又没有逻辑性，那么经理对这样的下属就应该提出批评，并且也要注意他们以后的行为，看是不是经常犯这样的错误。还有一种情况，经理通过他们迟到的理由，能发现更严重的问题。比如，有的下属解释自己的迟到是因为晚上睡不着，身体感到不舒服，早上到医院去了。那么经理就应该重视，问清楚这样的下属病情是否很严重，能不能坚持工作，如果病情严重的话，就应该让他们回家休息，不要让病情有进一步的恶化。领导如果处理得合情合理，那么下属自然会心服口服，会很感激领导对自己的关心，工作也会更加努力。这样的领导也会建立良好的上下级关系。

管理的对象是人而不是机器

在现实当中，"管理"一词应用得很广泛，如我们经常会说"管理生产设备"，因此有人就会想当然地认为管理的对象就是生产设备，其实不然，管理者要管理的是负责操作生产设备的人。管理的对象应该是人而不是其他任何具体的物体，管理就是通过别人完成任务的艺术。

为了帮助读者进一步体会管理的对象是人这个概念，下面列举几个很有启发意义的管理小故事，供读者揣摩、感悟。

一、你的错误

作为森林王国的统治者，老虎几乎饱尝了管理工作中所能遇到的全部艰辛和痛苦。它终于承认，原来老虎也有软弱的一面。它多么渴望可以像其他动物一样，享受与朋友相处的快乐，能在犯错误时得到哥们儿的提醒和忠告。

它问猴子："你是我的朋友吗？"

猴子满脸堆笑着回答："当然，我永远是您最忠实的朋友。"

"既然如此，"老虎说，"为什么我每次犯错误时，都得不到你的忠告呢？"

猴子想了想，小心翼翼地说："作为您的属下，我可能对您有一种盲目崇拜，所以看不到您的错误。也许您应该去问一问狐狸。"

老虎又去问狐狸。狐狸眼珠转了一转，讨好地说："猴子说得对，您那么伟大，有谁能够看出您的错误呢？"

管理哲理：想要部属指出你的缺点和错误，首先得让他们确信自己会得到好处，给他们勇气。还有，就是作为主管的你，必须具有明辨是非的眼力和包容的胸怀。

二、管理与管心

美国一家汽车轮胎公司的经理肯特先生，有一次在一家酒馆吃饭，无意中碰了一位喝得酩酊大醉的青年人，因而惹起了这位醉汉的不满，对肯特大打出手。幸亏酒店老板的及时劝阻，肯特才得以脱身。

后来肯特得知这位青年发明了一种能够增强轮胎强度的技术，并且申请了专利，但是他寻找了好几家生产汽车轮胎的厂家，要求他们购买他的专利，结果都扫兴而归，并且受到嘲弄，因而整日抑郁不振，经常来酒馆借酒浇愁。

肯特对在酒馆发生的误会毫不介意，并且决定聘请他来自己的公司做事。

一天早晨，肯特在青年工作的工厂门口等到了这位青年人，但这个青年人却心灰意冷，不愿向任何人谈起他的发明。但是，肯特却一直在工厂的大门口等候。肯特从早上8点钟一直等到了下午6点。这时，那个青年人走出厂门，没想到这次他一见肯特的面，便爽快地答应了与他合作的要求。

肯特也正是在求得这位年轻人之后，才推出了新的汽车轮胎产品，从而取得了巨大的商业成功。

管理哲理：诚到深处情自现，不见诚字不见情。要做一个出色的领导者，只有诚恳待人，宽以待人，才会获得事业上的好伙伴，前进中的好帮手，才能真正地在激烈的社会竞争中立于不败之地。

三、本性难移

从前,有一个地方住着一只蝎子和一只青蛙。蝎子想过池塘,但不会游泳。于是,它爬到青蛙面前央求道:"劳驾,青蛙先生,你能驮着我过池塘吗?"

"我当然能,"青蛙回答,"但在目前情况下,我必须拒绝,因为你可能在我游泳时蜇我。""可我为什么要这样做呢?"蝎子反问,"蜇你对我毫无好处,因为你死了我就会沉没。"

青蛙虽然知道蝎子是多么狠毒,但又觉得它说得也有道理。青蛙想,也许蝎子这一次会收起毒刺,于是就同意了。蝎子爬到青蛙背上,它俩开始横渡池塘。就在它们游到池塘中央时,蝎子突然弯起尾巴蜇了青蛙一口。伤势严重的青蛙大喊道:"你为什么要蜇我呢?蜇我对你毫无好处,因为我死了你就会沉没。"

"我知道,"蝎子一面下沉一面说,"但我是蝎子,我必须蜇你。这是我的天性。"

管理哲理:改造一个人是有限度的。我们需要做的不是试图消除这些弊端,而是把他们的优点合理利用,尽量避免他们的缺点,并力图帮助每个人在其独特天性的基础上持续进步。

四、没有吃完的牛排

素有"经营之神"之称的日本松下电器总裁松下幸之助有一次在一家餐厅招待客人,一行6个人都点了牛排。等6个人都吃完主餐,松下让助理去请烹调牛排的主厨过来,他还特别强调:"不要找经理,找主厨。"助理注意到,松下的牛排只吃了一半,心想一会儿的场面可能会很尴尬。

主厨来时很紧张,因为他知道请自己的客人不一般。"是不是牛排有什么问题?"主厨紧张地问。"烹调牛排,对你已不成问题,"松下说,"但是我只能吃一半。原因不在于厨艺,牛排真的很好吃,你是位非常出色的厨师，但我已80岁了，胃口大不如前。"

主厨与其他的五位用餐者困惑得面面相觑，大家过了好一会儿才明白怎么一回事。"我想当面和你谈，是因为我担心，当你看到只吃了一半的牛排被送回厨房时，心里会难过。"

管理哲理：对别人表示关心和善意，比任何礼物都能产生更多的效果。时刻真情关怀部属感受的领导，将完全捕获部属的心，并让部属心甘情愿为他赴汤蹈火。

五、囚徒困境

在博弈论中有一个经典案例——囚徒困境，非常耐人寻味。

"囚徒困境"说的是两个囚犯的故事。这两个囚徒一起做坏事，结果被警察发现抓了起来，分别关在两个独立的不能互通信息的牢房里进行审讯。在这种情形下，两个囚犯都可以作出自己的选择：或者供出他的同伙（即与警察合作，从而背叛他的同伙），或者保持沉默（也就是与他的同伙合作，而不是与警察合作）。这两个囚犯都知道，如果他俩都能保持沉默的话，就都会被释放，因为只要他们拒不承认，警方无法给他们定罪。但警方也明白这一点，所以他们就给了这两个囚犯一点儿刺激：如果他们中的一个人背叛，即告发他的同伙，那么他就可以被无罪释放，同时还可以得到一笔奖金。而他的同伙就会被按照最重的罪来判决，并且为了加重惩罚，还要对他施以罚款，作为对告发者的奖赏。当然，如果这两个囚犯互相背叛的话，两个人都会被按照最重的罪来判决，谁也不会得到奖赏。

那么，这两个囚犯该怎么办呢？是选择互相合作还是互相背叛？从表面上看，他们应该互相合作，保持沉默，因为这样他们俩都能得到最好的结果：自由。但他们不得不仔细考虑对方可能采取什么选择。A犯不是个傻子，他马上意识到，他根本无法相信他的同伙不会向警方提供对他不利的证据，然后带着一笔丰厚的奖赏出狱而去，让他独自坐牢。这种想法的诱惑力实在太大了。但他也意识到，他的同伙也不是傻子，也会这样来设想他。所以A犯的结论是，唯一理性的选择就是背叛同伙，把一切都告诉警方，因为如果他的同伙笨得只会保持沉默，那么他就会是那个带奖出狱的幸运者了。而如果他的同伙也根据这个逻辑向警方交代了，那么，A犯反正也得服刑，起码他不必在这之上再被罚款。所以其结果就是，这两个囚犯按照不顾一切的逻辑得到了最糟糕的报应：坐牢。

管理哲理：没有起码的信任做基础，切不可贸然合作。在对对方有了足够的信任之后，诚意也是必不可少的。如果没有诚意或者太过贪婪，就可能闹到双方都没有好处的糟糕情况。

六、锱铢必较

宋朝有个名叫苏掖的常州人，官至州县监察官。他家中十分有钱，但却非常吝啬，常常在置办田产或房产时，不肯付足对方应得的钱。有时候，为了少付一分钱，他会与人争得面红耳赤。他还最会趁别人困窘危急之时，压低对方急于出售的房产、地产及其他物品的价格，从而牟取暴利。

有一次，他准备买下一户破产人家的别墅。极力压低房价，为此与对方争执不休。他儿子在旁看不下去了，忍不住发话道："爸爸，您还是多给人家一点钱吧！说不定将来哪一天，我们儿孙辈会出于无奈而卖掉这座别墅，希望那时也有人给个好价钱。"苏掖听儿子这么一说，又吃惊，又羞愧，从此开始有所醒悟了。

管理哲理：一个优秀的管理者总是会为自己的团队每分必争，这是无可厚非的。但有时候后退一步给其他人一个机会对自己未尝不是一件好事。留三分余地给别人，就是留三分余地给自己。

七、张丑说燕国

战国时，齐国人张丑被送到燕国做人质，不久，齐、燕两国关系紧张，燕国人想把张丑杀掉。

张丑知道了消息，立即寻机逃走，尚未逃出边境，又被燕国一官吏抓住。

张丑见硬拼不行，便对官吏说："你知道燕王为什么要杀我吗？"

"不知道！"

"因为有人向燕王告了密，说我有许多财宝，但我并没有什么金银财宝，燕王偏偏不信我。"张丑说到这里，见官吏糊里糊涂，接着又说："我被你捉到了，你会有什么好处呢？"

"燕王悬赏一百两捉你，这就是我的好处。"

"你肯定拿不到银子！如果你把我交给燕王我肯定会对燕王说，是你独吞了我所有的财宝。燕王听后一定会暴跳如雷，到时候你就等着陪我死吧！"张丑边说边笑。

官吏听到这里，越发心慌，越想越害怕，最后只好把张丑放了。

张丑得以死里逃生，全靠了他的这番话，他成功的原因在于抓住了官吏的心理弱点，然后一击而中。

管理哲理：对方怕什么，就专门给他来什么。抓住对方的心理弱点，攻其一点，不计其余。

八、糟糕的会议

创办美国玛丽·凯公司的玛丽·凯，曾受雇于一家公司。这家公司有一次决定重新修订佣金的办法。在修改完所有的公司目录和公司条文后，公司的老板准备在一系列的地区销售会议中，亲自宣布修改后的新办法。

参加会议的有将近50位经理。老板说，从今天开始，他们从公司所得的抽成将由2%减少1%。取代另一个1%的是，每招收一个新的销售人员就能得到一个很好的礼物。然后，他拉起一块白桌布。桌上摆着很多家用产品，有时钟、收音机和录音机等。

这时，有一个女销售经理站起来，极为愤慨地说："你怎敢这样对待我们？你可知道，即使是你原先给我们的2%的抽成也还是不够的。现在你要把我们的抽成减半，要拿那些不值钱的东西来代替，你把我们当白痴了。"她随后气冲冲地冲出会议室。其余的销售人员也都跟着她全部跑光。老板一下子丧失了一个区的销售人员，而且都是全国最优秀的。星期五的会议就这样结束了。

老板原定在星期六、星期日连着开会。但是受到这个冲击后，只得在星期六早上飞回总公司，重订销售佣金的抽成办法，恢复到原来的2%。在下个星期一，他们参加在另一个区的第二个会议，一切都很顺利。但是那50名销售人员一个也没有回来，公司白白丧失了这些得力干将。

管理哲理：人们对于任何一种改变都有一种排斥的情绪。即使这种改变是有益的，在员工没有充分理解、体会到所带来的好处前，他们会持反对的态度。人的自然反应就是对新的、不同的东西有所抗拒。

九、无为而治

郭翁种树的手艺很好，远近闻名。有人向郭翁请教种树的技艺，郭翁说："我并没有什么超人之处特别能使树木活得长久，果子结得多，我只是顺应树木成长的天性，让树木随着本性发展罢了。种树的规律是：树根要舒展，培土要平整，要用原土，把土砸实，种完之后，不要动它，也不要担心，离开它不要管它。栽树的时候，要像抚育苗子一样精心，栽好以后，就要像抛弃它一样，这样树木的天性可以保全，它的本质得到自然的发展。因此，我没什么特殊的本事，只是不妨害它而已。"

请教的人听了郭翁这番话，不解地问："那为什么别人种树总不如你呢？区别在哪里呢？"

郭翁说："有区别。其他种树的人不了解树木的本性，种植时令树根卷曲，不知用原土而换用新土，培土不是超过限度，就是不足。有的种树人，对树木过分爱抚；过多地担忧，早晨看看，晚上摸摸，已经离开又要回头看一看，甚至还用指甲划破树皮来检验它活着还是枯死了，摇动树干来看一看栽得是松是紧。这样做树木无法顺着自身的天性生长，不死也长得不好。这些人种树就不如我。他们虽说是爱树，其实是害它；虽说是关心树，其实是破坏它。"

管理哲理：顺着树木的本性任其生长，既不能草率从事，也不必过分折腾。管理者也要顺应人的本性来管理，才能达到最好的效果。

十、摘帽子的方法

当时在电影刚刚盛行的欧洲，电影是一种非常时髦的玩意，大大小小的电影院里，总是挤满了看电影的观众。而在其中的一间电影院里，却出现了一个小麻烦。因为总有一些年轻的女孩，在欣赏电影时还戴着大帽子，挡住后面观众的视线，引来了不少投诉。于是，有人建议老板发出一道禁令，禁止观众戴帽子。但由于戴帽子是当地女性的一种风俗，老板想了一会说道："这样做不太好，为了票房着想，只能用提倡的方法。"

于是，等到下一场电影开始的时候，在银幕上特意打出了这样的一行通告："凡年老体弱的女士，允许戴帽观看电影，不必摘下。"

这样一来，所有的帽子，都立即被摘下。

管理哲理：有时候采用禁止的方法，或许效果并不明显。如果顺应人性，运用引导的方式，相信效果会更好。

十一、知人之明

1923年，也就是日本关东大地震那年。年末的一天，松下先生进工厂的锻冶车间，看到一个从来没有见过的小师傅正在开着车床，便问他是从哪里来的。"我是H工厂的，借用一下车床。"他回答。这个留着长发，看上去不像是锻冶车间的工匠，乍一看倒像是搞美术的学生。H工厂是松下的委托加工厂，按约定有紧急的修理业务或用车床时可以随时使用松下的锻冶车间。这个年轻人遇上了东京大地震，来这里求职，说是最近刚进了H工厂。观察了一会儿他干活的样子，松下觉得他手脚麻利，动作在行，有熟练的技术。

几天后,松下见到H工厂的老板时问到了这个青年人。

"那人不行,不满太多,对我厂里的事情全是意见!"听到这话,松下觉得很有意思,马上就把那个青年约来聘用了他。这个22岁的青年就是后来的松下副社长中尾哲二郎。

管理哲理:我们不希望别人片面对待自己,也不要片面地对待别人。因为对方的脾气性格、生活习惯、言谈举止等不符合自己的标准,就对其作出否定的评价,永远是不可取的。

十二、领导的秘诀

有一个人,从小就非常渴望成为领导者,等他长大成人后便进入了父亲的企业工作。

几年后,父亲提拔他做经理,他担心不能胜任,于是就问父亲该如何领导。

父亲拿出一根30厘米长的绳子放在桌上,叫儿子用手拿着绳子的一段向前推,看能不能让绳子往前移动。

结果他怎么向前推,绳子也不往前移,只是歪歪斜斜地在原处扭动。

父亲问儿子该怎么才能改变现状?儿子拿着绳子,调了个方向,然后向前拉,绳子直直地向前走了,轻轻松松解决了这个问题。

父亲问儿子悟到了什么,儿子说:"做领导不能在后面推,要在前面拉。"

管理哲理:己所不欲,勿施于人,领导就是做给别人看。说服别人不要用嘴巴,而是用你的行动来证明,这样才能发挥领导的影响力。

十三、心甘情愿服从

教官向一班学员讲授领导与管理。

他给学员出了一道题目,上面写着:

"现在请你来领导本班,令大家全部自动走出室外,切记:要大家心甘情愿。"

第一位学员不知道怎么办才好,只好回到座位上。

第二位学员是这么做的:"教官要我命令你们出去,听到没有?"没人动。

第三位学员这么做:"各位,教室要打扫,请各位离开!"但仍有一些人留在室内。

第四位学员看了纸片上的题目一眼,微笑着对大家说:"好了,各位,现在下课了,可以开饭啦!"

没过几秒钟,全教室里的人都走光了。

管理哲理:要想让大家心甘情愿地服从,必须与每个人的切身利益挂上钩。

第2章
做优秀的精神领袖，让团队跟着你跑
——领导魅力心理学

1962年1月，几位美国学者访问了当时最为优秀的几家美国企业。在这次访问的过程中，他们对所接触到的公司中的优秀的经理产生了深深的敬意。这些经理具有普通知识分子中很少见到的一些优秀品质。他们意志坚强，处事果断，待人接物既有原则又有灵活性，他们就像是已经真正成熟了的人。在对这些优秀的企业经理进行研究的基础上，学者们结合他们在企业、政府、军队的咨询经验，详细地阐述了对领导的心理特征和什么样的人才是优秀企业家的看法，后来这些看法和研究逐渐形成了管理学和管理心理学中"领导魅力"理论的重要基础。

优秀领导应具备的成功素质

真正优秀的领导，其内在本性有许多吸引人的地方。

第一，他必须具有良好的品德，做人必须要既有原则又有灵活性，有才无德不会得人心，也不会成大器。

第二，要有渊博的知识。只有具有雄厚的知识做基础，一个人才会具有自己的看法、见解，才不会被社会中纷繁复杂的现象所迷惑，才能在企业管理中作出科学的决策。在现在的知识经济大潮中，一位优秀的领导不仅仅需要精深的专业知识，还需要广博的知识结构。

第三，要具有优良的心理素质，能在巨大的压力下正常工作，具有良好的心理忍耐力。

第四，领导应当是完全成熟的人，情感热烈而稳定，待人接物合乎本性而又合乎情理，近于古语所说的"从心所欲，不逾矩"。

良好的品德

领导不是超人，我们不能指望他完美无缺，全无瑕疵。但领导作为企业的掌舵人，理应给员工树立起一个典范。领导人的品德包括两方面：一是做人的基本准则，是从最基本的社会公德、个人品质的角度出发，正直和诚实占有很重要的地位。二是职业道德，是从领导作为一家企业的指挥员的角度考量。

美国管理学会（AMA）曾做过一项调查：由大约1500位管理人员列出他们最欣赏的部下、同事和上司所具备的品质。

他们总共列出225种品质，经研究人员整理后，归纳为15大项，包括：

（1）气度恢宏（胸襟开阔、有弹性、能包容人）。

（2）有才干（有能力、有效率、做事彻底）。

（3）能与人合作（待人友善、有团队精神、肯配合别人）。

（4）可靠（值得信赖、有良心）。

（5）有决心（工作勤奋、有干劲）。

（6）公正（客观、前后一致、民主）。

（7）富于想象力（有创造力、富有好奇心）。

（8）正直（可信、有人格）。

（9）聪明（灵活、善于推理）。

（10）有领导能力（能鼓舞士气、能决断、能指明方向）。

（11）忠诚（对公司或对政策忠心）。

（12）成熟（有经验、有智慧、有深度）。

（13）坦诚（不拐弯抹角、率直）。

（14）能体谅别人（关心别人、尊重别人）。

（15）能支持别人（能了解别人的立场并提供协助）。

这15大项中，属于道德品质范畴的有（4）、（6）、（8）、（13）、（14），属职业道德范畴的有（1）、（3）、（5）、（11）、（15）。

同一调查表明，这些被调查人员认为上司应当具备的最重要的品质，一是"正直"，二是"有领导能力"，三是"有才干"。

正直和诚实是领导应具备的最基本的道德修养。美国政府曾做过一项针对领导素质的调查，曾要求接受调查的人就不同特点或能力对公司事业前途造成的影响力打分数。被调查者都是公司管理人员。结果表明，"诚实"这种品质的得分最高，75.2%的人认为"诚实"对事业前途"极有影响"。"正直"和"诚实"，这是起码的道德准则。

现代公司领导方式的发展趋向表明，传统的权力观念已经动摇了，靠个人的一言九鼎和威吓欺诈等手段不能适应社会要求，领导行为愈来愈需要在被领导者受到吸引和感召的前提下进行。领导要和自己的下属之间建立互相信任、互相勉励的关系，正直和诚实取代了虚伪和奸诈，道德的约束取代了不道德的、不把下属当人看待的凌辱和弹压。

领导者以诚待人，别人也才会以诚回报。这样就会形成畅通的信息交流和反馈，可以减少许多不必要的隔阂和信息传递阻力。

领导的道德品质在公司内有很强的示范效应，上行下效，传染性极大。往往存在这种情况：一个道德修养好的人，可以改变自己周围很广的一块环境，形成正直的风气；原本好端端的团体，来了一个不怎么高尚的"头儿"，过不多久，春风散尽而邪气弥漫。因此，高明的企业领导人，总是很注重自己的道德约束，注重自己待人接物的方式，注重处理与同事、下属、家人的关系，保持一种较为完善的风范。我们不能要求领导在道德方面都是完人，无懈可击，但是"正直"和"诚实"却是基本的要求。

道德水准的高低同一个人的信念和理想有关。最高道德水准就是富于献身精神。拔一毛利天下而不为的人，就不能仅从道德方面分析他，他的行为是受其绝对利己主义的信念支配的。同样富于献身精神这种道德风范，也是和一个人以社会为公、以天下为公的理想分不开的。崇高的目标导致高尚的道德品质，高尚的道德品质又会形成巨大的精神感召力。

领导的道德观念直接决定了他对别人的看法。自己是正直、诚实的，而且表现出了自己的正直和诚实，就把别人也看成是正直和诚实的，别人也就以正直和诚实约束自己。只有抱着"善"的观念看待下属，才会对下属怀着真正的关心、鼓励和同情心，才会在公司员工中形成一体化意识。把别人都看成是十恶不赦的罪犯、歹毒阴险的小人，行为上就必然会有所体现，这样，人心就必然涣散，就会造成下属对上司的猜忌、背离。人心向背是决定一切的，丧失了人心就丧失了一切。

道德对于领导来说，不是装潢，不是矫饰，不是自欺欺人的光环。领导者和追随者之间需要以心换心，以正直换取信任，以诚实赢得尊敬，以无私获取追随，以高洁征服人心。领导不是天使，但应该具备一些天使的品质；传统的领导人，有不少是魔鬼、是恶霸，但那种掌权者以及他们运用权力的方式，已逐渐被现代社会结构所唾弃。现代领导的位置，应该是有才且有德者居之。

有人曾说："统治规则和真正诚实是不相容的。"我们说，合作规则恰恰需要真正的诚实。

领导的职业道德

职业道德是相对于做人的起码道德、社会公德而言的，是指对于从事某一特定职业的人来说应遵守的道德规范。

领导的职业特点，一是权力大，二是责任重。领导处于公司的中心地位，对整个公司的人事、财务握有决定权，同时又要对整个公司的发展前途负责。如何运用手中的权力，如何对公司的发展负责，这都涉及一个职业道德的问题。领导的职业道德主要包括哪几个方面呢？

一、要廉洁自律

不论哪个行业、哪个部门的掌权人，都存在着是否廉洁的问题。权力是用来为团体、组织、社会谋福利的，不是满足一己之私的工具。绝不是行政官员、政治家才讲廉洁，领导、企业家也要廉洁自守。没有廉洁，便没有令行禁止、雷厉风行的工作效果。下属不是光听你怎么说，而主要是看你怎么做、做什么。为官不廉洁将危及国家的命运，若没有有效的制衡、监督机制予以约束，若没有法律的惩戒和舆论的公开化，廉洁问题就永远是一个棘手的、不断扩散而无法抑止的魔症。

领导肩负的责任重大，付出的劳动量艰巨，取得高薪和其他一些待遇是理所当然的。我们反对的是那种不正当的侵占和"监守自盗"的行为。

二、气度恢宏，胸襟宽广

气量小、心胸窄的人不适合担任领导工作。没有容人之量，便不能用人之才，从而也就失去了成就宏大事业的条件。

有些领导人，只因为下属的性格、脾气、爱好甚至一些琐细的生活习惯与自己的要求不符，就必欲除之而后快，这是通向失败的捷径。即使是思路、观点与自己经常相左的人，也应该能够容忍才对。"宰相肚里能撑船"，说的就是这个道理。人的知识和创见，有很大一部分是从自己的反对派那里"剽窃"过来的。和观点完全相同的人在一起，学不到、激发不出新的东西。你最好的老师就是你的反对派，谁反对你愈激烈、愈顽强，谁对你的弱点、缺陷看得最清楚，谁就最能促使你自我完善，谁就最能激发你的创见。领导不是土皇帝，无所谓纳谏不纳谏的问题，但如果你想在你的公司里实现"贞观之治"，那么，能够任用"持不同政见者"和自己一道工作便是必要条件了。

真正有能力、有思想、有前途的人极少是驯服的，这一点值得领导牢记。专横跋扈者或心胸狭窄者，只会招引一批不求有功但求无过、没有能力也没有棱角的人一块儿工作；或者使自己身边堆满阿谀奉承之徒。这些人永远只会唱赞歌，即使你已危险到"盲人骑瞎马，夜半临深池"的境地，他们仍然会说"前途无限光明"，直到你彻底失败。

领导担负的责任重大，必须要有容人之量，公司兴隆才有希望。即使有些人反对自己反对错了，也要能够宽容地对待他们。

当时的美国总统林肯，在确认陆军部长职务时，选中了斯坦顿，斯坦顿在两年前办一案件时，曾称林肯为"乡下律师"，拒绝与林肯合作。但是林肯知道，斯坦顿是忠于联邦的事业的，因而仍任用了他，并支持他改组陆军部。后来斯坦顿竭诚相报，在南北战争期间与林肯合作得很好。

范仲淹有很好的论述："用人者莫不欲尽天下之才，常患近己之好恶而不自知也。能用度外人，然后能周大事。"否则，心胸狭窄，不能容忍反对意见，对与自己有点矛盾和过节的人动辄打击报复，唯我独尊，是难有什么大成就的。

三、识才、用才，唯才是举

这一点和第二点紧密联系。

世有伯乐，然后有千里马，千里马常有，而伯乐不常有。有没有善于识别、任用人才的能力，是个人水平问题；而愿不愿意和勤不勤于识别、任用人才，则是个职业道德问题。领导工作的根本就在于识才、用才，唯才是举。

在一个公司之内，上上下下，大小人才难以计数。领导的职责，就是善于、勤于挖掘、发现、任用这些人才。大材大用，小材小用，无才不用，使之各得其所。

有水平、有能力是用人的唯一标准，唯才是举包括"内举不避亲，外举不避仇"。我们所反对的不是任用了自己的亲戚朋友中的高才，我们只是反对任用亲戚朋友中百无一能的庸碌之辈而已。领导必须做到以下几点：一是不以相貌取人。二是不以小疵弃人。小瑕不掩大瑜，求全责备是最要不得的。三是不以好恶取人。个人情绪不能作为量才的标准。四是不因嫉妒耽误人才。领导绝不可因为下属比自己高明，就给予打击、压制，生怕人家超过自己。其实，才是压不住的，与其让贤才到别的公司脱颖而出，大显身手，不如待人以礼，使之成为自己公司的栋梁。

成功的领导身边总是围绕着一个人才济济的中高级管理阶层，真正成功的领导身边总是围绕着一个才华横溢的专家群体。

四、真正关心下属,决不与下属争功

没有领导者对下属的真正关心,也就不可能出现下属对公司集体的真正忠诚。现代公司文化要求加强公司全体人员的一体化意识和共存共荣的观念,而这种公司文化的建立在很大程度上依赖领导者和公司员工的情感交流。这种情感交流所形成的牢固纽带,不是金钱财物可以比拟和替代的。

关心下属,下属才会吐露自己的肺腑之言,领导才能听到正确的反馈意见,才能做到耳聪目明、言路畅通,才能集思广益,汲取群体的智慧。

每个公司员工都承担着自己的责任,同时也都对公司有所贡献。对于领导来说,切忌与下属争功。要鼓励下属努力工作,建立功勋;他们真正建立了功勋以后,领导绝不能据为己有。下属的功勋愈多,领导的贡献自然增大;如果领导怕下属成就太大,"功高盖主",那就说明领导确实缺乏能力,以致心虚,在这种情况下,或是让贤,或者是努力提高自己,迎头赶上。只能依赖自己的努力来提高自己,而绝不可依靠压低别人来显露自己。

职业道德的形成亦非一朝一夕之故。领导需要不断地加强自身修养,自觉对自己进行训练,以求成为一名合格的领导。

科学而合理的知识结构

广博的知识是创造的源泉。说"博"是知识结构的基础,是事业成功的基础,似乎太笼统了,还没有回答"为什么"的问题。

做一件事,解决一个问题,担当一个任务,都需要多方面的知识和素养。即使是某个方面的专家人物,他也不会只在一条射线上跑得很远而在其他方面毫无所知,有可能在其他学科的知识极其有限,但对于和他的专攻方向关系密切的领域来说,他肯定是个内行。也就是说,只要是想有所建树,就需要博学,只是"术业有专攻"、"博"的方面和程度有差别而已。

博学之所以重要，是因为它是对事物进行综合分析、判断的前提。公司的决策行为极其复杂，涉及各种知识和技能，这就决定了对决策者的素质要求。

成功的领导要善于进行创造性思维，而博学多才是进行创造性思维的基础。知识面狭窄的人只能在一条胡同跑到黑，任何岔路口对他来说都是畏途，因为，没有相关知识作火把引导他前进。只有博学之士，才能举一反三，触类旁通，不断发现新问题，爆发新的火花，想出新的思路，找出新的方法。

创造性思维的特点，一是对早有定论的东西持怀疑态度，对约定俗成的框框、模式、规格持怀疑态度，不受舆论的约束和大众的限制，毅然运用自己的广博知识，独辟蹊径，对旧问题作出重新解释，对旧框框、旧模式、旧规格进行改造或重构，二是对完全陌生的或尚未有定论的事物采取"开门揖盗"的方式，用已有的理论、模式、规格试着去解释它、概括它、把握它，从中发现新问题，找出契合点，形成新的创见。没有创造性思维的人，很难在领导的职位上花样翻新，匠心独运，取得卓越的领导业绩。

良好的专业修养

这里所指的"专业"是就产业的性质和产品的特点而言的。在成功的企业家群体之中，科班出身的人绝不在少数，但半路出家或学习工商管理出身的人也占有很大比重。反过来，那些半路出家或学工商管理出身的，无一例外，也对和公司业务有关的内容有着良好的专业修养。不可想象，对公司业务、公司产品不感兴趣或毫无知识的人，能够当好领导，完成公司目标。

要讨论领导应该具备的专长（也可以说是专业修养）之前，我们先看看从广义的"专业"角度来说，领导应具有哪些专长，或应对哪些学科的内容进行精深的研究。

首先,对于国家政治、经济等各方面的政策、法规要了如指掌,要依照政策、法规办事,绝不违法,维护法律的尊严,善于、敢于同违法行为作斗争,并运用政策和法律有效地维护公司的利益。

其次,领导应该学好有关经济学、经济法学的理论知识,尤其对于现代经济学、公司法要有深刻的认识,并能纯熟运用。

再次,对于领导科学、管理科学要下苦工夫学以致用,提高自己的领导水平、管理水平。

上述内容也应算作领导的专业知识范围,没有过得硬的专业理论修养,便不会有过得硬的专业实践。

良好的心理素质

顽强的意志是一个人成才的必要条件,对于领导者来说,意志坚定尤其重要。在具体表现中,意志体现在如何对待纷乱和危险时,便是个心理素质问题。没有一定的承受力,责任和压力就会使领导者自己垮掉,所以说,一定的承受能力是作为压力承受者的领导人必备的素质。

战争时期政治领导和军事领导一般比和平时期的领导人物受到更多的赞誉和描述。这一方面是因为战争本身就是人类历史上各种竞争较量中最为波澜壮阔、最能考验各方物力财力、场面宏大、情节复杂的现象;另一方面也因为战争把对人的智力、勇气等素质的考验提到了最高的限度,同时把对领导人物的临危不惧、处乱不惊的素质考验提到了最高的限度。在一场宏大惨烈的战争中,交战双方领导人物在历史的镁光灯前充分曝光,各有什么优点,各有什么缺陷,在危机面前有什么样的表现,在麻烦、困惑面前各采取了什么措施,这一切都逃不过战争本身的见证,也逃不出历史学家敏锐尖刻的笔触。

商业竞争看起来是决然不同于战争的,既没有炮火轰鸣的大场面,也没有你死我活、不容置疑的生死界限。但是,对商业领导、对公司领导者的素质要求是否就要比战时政治、军事领导差得很多呢?事实并非如此。商业竞争之惨烈并不亚于战争,只不过战争更直观,更一目了然,更注重声势,后果更直接、更明白易懂,而商品经济的竞争则更持久、更复杂,手段更隐蔽,更不易觉察,后果更严重、更深远,更令人目瞪口呆。

西德、日本在第二次世界大战后的经济起飞,其商品在国际市场上的竞争优势,使各国政府和经济界感到头疼,但当初的潜在竞争和较量为什么没有引起人们更多注意呢?是因为原来没有竞争吗?不是,只是因为商业竞争更隐蔽,往往是洪水漫过了堤岸才使人感到危机骤至,而没有应急措施便会死无葬身之地。

对于领导者来说,要担负起自己的职责,就必须做到:在别人安逸的情况下自己反而要寝食不安,准备应付随时可能到来的危险;在纷繁复杂、头绪不一的境地中要冷静稳重,应付裕如;在面临生死存亡的重大危机时毫不惊慌,勇敢坚毅,果断决策,带领大家走出困境。

领导者是否意识不到纷乱、危险呢?不是。领导者心中没有喜怒哀乐吗?也不是。这是一种逐渐培养、慢慢形成的心理素质,这种素质的背后是顽强的意志和自制力。取得了很大胜利,该高兴了,但领导必须检讨缺点,预测危机,不能过分欣喜,这是一种责任,是一种眼光。重大的危机到来了,形势极为严峻,这时候举措失当,也是人之常情,但领导者却必须做到信心百倍、面不改色,好像对最终成功有绝对的把握,这是一种表演,一种必需的表演,是一种顽强的自制,更是一种使命感、责任感。

任务愈艰巨,情况愈复杂,危机愈严重,公司领导就愈要以满腔的热情、高度的自信、顽强的品质、坚定的力量去投入工作。人们需要激励,需要督促,需要精神上的支柱,在困难和危险面前尤其如此。公司领导要为自己的下属提供他们需要的帮助,没有这种帮助,他们精神上会垮掉,会失掉胜利信心。只有公司领导心理上的必胜信念,才能稳住员工们的情绪,调动他们的情绪,以获得实际上的真正的胜利,才能做到临危不惧、处变不惊,这种心理素质的巨大力量是难以估量的。

一般的人是在追求生活本身,而真正成功的领导,都有自己高于生活的品格,这种品格有的并非与生俱来,而是后天磨练的结果。对于领导者来说,勇敢坚毅、沉着冷静,有时可以产生意想不到的结果。一个濒临破产的公司军心动摇,士气低落,解脱困境的主要措施是更换一位心理素质极佳的公司领导。只要新任领导以自己的坚定意志和满怀信心的举动征服了公司员工的心,那么,人们就能感到一种新的力量和信心。此时领导不失时机地推出一系列改进措施,公司重新走向繁荣是有希望的。

情感上的成熟

多数管理学家认为经理们解决问题的能力受他们感情构造的影响。当总经理需要在时间紧迫的情况下作出决定性的决定的时候,或者当他们不轻松或失去信心的时候而要作出决定的时候,他们的情感因素发挥了至关重要的作用。典型的说法包括:"当身体或感情出现压力的时候,我的错误决定就来了","当我连自己都不相信的时候,事情大多是搞错了"。

因此,处理好职责带来的感情压力是个重要问题,这不仅因为它可能削弱经理的决策能力,而且也是为他们的总体健康着想。有些因素在经理处理问题的能力方面扮演了重要角色,这些因素包括他们的个性、生活方式以及他们从其他人那里得到支持。这里,我们要集中探讨一下经理在面临难题时的精神状态和精神恢复能力。

杰出的执行决策者都是"正面的思考者",这与下属的经理正相反,他们倾向于更多地考虑负面。坚强的意志是杰出的高级决策者的特征。美国电话电报公司在紧张的撤销管制期间依然充满活力，经理们都对大环境有一种"乐观的认识上的估价"。经理们有这样一种看法，即不管是好是坏，变革是谋求增长的一种机会，是人生经历中不可避免的一部分。这些经理不感到有威胁，依然保持赞同变革的观念。虽然他们不能完全控制已经发生的变革，但是他们能够，而且事实上的确控制住了他们对变革的反应。

持这种态度的经理具有"坚强的个性"。他们显示了某些共同的思想，如：

（1）义务。相信真理、重要性和做人做事的价值观的能力以及因此而包含在人生中许多方面的倾向。

（2）控制。在信念上和行动上似乎他能影响事物的进程倾向，强调个人的责任，而不是指望别人采取行动或依靠命运。

（3）挑战。相信生活的规范方式不是稳定，而是变化。迎着挑战而上的人寻找变化和新经验，并且用认识上的灵活性和分析含糊不清事物的耐力去接近它们。

此外，有些管理学家还强调需要具备在压力下依然集中精力的能力。这一点不仅在决策过程本身是重要的，而且还可能使经理们在感情上能对付他们所面临的困难方面有一种派生出来的影响。他们可能会运用若干不同的战略帮助他们度过困难的时刻。这些战略是：

（1）通过制订计划和目标，把精力集中在计划未来。

（2）把精力集中在可能采取建设性行动的领域。

（3）识别作出决定的最佳时间，随后采取行动。

（4）在极其紧张和不稳定的时期内不单独做出重大决定。

（5）在困难时期维持现行的和正常的日程安排。

通过制订计划和目标展望未来，可以帮助经理集中精力，减少突然的冲击，预防性地控制住感情上的压力。一位成功的经理说："它（制订计划）把突然袭击这一神秘而未知的事物减少和压缩到最低限度。当你（能够）做了不大用得着担心的事……在路的那一头……我有一系列的公司目标，在日常工作环境中我一直把它们留在脑子里。由于（总经理的）公司计划和目标是摆在第一位的，我的个人计划必须与之相一致才能取得更大的成功。"

另一位总经理在工作上运用了集中分析前景的方法。就是说，在紧张时期，他从两个方面来维持他的有效性：一是集中精力搞好可能采取建设性行动的领域；二是面对客观的现实。

有少数研究报告谈到了经理倾向于冒险。众所周知，冒风险是重要的，而对未知的风险的恐惧心理可以对决策者的行为施加不应有的影响。

看来在高级经理面前，成功和适度的风险是结伴而来的。最成功的总经理也就是最大的勇于承担风险者，而最成熟的总经理是最不愿意冒风险的人。杰出的决策者有别于其他经理的最深刻的特点是，他们倾向于作出有较大风险的决定。不反对冒险的决策者与同一形势下强烈反对冒险的决策者相比，他们会确立不同的目标，并挑选出不同的解决办法。因此，某些经理将选择一种递增的解决办法，即一点一点地解决问题的办法，来反对那些主张采取"全面解决问题"，即对问题全面出击的人。

是否喜欢冒风险可以与经理的正面或负面的精神状态相联系。那些有负面倾向的经理倾向于首先从潜在的问题和风险方面来理解新思想，正面倾向的经理则首先从他们的潜在利润和"机会的不良影响"来认识新思想，这种区别是决定性的，它产生两种不同的思路：一种对机会起建设性的作用；另一种则起破坏性作用。例如，从负面考虑问题的经理比较可能在新思想第一次被引进时和考虑完善问题时就使它夭折。典型的反应是，"它永远是行不通的"，"它不适合于我们"，"我们过去已经试过了"，诸如此类。

总之，积极的精神状态和信心与风险是相关的，高级经理更加倾向于冒险。然而，诸如企业面临威胁和企业文化是否支持冒险等因素显而易见地带来一种压力。但是，既然已知大多数经理在此变化不定的世界一定会遇到挑战，那么，某种程度的冒险对于企业的前进似乎是个重要举措。

富有远见

领导人必须有远见，领导人必须向前看，对于自己想把企业引向何方有一种明确的认识。远见的形成有赖于了解目前的现实。就是说，当前企业的位置，包括它的文化、历史，如果它是一个部门，那么怎么与整个企业相适应。

为企业发展提出一种明确的方向感。经理关于未来方向的看法应该建立在深深控制着人们的个人价值观和思想的基础之上。一种远见并不是一系列的目标，而是一系列的雄心壮志，它们一度被下级藏在心底，现在要使它们发挥出来，创造一种巨大的内在的推动力，使人们朝着那个方面去工作。

至于远见应该具体到什么程度，人们还是有些困惑的。贾维丹的结论是，虽然领导人对他们自己的远见是一清二楚的，但是他们对他们自己所主张走的方向并没有提供详细的解释。换言之，他们倾向于使用概括性的描述来传播他们的想法。例如，杰克·韦尔奇对通用电器公司的远大设想是用下面的话来表达的："我希望十年以后的通用电器公司被人们看做是独一无二的、极其生气勃勃的、企业家的企业……一家被世界公认为具有无与伦比的优秀水平的企业。我要通用电器公司成为世界上盈利最多、高度多样化的公司；它的产品系列中每一种产品都居世界质量领导地位。"

不过，同样重要的是，远见使职工们全身心地绷紧。一种容易达到的远见不大可能产生推动力。韦尔奇又阐明了这一点："我学到的另一样东西是，把横杆的位置定在超过人们认为他们所能到达的限度，这是给企业施加压力的价值。我们用来衡量工作表现的标准是：要好得像世界上最佳的一样。一般情况下，人们会找到办法或者尽量利用方法跳过去的……如果你不把横杆拉到足够高的位置上，你永远也发现不了人们的能力有多大。"

有多少远见卓识是由领导人单独发展的，或者是经过磋商产生的，这些还是可以争论的。一个远见通常开始是由个人提出的。然而，许多作者一致认为，提炼、改造和发展成一种完善的看法，建立员工与经理之间的网络是绝对必要的。对为这一远见承担义务的全体员工来说，必须把它化为共有的，并建立在个人的看法的基础上。他强调说，形成远见也是一个不间断的过程。

优秀领导应拥有的一般才能

这里所说的一般才能，是指许多普通人都具有这种才能，但是，仿佛对于优秀的领导者而言，这些才能远远超出常人。一般才能包括行动的能力，广泛而深入地认识、分析问题的能力，学习的能力，应付变化的能力。

行动的能力

我们从行动能力开始来探讨维持精力与干劲之间的联系。完成一件事并花费大量精力坚持不懈地做下去，这种能力对于高级总经理来说是至关重要的。

多数研究报告表明：最高级的总经理每天工作时间很长，这方面的例子是很多的。

通用汽车公司的负责人杰克·斯密斯早晨7点30分上班，一般总是到下午6点30分才下班。他设法每周有两三天时间免去午餐,到设在办公楼里的一间小健身房去锻炼,但他说:"通常情况下我只是免去了午餐,但并没有去锻炼。"斯密斯晚上在家里要花90分钟的时间浏览信件。他说:"如果你有许多事情要做,有些时候你的确会感到日子不好过:没时间喘气,没时间思考。我认为这种情况不好,这是超负荷。"

根据IBM公司战略负责人吉姆·坎纳维诺的说法,总经理卢·格斯特纳"每天阅读的材料的厚度很可能有他本人身高的一半"。格斯特纳的日历上填满了访问日程,访问IBM公司在世界各地的分部与客户。他忙得不可开交,以致负责包括计算机和微型计算机在内的一系列产品的总经理约翰·汤姆逊要和他进行一次常规会晤竟不得不等了一个月。

正如这两个例子所表明的那样,辛勤工作也有它的不利方面。在我们研究范围之内的一位经理身上,这种情况表现得尤为突出,他说:"像我这样的精力充沛型的人,我们的问题在于乐于更加努力工作,而问题就出在这里。你知道我们喜欢工作时间很长,早早地上班,工作得疲惫不堪,在网球场上也同在工作上一样认真。但这种做法不一定总是很有成果。这种做法让你感觉良好,但对企业来说并不真正有好处。这样做很有趣,但我们需要的是退后一步,说一声,我们怎样才能从办公桌上抬起眼睛,考虑一下产生新想法的事。"

因此,看起来总经理的作用不但是辛勤工作,而且还要对这种精神加以引导。纵然如此,日复一日地维持精力充沛的情况也并非易事。如果销售量连续下降,目标未能实现,新产品的开发又未能成功,此时,维持精力充沛的形象尤为重要。尽管每天面临着许多困难,总经理仍然必须坚持下去。的确,总经理最重要的素质之一可能就是维持势头、坚持不懈和具有透彻地解决问题的能力。因此,重要的是了解驱动总经理的动力是什么和他们如何能够在精力不支的时候使自己重新精力旺盛起来。

第2章 做优秀的精神领袖，让团队跟着你跑——领导魅力心理学

然而，人们并不很了解总经理的动力是什么。人们时常假定，高额薪水和权力地位是最重要的吸引力。然而，研究表明，就许多总经理的动力而论，这是一种狭隘观点：在作为研究对象的总经理中，尽管多数人显然喜欢与其职务有联系的金钱和地位，但他们都认为与其他驱动力相比，金钱只是次要的。

对于他们而言，自我实现的需要可能是更主要的动力。自我的成就感，自己深层自我的满足要比金钱和地位更有吸引力。研究报告表明，高级总经理的主要动力是较高层次的需要或"推动力量"。这类需要包括充分发挥本人才能和意志自由，实现自我价值，迎接挑战，对工作的喜爱和实现目标。

尽管如此，如果忽视金钱、权力和地位可能会对总经理产生潜在影响，那也未免眼光狭隘了。薪水作为承认并奖励业绩和解决难题、迎接挑战的一种方式，对于总经理来说是重要的。显然，如果总经理没有以某种方式认识到运用权力或影响力和获得成就的重要性，那么，多数人绝不会在总经理的位置上坐下去。此外，不同因素的重要性可能在不同时刻表现出来。在事业的早期，地位、金钱和提升可能会重要得多，本能需要和较高层次的需要应该比外部的物质奖励更为重要。

然而，自己持有什么样的价值观念、自己的本性如何才能充分表达出来，个人对此往往不甚了了：自己赞成什么、驱动自己并使自己集中精力或使自己偏离正途的力量是什么？在这些问题上，我们可能没有花足够的时间：我们的价值观念既指导我们，也可能对我们起到束缚作用：

例如，如果我们看重技术上的超群出众，那我们就可能陷入应该留给他人去解决的问题之中。如果总经理重视独立性和自力更生，许多公司就必然难以建立真正有效率的高层领导班子；那些看重成就的人可能追求具体成果，具体成果比不明确的成果（拟定企业战略）更能给他们以成就感（例如短期目标），但两者可能是同样重要的。

在其他时候，我们可能忽视自己的价值观念或是抬高自己的身价。许多

总经理在了解到自己不能以所希望的方式通过工作来满足自我的时候，就选择了物质奖励——这是豪华的手铐，最终是不可能充分支持他们的真正干劲和最高业绩的。此外，当遇到可用来奖励的钱不多的困难时刻时，高度动力也许就维持不下去了。

因此，总经理应该尝试并揭示自己最根本的驱动力量。若是不承认这一点，总经理可能就难以了解如何维持自己的动力，在通过以价值观念为基础的一般途径动员他人时，也会遇到真正的困难。总经理必须明白自己的价值趋向，自己的内在需要，因为它们可能指导自己沿着可能是过于舒服、过于狭窄的小路前进。因此，如果不了解这些更为根本的动力，任何外部强加的结构（诸如个人规划制度）在突出和促进作用方面都会具有很大的局限性。

我们的根本性干劲和动力只是事情的一部分，总经理利用一系列内部的和外部的手段来构造世界，总经理需要有在长期和短期内激发精力并引导精力使之成为有效行动的方法。把注意力一直集中在真正重要的事情上是困难的，你只能将许多事情一股脑儿扔在办公室里，让日常业务挤走比较长期的问题。虽然人们设计了无数方法来帮助雇员更好地管理自己和利用自己的时间，但就连高级人员也一直会出现问题。

为什么会这样？我们知道我们需要集中注意力于关键性事物，但我们如何能肯定这些问题是什么？决策人可能集中了注意力，但如果这是短期而不是长期的，或者只是注意了细节而忽略了整体，那么，"集中注意力"的原则倒是局限性而不是优势了。

广泛而深入地认识问题、分析问题的能力

一般说来，高级经理处理的问题要比较低级人员对付的问题需要更多技能，而且困难更多。它们往往会显示出下述一个和一个以上的特点。

（1）一定程度的重要性。高级经理面临的难题经常有重要的含义，他们的决定常常给企业带来变化，如果出现差错，就会影响持股人，尤其是雇员的利益，可能带来严重后果。他们的决定也可能更加难以彻底改变。

（2）独特的性质。高级经理经常必须处理一些新的和非系统性的问题，如跨国公司所遇到的文化冲突问题。

（3）高度的不定和有限的信息。新的投资机会，企业合并，包括要在较少指导方针、较少先例、可能的成果不定的基础上作出决定。在这种情况下，很难有可用的关键性信息，即便有，也是有限的或者是含糊不清。尽管如此，"把事情料理好"的责任是重大的。

（4）范围广泛。不像中级经理，高级经理作出的决定影响遍及整个企业。而且，大多数战略决定包含一系列的技术和功能考虑，它将产生短期和长期的后果。

（5）相互关联性。高级经理处理的问题经常影响到几个相互关联的部门，这就要求低级的管理人员具有更大的统一性。举例来说，决定把资金投入一个技术部门对其他部门会有巨大的关联影响。高级经理一级作出的决定不应只是对孤立的事件的反应，而应更多地把它看做是几个相互关联的方面构成的更广的过程中的一部分。

因此，高级经理面对着一个充满了难题的复杂的环境，这些问题是重要的、独特的、不定的、基础广泛的和相互关联的。对付这样的复杂事物，要求具备有经验的概念化技能，这种技能是有效的领导才能中最重要的必需品——总经理履行职责所必需的是"分析和决策技能"。

经理判断问题、找出解决办法和采取行动是否正确，取决于他们是否有能力既能看到事情的全面，又能集中注意力在决定性的问题上，既要有广度，又要有重点。

成绩显著的经理必须"看到大的情况"，就是说，必须能全面考虑决定，考虑到对企业的重要部门的影响，以及在短期或长期内的重要作用。他们应该具有"构筑的能力"：即凝聚的能力、抽象的能力、独立思考和使用广泛而复杂的参考框架的能力。

其次，经理必须能对他们所面临的问题找出重点，他们必须把复杂的形势压缩为几个要素，鉴别机会，并提出一个理由充分的行动方针。高级经理除了要考虑广泛的过程外，也要考虑如何处理一两件最叫人关心的事情，或者很一般的目标。杰出的决策者具有"对重大的、关键性的和有关的问题抓住不放"的能力。

虽然这两点性质上是矛盾的，但是可以做到有机的结合。要有既看到广泛范围，又通过"杠杆作用"把要采取的行动集中在重点上的能力。

摩托罗拉公司前总经理乔治·费希尔认为，上述两种性质都是需要的。费希尔1993年年末就任于柯达公司，任务是帮助柯达公司结束官僚管理方式。费希尔基本上是个外人，他必须迅速减少这家世界最大照相器材公司所面临的重大战略问题，而不致被湮没在琐碎的事务中。费希尔说，窍门就是学到二三招捷径，"在不多的日子内，你可以了解到许多关键的问题"。6个月之后，他和他的高级经理已经完成了对柯达公司的复杂环境的估计。他们迅速出售了柯达公司的几家非照相业务的企业，宣布了一项彻底重建企业的主要创议，并组成了一个新的"数字形象化"的班子，领导新的商业发展。

像费希尔这样的高级经理显示了他具有了解复杂环境并把注意力集中在五六个最关键的问题上的能力。随着对每一个问题的处理，他们接着又要过滤下一批关键问题，使他和他们的员工明确了处理问题的重点。

自我学习、自我发展的能力

全球经济和技术环境的变化如此迅猛，以使今日的许多实践者和理论学者断言,学习能力是能继续保持竞争有利地位的唯一真正的源泉。那些位居企业高位的人有举例证明这种行为的特殊责任,这不仅是因为他们自己确实需要改变和适应工作,还因为他们在企业中充当着为人楷模的主要角色。

所有的经理是否都符合任务的要求是一个可以公开讨论的问题。很明显,没有一些学习能力而能登上顶峰者为数很少,然而,学习能力并不是所有经理在随便什么时间都具有的一种素质。企业领导成员中有许多被假设是学习优秀者,事实上却不是这样。这里讲的是那些受过高等教育、精力充沛、承担重要义务的专业人员,而且是在现代化公司占据关键领导职位的人,他们大多数甚至不知道出现了问题。

过去几年里,不论是在对待经理发展的态度方面,还是在企业处理这一领域强调的严重性和专业性方面,都发生了相当大的变化。站在重视经理发展问题前列的几家公司是通用电气公司、施乐公司、摩托罗拉公司。

然而,除这几家企业之外,其他的企业里问题仍然存在。举例来说,研究关于高级经理学习和发展问题的很有限,部分原因是许多高级经理所在的公司强烈反对所谓高级人员需要在发展方面得到专门的帮助这种看法。有一位高级经理说,"如果他们不知道他们在干什么,那么他们就不该待在工作岗位上"。此外,外部的培训机构为高级经理提供的培训计划也受到了批评。

有讽刺意味的是,如果说有一个领域可以取得而且应该取得巨大进展的话,那必然是在高级经理的发展方面。这一群体面临着新的、不断变化的现实,他们需要有能力使他们的企业能遵循很不一般的规则同越来越强烈的竞争者进行比赛。然而,在实践中,高级经理经常被视为最少需要帮助的人,这会造成严重的后果。

学习是知识和行动的积累,可以看成是可下定义的问题和眼前的当务之急，是用知识、技能和能力的增量积累来解释的；至于发展则涉及质的变化，是一种突破，使潜在能力达到一个新的水平。发展不只简单地包含知识的增长或一个人的技能基础的改进，而是一种不同的存在或运转的状态。

区别学习和发展的含义是重要的事情。我们把发展解释为深刻地形成某种思想和行为模式的确认、比较和改变事物的能力，这是一个远比学习深刻得多的过程，学习是知识或新的行为的改造和积累，是通过它产生发展的途径。虽然经理的学习涉及范围广泛的不同事物，但大多是在日常基础上进行的，这样的学习大部分不会导致发展。虽然学习是重要的，但今日的企业内工业和技术的日新月异要求高级经理的思想和行为来一个比较根本的变化，由此可见发展才能的重要性。

经理要发展，首先要了解工作要求什么以及要完成这些要求所需要的素质，两者之间产生的差距便是努力的焦点。

不论是工作的要求，还是履行职责需要具备的素质，都需在个人水平上按顾客的要求具体化。尽管如此，经理需要对才能怎样加以发展有某种总的感觉。因此，我们对此划分为以下四个不同的类别：

（1）经理的理解。它涉及经理的知识和理解的那些才能。具体来说，包括专门知识，理解企业和外部的才能。

（2）经理的行为。它覆盖了有关经理的行为和行动的才能，就是指影响、凝聚和领导等人际关系能力。这三种能力都很重要，需要具备有效领导才能促使企业改观，这越来越被人们看做是高级经理至关重要的大事。然而，要改善这些复杂的技能领域是与改善经理的理解能力完全不同的过程（而且经常更为困难）。

（3）经理的头脑。经理们怎样想，他们思考的广度和重点以及他们的精神状态，都对企业的运转有着根本性的影响。因此，认识才能和成熟才能都包含在这一类里。如果必须使企业根据战略运转，他们就需要有能力看到问题之间的相互关联,能创造性地思考问题,并能超出传统的准则办事。因为要从一个高级的、功能的职位向总经理转移,经理的思维模式必须来一个根本的改造。

(4)自我指导的发展。发展才能不仅涉及一个人理解和应用了什么,而且涉及怎样着手这一过程。由于企业环境变化很快,经理必须是有恒心的自学者。有了从经验中学习的能力,就可以预见到近期工作的进展会怎样,预见到某项事务最终将取得成功或不能成功。

这最后一类不仅关系到经理理解他们的工作、企业和企业外部世界的能力,还涉及了解他们自己的能力,包括知道自己的优点和弱点,找出和利用反馈的能力以及承认一个人的局限性。通常这是一个困难的过程,经常牵涉经理的根本思维模式的改造。这一类的技能包含的难度可能很大,是一项很少有人能够解决的艰巨任务。

应付变化的能力

一、识别变革的必要

高级经理面临的机构变化的规模与速度令人气馁。通用汽车公司的总经理杰克·斯密斯1992年上任时不得不力挽狂澜,将该公司的核心企业小汽车与卡车从财务崩溃的边缘挽救回来。为了做到这一点,斯密斯和他的高级经理们不得不精简这家在世界各地的工资单上有70万人的机构,倡导大规模降低成本的计划并且减少通用汽车公司的业务开支。

IBM公司的故事也是如此。IBM公司的总经理卢·格斯特纳和他的世界范围管理委员会中的最高级经理,为了指望能在公司空前绝后的最大改革中起到带头作用,不得不在世界范围内削减17万份工作,并且节省了48亿美元的开支,作为使IBM公司更加具有竞争能力的开始。

这类公司更新面目的故事正在美国和欧洲的许多公司中重演,在日本则更甚。关于可以用来成功地实施变革的各种技术，人们已经写了很多。然而，变革的过程并不是一帆风顺的。影响变革计划成功的因素之一是高级管理班子成员的作用与贡献。要想使大规模变革取得成功，就必须得到这些关键性总经理的支持。试图实施改革计划而没有他们的支持，时常会导致改革没有重大结果，或是改革计划遭到完全放弃的命运。

因此，高级总经理必须具备控制改革的能力。未来的经理将不得不具备越来越多的处理问题的技能。他们不得不承认不断变动是规律，并且发展各种思想形式和技巧，使他们能够应付不断涌现的新思想、新产品、新技术……在某些情况下，他们将不得不视处理危机为家常便饭。

为了有助于鉴别究竟有无必要变革，总经理必须考虑本机构的内部能力与外部环境的要求这两者之间的匹配程度。这种匹配（或者说符合）程度越大，该机构生产的产品或提供服务的数量与价格就越可能符合市场需要。

几种线索有助于表明潜在的不匹配状态，它们包括：

（1）财务数字说明效率下降。

（2）诸如市场份额这类指标发生变化。

（3）关键性人员流动率上升。

（4）质量指数的结果下降。

（5）客户投诉增多。

（6）雇员士气下降，压力日益上升。

然而，如果总经理对此保持警惕的话，就会发现早期警告迹象，说明潜在问题的存在。例如，其他行业可能有一些水准基点，总经理可以借用，以作为倡导变革的理由。

二、应付变革的出发点

机构的关键性组成部分可能用来作为出发点，这包括关键性任务和工作过程、个人的能力、技术、机构的结构、机构的各种制度和文化。在突出强调某些管理学家称之为杠杆点的东西时,识别这类组成部分是有用的。杠杆点不但识别出应在什么地方实行干预,而且还突出强调变革可能从内部的什么地方逐渐生成。当然,这些组成部分是相互依存的,因此,一个领域内的变革很可能会引起另一个领域的补偿性或报复性变化。

有一个相互作用的领域是至关重要的,这个领域位于大体可以称为技术因素(任务、技术、结构和各种制度)与人力因素(个人与文化)之间。不清楚的问题是,机构工作方式的变化能否通过首先改变人力因素或是技术因素来实现。多数变革计划致力于改变个人的态度,但这种办法从根本上说是有缺点的。有效的改变行为的方法是将人们放到强行实施新的规则、责任和关系的机构环境中去。

技术因素和人力因素若是都没有发生某种变化,就不可能出现根本性变化。但是,机构不理会本单位的正式结构(例如,奖励制度,专制独裁的安排,汇报关系)而企图改变态度、意见或价值制度;或正好相反,不理会后者而企图改变前者,这类情况是屡见不鲜的。

例如,20世纪80年代初英国电讯公司实行私有化以来,大大削减了职工人数,并且采用了若干倡议,如掌握多种技能、确立业绩目标和全面质量管理等,以便提高服务水平。尽管所有这些措施都有了重大的进展,但人员士气低落仍然影响到关键性的机构集团——特别是那些接触客户的部门。在一次会议上,工人抱怨:"工作没有安全感……"他们也抱怨缺乏信任、过分使用外来承包商,推行"本月特色机构改革,以及人们不再因为在英国电讯公司工作而感到自豪"。

最终说来,问题不在于两种战略中哪一种更加有效,而在于其次序,最佳方法是在轮流更换、相互重叠的阶段既改变人力因素又改变技术因素。

1. 变革的深度

从表面上改变许多事物而不改变任何根本性的东西,这是很容易做到的。以20世纪80年代末大通曼哈顿银行遇到的问题为例。"许多现任和前任总经理……都提到他们在大通银行曾经遇到的挫折,因为管理部门多次试图仅仅通过改组公司的组织方式来解决根本性问题。"一位前高级员工说,"几乎每一年半就会有一次改组,而且会宣布要实行新战略。但是,几乎每次都只有组织系统图的变化,极少情况下才会出现企业战略的变化。"

因此,总经理不得不判断所需要的改革的深度,并不是所有的变革都要求对机构进行彻底检修。的确,任何大机构都会不断出现次要的变革,较长时期内不断的渐进的变化使机构发生演变,设计方面的多数变化使机构制度的一致性和一贯性得以维持不变。由于环境发生次要的变化,或者由于机构的大小与规模发展了,设计便需要改变,以维持上文提到的"合适"状态。但这种干预基本上没有触动基础设施以及行为与思考的核心形式。

然而,有时必须出现打乱机构均势的根本性大改组,这时,微调是不合适的,需要的是变革,这就是改革性的变化。它涉及制度的基本统辖规则的变更,是一种多方面、多组成部分和多级的变更,它使制度不可逆转地变为一种革命的新范例。

总经理未能弄清楚究竟需要哪一种变革,因此而犯下了许多错误。如果机构在过去一直很成功,这种判断就更加难以做出。杰克·韦尔奇评论其公司的改革经验时说:"如果长期以来一切顺利,有些人就永远不能转而面对现实。这就是为什么人们看到有那么多企业遇到麻烦时还进行渐进性变革:他们无法相信形势竟可能比他们自己愿意承认的糟10倍。"

2.变革所涉及的经理部门的级别

明白哪一级管理部门将在变革过程中成为目标,这对于总经理来说也是重要的。变革时常以机构中比较低级的部门为其目标。然而,高级员工不支持变革战略，使机构频繁地遇到麻烦。

必须特别注意在高级管理职位上的其他强有力的总经理。高级管理人员时常有足够的实力和能力，不仅能妨碍机构中正在出现的重大变革，而且能保护自己不受个人变化的影响。许多人特别善于装出支持新倡议的样子，然后以比较微妙的方式撤回这种支持——如不贯彻到底、不分配足够的资源等。

在某些情况下，去除抗拒的牢固根源是可能的。更常见的情况是，必须将高级权力争取过来，或是采取变通办法。在实践中，这种做法时常需要相当高的技巧。

施乐公司努力提高质量的在初期阶段，要得到最高层的关键性总经理的支持和拥有所有权是特别困难的——尽管总经理戴维·科恩斯是支持的。负责推行质量计划并进行管理的那些人不得不估计管理机构高级人员的实力，以便弄清楚他们之中谁会支持谁不会支持。他们认定，高级经理们对提高质量的计划多数持不冷不热的态度——最支持的是他们低一级的经理。科恩斯说："里卡德知道，如果一项质量计划对于许多经理说来是没有一定方向的，却要在机构内的某个地方推行，他就势必暂时利用王子的支持而不顾国王的态度。"

3. 变革的规模——部门、公司还是行业

变革的规模也需要加以考虑。通常至少在开始阶段，在机构的某个部门先实行变革比在整个机构进行变革要容易些。比尔等人（1990年）对12项主要的变革计划进行研究之后发现，改革的成功时常始于公司外围、远离公司总部的几家工厂和部门。最高层管理部门面临的挑战之一是找到在全公司重复这种变革的方法。然而，所需的变革方式越来越超越个别企业的范围而涉及变革整个行业的经营方法。

三、变革的障碍

客观环境中常常存在着阻碍变革进程的不可预测的因素,其中有些是不受总经理控制的,而有些是可以管理得很好的。变革可能引起一系列负面反应,结果导致抗拒。杰克·韦尔奇回忆他当时学到的东西时说:"最大教训之一是变革无人拥护。人们安于现状,他们喜欢过去的方式。当你开始改革时,昔日的美好时光就变得越来越好,你不得不准备面对普遍的抗拒。"

人们时常认为,对于陌生事物的恐惧和受到威胁的感觉会产生抗拒。在一次对于世界范围内高层经理的调查中,92%的人将"恐惧因素"和"人员的抗拒"列为实施战略性变革的障碍。应付抗拒所需要的技巧不同于分析和发展一项初期变革战略所需要的技巧,在机构变革时期,总经理必须应付那些可能处在感情激动状态的人和那些被动员起来从事党派活动的人。他们也必须小心考虑随着变革过程的开始,本机构的各种群体可能会采取的各种行动。

优秀领导应掌握的人际沟通技巧

管理,就是指挥、协调一些人来共同实现某一目标的过程。在这一过程中,领导者的人际关系能力显得尤为重要。本节主要讨论领导者对周围环境的影响力,以及把员工们团结在一起为同一目标共同努力的凝聚力。

影响他人的能力

经理取得成功的最重要的决定因素之一,是他们能成功地影响下级、同等地位的同事和较高级的经理。在高级经理一级,这一点尤为重要——实际上，我们认为，对于那些在经理职位上行事的人来说，影响别人、影响情势、影响事件的能力是他们胜任的基本必备条件。

经理可以使用许多不同的方法去影响别人。人们把搞权术的行为看作是一种隐蔽形式的影响；还认为权术行为并非总是不光明正大的，它对高级经理一级是有效的。

大多数管理学家都把领导看做是为了完成一项任务或目标而采用的影响员工的过程。然而，对员工施加影响和影响经理正式控制领域以外的那些人在方法上是不同的。对于前者，他是从当权的地位出发的，而影响那些不受经理直接或间接监督的人则完全是另一回事。

经理除了要影响上面的那些正式当权者之外，还需要影响范围广泛的持股人。实际上，有些经理最受挑剔的关系是在与同等地位者和较高级经理之间以及与企业外部其他高级人士之间的关系。然而，执行经理拥有的权力通常需要高于这些角色，这些人就会比他们的下级更加认可他的权力。当经理横向运作时，我们把这看做是施加"非正式"影响。尽管某些管理学家有可能称他为领导，但我们认为影响同等地位的人、员工与领导人是有区别的。

一、网络权力

学者们提出了"网络权力"的概念，网络权力经理的地位和个性的产物，而且与高级经理关系特别密切。一种重要的权力来源是从与主办者、同级网络和下级的密切联系中派生出来的。与企业内外的正式和非正式的接触派生的权力是一种实质性的权力基础，有了这个基础，就可以在越来越复杂的世界上办好事情。网络工作是最成功的总经理的关键的技能和实践，他们花了大量时间来营建和保持一张极其广泛的支持网络，以实现他们的日程。

网络工作可以被解释为"创建和保持一个有效力的、基础广泛的、对个人和他人互利的资源体系的能力"。网络工作包括：

（1）发展接触。

（2）有关企业的成员资格。

（3）通过非正式的方法接近有权力经纪人。

二、个人权力

第二个提出的概念是"个人权力"。个人权力涉及由一个人的个性造成的个人资源，它包括经理独特的方式，如信心和魅力等方面，但也经常包含更加有力的、支配他人的特色。

当影响同等地位的人、外部的关系和较高级的经理时，使用魅力、狡诈和自信可以产生重大的结果。事实上，在《幸福》杂志举办的一次对总经理的民意测验中，个性被列为三个最重要的权力基础之一。个人权力包括：

（1）性别。

（2）体魄——性感／身材。

（3）信心。

（4）个性魅力。

（5）工作成绩／名声。

（6）以赞美或"奉承"形式进行个人奖赏。

个人权力的一个方面是一个人愿意去使用它。在这次特殊的民意测验中，总经理们强调，在任期内他们必须准备使用权力。对于董事长和业主来说，财富和地位显然是成功的关键要素，但没有别人的帮助是不够的。总经理们在工作初始都花了大部分时间和精力来发展一张合作关系网络，他们发展的网络经常包含成百成千的个人，而且，这些个人包括下级、上级、同等地位者，以及诸多顾客、供应商、媒体和银行界人士等外部的人，这些总经理创建网络的方法是：

（1）集中注意于那些他们感到要依靠的人或者有助于他们修订日程的人。

(2)使别人感到是帮他们的忙。

(3)鼓励别人与他们建立关系。

(4)在他人眼里树立起自己的声望。

(5)调换和撤下无能的下级。

(6)变动供应商或银行家或其他外部人。

企业成员通过联盟、建立同盟和排除阻力来完成重大的革新。发展和使用网络需要细致和敏锐。国际奥林匹克委员会负责人之一、壳牌石油公司董事凯文·戈斯珀是一个进入企业界、政界和国际体育界最有权威者行列的人物。在接近最高决策者时，他的经验表明："他们几乎毫无例外地一天24小时在家待不了多久；最好不要多打电话；最好是有事相告；重要的是不要常常提出什么要求；如果你那样做，你不会维持多长时间的。"

由于高层的管理方式变得越来越倾向于参与和取得一致，个人权力正在变成一笔日益重要的资产。《幸福》杂志对总经理进行的民意测验表明，个人权力是最重要的权力基础。虽然人们经常从"神秘的个人魅力"的流行概念方面来描述它，个人权力仍可以视为有关经理的特有的气派而以若干方法来加以阐明。当企业的变数不明，需要说明其他人改变行动方向或支持某个人的观点时，使用个人权力就特别有用。

然而，个人权力并不容易建立，有些经理难以忍受把他们自己看做是施展个人魅力的人。尽管如此，还有许多其他的个人权力基础可以增强，而且它们都在许多经理掌握之中。举例来说，一个人的交际和谈判技能、他的自信和可爱都是可以发展的。单单改进这些方面并不必然会构成个人权力，但它有助于以一种非戏剧性的方式影响别人。

除此之外，工作成绩和声誉也是个人权力的来源，它可以从个人工作的成效中得到发展。就像跳板跳水运动员通过完成难度系数大的动作来得到更高的成绩分一样，一名经理可以通过成功地完成需要高技能的任务，诸如企业的改革或利润的突然回升,来提高他的声誉。

三、影响力的三种来源

影响力有很多种,并且手段、效果也不尽相同,从其产生的原因来划分,主要有以下几种:

1. 基于威胁的影响力

在人类历史上恐惧可能是最普遍的影响系统之一,甚至在人类跨入21世纪的今天亦然如此。害怕受到心理或生理的伤害在各个家庭、群体、组织中是很普遍的。例如,在企业中,人们常因担心失业或减薪而产生恐惧感。

在恐惧产生的影响力下,部属是否同意命令或了解命令的原因并没有多大关系,领导者所关心的只是部属是否有能力执行命令,当然如果部属了解也同意命令,强制的压力也许会小一点,但命令的执行却绝不容许改变。

虽然威胁作为领导手段相当吸引领导者,但是它也有个最大的缺点就是成本太高。采用威胁手段的领导者必须时常盯着下属,以发现不按规定行事的行为,并为了维持下属的恐惧感一定要加以处罚。这样就使处罚和监督的成本都很昂贵。

此外,恐惧本身也可能导致失效,在长期的恐惧压力下,人们对恐惧不会再有任何感觉,并有可能在长期的压力下爆发出相反的作用力。这是任何一个领导者所不希望看到的。

2. 基于传统的影响力

传统习惯大概是历史上产生影响力最普遍的方式,这种传统习惯可能起因于恐惧,然后对恐惧的服从经过内化和制度化,融入了社会的组织结构和人们的意识形态。对影响者的服从可能由于尊敬他的高明之处,也可能由于社会习俗使然,认为服从领导者是天经地义的。由此可见以传统为基础的影响力的最大优点在于：具有正面的激励作用而不是使人因恐惧而不得不服从。影响力来自于职位而不是来自于占有职位的人，这种"对位不对人"的影响力带有稳定性和可预测性。即使换了人，影响力依然存在。正因如此，系统的影响力也就有了一个最大的缺点，便是对影响力的发生者，其影响力与本身的能力没有了关系，于是这种影响力就可能成了基于盲目信从的影响力。

3. 基于理智信从的影响力

假设我们能够计算所有影响事件的次数，会发现最普遍的影响过程是通过理智服从，这在领导人员和技术人员中表现尤为突出。追随者基于某些事实，相信领导者有足够的知识和能力，而且做事确实有其自己的原则和道理，因而愿意服从领导者。所以在这种影响力下，下属之所以服从可能因为他了解行动的缘由，而且同意这是解决问题的适当行动。在这种影响力发生的过程中，领导者要有更多的主动精神，即领导者要对下属解释，这是对下属最基本的尊重。这种方式等于说："我认为你有能力和知识了解我所说的，而且我花时间跟你解释，说明我尊重你。"因此，下属觉得领导者对他相当尊重。

有这种影响力的领袖多数是依赖他的亲和力和专家权威劝服下属，而不以命令方式使下属服从，这样便让下属觉得自己已分享了领导者的权力，不觉得被领导者统治。行动的成功又反过来增强了领导者的权力，结果下属就会基于理性而信从领导者对他们的领导。

如果领导者按照理论，前后一致地运用上述种种影响过程，一定会有效果。但不能保证任何一种影响过程，在任何对象和情况下都能成功。因为在实际工作中，影响力不会单纯地来源于权力、传统或者说理智，更多情况下是三者的结合体，而如何成功地把握三者的分寸，正是一个成功领导者实施其影响力的关键所在。

在领导者实施影响的过程中,其结果是否会与其想象的一致还在于具体操作过程中的某些具体因素。追随者的工作动机和努力有赖于:

(1)预计努力会达到领导者所设置的目标的可能性。

(2)预计如果达到目标,领导者会奖赏或减少、取消惩罚的可能性。

(3)预计奖赏能满足需求的可能性。

(4)所满足的需求的重要性。

于是,当所满足的需求非常重要,奖赏成为满足需要的工具,并且通过努力达到目标并且得到奖赏的可能性越大,下属就会有越强的工作动机并付出更多的努力。

四、影响他人的具体策略

权力赋予经理一种可以试图改变他人的态度和行为的基础。他们的成功与否取决于他们用以影响他人的过程。

影响他人的任何企图,它的起点首先是了解那个人所要达到的目标。然而参与影响过程的那些人,常常不明白他们确切地想要什么。需要可以包括许多(例如,某种产品,安排某种方式,在一定时间发货等),因此,经理需要全面考虑哪些方面是更为重要的,哪些在必要时可以扔下不管。分不清想达到的最终目标和完成任务的手段,还可能导致不得要领。而企业成功的影响者,永远不会忽略最终目标,但是对于手段则是灵活的。

讲道理是最通用的策略。使用三至四种不同的策略比较合适,但不要全部用上。要根据经理的目标、他们控制的资源以及他们期望他人愿意遵从的程度而选择。当然,如果第一次选择失败,则应考虑采取不同的策略。

一个人试图影响哪一级的人,也是一个要考虑的重要因素。使用奖惩策略去影响同事,是不大会成功的。

因为,对于那些同级的人,没有供经理任意使用的正式职权。对他们而言,企业内的一切业务都是人与人之间的交换。一桩交换可以包括商品

（钱、人员）、服务（信息、公共支持）或者思想感情（赏识、称赞）。这种交换是受"互惠原则"支配的——即人们做了好事应该得到报偿，做了坏事应受惩罚，以及一个人期望他人为其提供的资源付出代价。

影响能力是在交换商品、服务和思想感情以满足他人的需要和利益中产生的。交换可以是有形的商品，诸如增加预算、新设备和人员；有形的服务，诸如加快答复时间、更多的信息或公共支持；或思想感情，诸如感谢、钦佩或称赞。不管交换采取什么形式，除非交换的因素大体相等，否则将会产生敌意。

可以有许多方法来表示感谢和给予支持。经理可以通过口头感谢、称赞、在会上发表公开讲话、非正式地向同等地位者发表评论或写个短信给他的上司。然而，有人把感谢信看作赞赏的表示，而有人的看法可能就很不相同——或许把它看做是报答他巨大恩惠和服务的一种廉价方式。因此，这种报酬的大小不是按抽象的意义来评价的，而是由接受者随意解释的。

另外，研究发现，影响者对其潜在的支持者影响越深入，由此产生的信任程度越深，交换过程将越容易。企业内的少数交换是一次性买卖，不知道什么时候可能再进行；因而，在大多数交换形式下有两种结果：成功地完成了一个人的目标以及成功地促进了关系，因此，下一次的相互作用甚至将更具有建设性。虽然，任务的完成和关系的改善并非总是同时实现的，在某种时候，后者可能比前者更为重要。胜了一个战役而输了全盘，这是代价昂贵的结果。

信任在影响上级时大为重要。一份研究报告称，决定下级经理能对上司起多大影响的唯一重要因素是可靠性——即对下级经理的判断、建议和工作表现的信任程度。

凝聚力

一、凝聚力的三个焦点

高级领导要保证公司全体管理人员的团结，就必须保证达到三个目的，那就是全体管理成员要集中精力于行动焦点、时间焦点和问题焦点。

（1）行动焦点。管理班子必须取得一致的认识，他们的功能不只是分享信息，还要讨论问题和作出决定，随后在这些方面采取行动。班子不必对他们所面临的每件事情都作出决定，因为其中还有几个短期内不能解决的难题。然而，重要的是，它们必须担保班子确实要解决困难，不会把有争论的决策搁置一边。这听起来很容易，但在很多情况下，管理班子不花时间去弄清楚他们的决策作用以及挫折可能带来的结果。

（2）时间焦点。有人经常鼓励经理分析他们过去的工作情况，随后作些调整，以求带来更好的成果。在某些高层人物那里，过去的一切竟然都要加以检查。他们花费了大部分的时间，集中精力审查一些对未来的企业管理作用不大的过去的财务和销售数据。

（3）问题焦点。原则上，管理班子应该把重点放在集体参与的关键性问题上。然而，有两个因素却可能使班子把这一点搁在一边。

第一个是听任其朝着检查某一个人的问题的方向移动。这些问题局限于某一个人的责任领域，通常与管理班子无关。当管理集团正努力建成一个班子时，每个人可能感到自己有义务去参与那些可能带来可怕后果的事情——涉及已作出决定的事和容易引起激动的事，这是因为从来没有人问一问这个问题："我们需不需要为了这种任务来建立一个班子？"

第二个障碍是集中过多的精力于内部的问题，而影响了处理外部市场的需要。因为关于市场趋势的信息是不容易得到的。此外，把比较直接和具体的问题与管理班子经常面临的比较模糊不清的难题相比，他们很容易去审查前者。有关业务的决定经常有很清楚的衡量标准；如果工厂的产出下降或雇员人数变动，相对地说，人们比较容易懂。而衡量战略的和较长期的方法则几乎总是不大容易明白的。事实上，管理班子可能被引导到集中关注业务问题上去，确切地说，这是由于较长期的问题模糊不清，不稳定，也缺乏直接的反馈。

英国汽车制造商罗弗在20世纪80年代末期决定与这一问题作斗争。他创造了一个较平面的管理结构，负责业务上的问题，而把其他问题移交给企业，"此举创造了一个最高级经理班子……去考虑今后10年的问题"。结果，这个战略班子的工作给企业带来了"意义重大的变化"。

重要的是，管理班子必须明确他们的目的以及他们作决定的范围和性质。在这些方面解释清楚之前，他们很少有机会能确定他们的责任并由此衡量他们的成就——既不甚了解又不得而知，这样是可能走错路的。

二、有凝聚力的特征

全体管理人员富有凝聚力的表现可以归纳为以下几点：

（1）明确的目的。领导班子的远见、目标或任务已经解释并已为每个人所接受。

（2）行动计划。

（3）不拘礼节。倾向于非正式的、轻松的、无拘束的气氛，没有明显的紧张或厌烦迹象。

（4）参加。有许多讨论会，鼓励每个人参加。

（5）倾听。成员使用了有效的倾听技巧，诸如提问、释义、概括以得出概念。

（6）有坦诚的争论。但班子对此很轻松，没有表现出回避、掩饰和压制冲突的迹象。

（7）一致同意的决议。对重要决定、目标有相当数量的人赞成，而不必全体一致同意。公开讨论每个人的想法，回避正式投票或轻易表决。

（8）公开交往。班子成员感到可以自由表达他们对任务和集体运作的感想。

（9）明确的作用。对班子每个成员所起的作用有明确的期盼。

（10）当采取行动时，作出明确的分派，并被接受和实现在班子成员中间进行公正的工作分配。

优秀领导应了解的魅力修炼要诀

我们不得不承认：魅力远胜于权力。优秀的领导才能，特别是个人的魅力和影响力，比他的职位高低和提供优越的薪资、福利要重要得多。魅力才是领导人真正促使他们发挥最大潜力、实现任何计划和目标的魔杖。

领导魅力是第一要诀

曾经在一个报告会上有一位著名企业家说："在现实世界里，众所皆知的一流领导者无一例外地都具有一种罕见的人格特质，他们处处展现出魅力领袖的风范。他们不但能激发下属们的工作意愿，又具有高超的沟通能力，能够动之以情，晓之以理，浑身散发出热情洋溢的力量。尤其重要的是，他带领团队屡创佳绩，拥有一连串骄人的辉煌成就。运用奖赏力与强制力来领导，也许有效，但是如果你要提高自己的领导魅力，赢得众人的尊重和喜爱，我建议你们要尽最大的努力以影响和争取下属的心。假如你们之中谁能做到这点，谁就能成为一位成功的领导人，而且也可能完成许多不可能完成的任务。"

是啊，一个人为什么为他的主管或组织卖力工作？很重要的原因，就是因为他的主管拥有的个人魅力像磁铁般征服了他的心，激励他勇往直前。你可能会听到一个下属说："你和他在一起待上一分钟，你就能感受到他浑身散发出来的光和热。我之所以卖命努力，乃是因为他强大的魅力深深吸引我所致。"

从领导效能的观点来看,我们不得不承认:魅力远胜过权力。优秀的领导才能,特别是个人的魅力或影响力,比他的职位高低和提供优越的薪资、福利来得重要许多,才是真正促使他们发挥最大潜力、实现任何计划和目标的魔杖。

多少年来,有关统御、领导的书籍和研究报告数以千计,讨论的主题涉及组织领导、领导者行为、权力领导,这些重要的主题,都包含了许多不错的构想。事实上,就一句话:与其做一位实权在手的主管,不如做一位浑身散发无穷"魅力"的领导者。主管们需要更多的是令人佩服的魅力,而不是令人生畏的权力。

带人要带心。做一位领导者,除非我们具备了相当程度的魅力与影响力。否则,是很难实现领导统御的第一个课题:赢得下属的信赖和忠心。因此,是否拥有这种魅力,是一个领导或主管能否成功的关键。

培养魅力需要立即就做

我们常常可以听到成功企业中员工的感受和心声:"我觉得我的主管不能没有我,因为他相当重视我,我愿意为他努力工作。""他好像是我的父母、兄长、益友和良师,他比别人更关怀、更爱我,而且他愿意负起百分之百的成败责任。""我的主管让我感到我很重要,他让我觉得在团体里有归属感。""他让我很明确知道我如何可以成功,他告诉我目标和航向,并说服我一起同舟共济。"

可以看得出,除非激发了一个人的工作动机,否则很难让人愿意追随你。成功的领导者不在于一位主管的职位和权势,绝大部分取决于他有没有具备迥异于人并足以吸引追随者的魅力。

这种魅力对于领导是如此重要，一旦失去了它，便会对下属产生离心作用，使人心涣散、工作混乱。

一位作者毫不留情地指出：百分之九十的领导人，将工作保障、高薪和福利好（这都是根据主管职位的高低、权力的多寡可以控制的因素）视之为影响员工工作动机的最重要因素，这一点是值得怀疑的。他进一步指出，在员工的心目中，比上述更重要的因素还多得多，意指主管本身要拥有令人信服的领导魅力，才有办法让员工跟着你走。因此，我们确信：人们会不会愿意跟随你，要看你是否有强大的魅力，而非权力。要务必牢牢记住：权力并不会自动点燃你的魅力，有权力并不意味着你有某种程度的魅力。

领导魅力是可以培养和增进的。因此不用过分担忧和怀疑自己有无足够的领导魅力。一位心理学家也说过这么一句鼓舞人心的话："每一个人都有一方魅力的沃土，等待你去开垦。"如果你希望增强自己的领导魅力，就努力去学习。

培养魅力从哪里入门呢？要注意哪些基本原则呢？

如果你希望成为一位更具魅力的领导者，你要做的第一件事情，就是培养、发展一项吸引追随者的超凡特质——"跟我来"。要使追随者"跟我来"，你首先必须懂得如何激发他们的追随动机。如果你确实做到以下四点，你便会具有激发下属追随你的魅力。

首先，要使别人感到他重要。每个人都希望受到重视，你要设法让下属感到他很重要，并竭尽所能满足他们的这项需求。其次，要让他们清楚你的远见、目标，并说服下属相信你的目标是值得全心投入的。再次，想要别人怎样待你，你就必须这样对待别人。你想让别人追随你，你要关心他们，公平对待他们，将他们的福利放在你的眼前。最后，为你自己的行为负责，也要为你下属的行为负责，千万不要将责任推给别人。要提醒自己说："这是我的错，不能怪任何人。"

另外，培养和增进领导魅力，是要讲究方法和技巧的。当你激发了下属的追随动机之后，你还必须确实做到下面三点，才能更进一步展现令人佩服的"魅力"，有效吸引下属为你赴汤蹈火，让他一辈子永远跟随着你。这三件事就是：扬善惩恶，是非分明；做一个前后一致的人；注意别人，也让别人注意你。

事实显示，有80％的主管很难做到这些，结果造成员工们离心离德，怨声载道，工作成效无法大幅度地提高。这种现象值得注意和警惕。但与其提高警惕，还不如主动完善个人的魅力，使自己获得这种令下属为之倾倒的吸引力。

脚踏实地也很关键

魅力涉及领导个人的威信，没有魅力的领导也不会在下属中拥有威信。但魅力要一点一点地建立，急躁是不管用的，相反会成事不足败事有余的。因此，塑造个人魅力，也得一步一个脚印。

是发号施令使人顺从己意行事好呢，还是追随别人后面听命行事好呢？不用说，当然是前者为佳。话虽如此，"命令"却不是一件简单的事情。命令是一种领导措施，被命令的人必须执行，虽然想往右边走，但是如果上司命令下属"向左走"，下属也必须遵从。若想违背上司向右边走，下属就必须具有足以让上司心服口服的能力才行。

下属是否能正确地理解命令？是否会依照上司的意思行动？若工作进行得不顺利，又该如何？……传达命令的人经常会因此而惶惶不可终日，甚至导致失眠。也有人言不由衷："我不喜欢命令别人，因为那只会加重责任而已，薪水并不会增加。倒不如平平凡凡地做个基层职员较轻松。"说这种话的人大多是找借口、缺乏自信、装模作样却自以为潇洒的人。所以，最好不要认为那些都是他们的真心话。

人都是好高恶低，但是，当你想要往高处爬时，上面会有推你下去的领导，后面又有企图拉你下来的后辈。经过一番努力，你总算登上现在的位置，领导几名下属。想想自己也是好不容易才坐上这个位置。有人在中途退出，也有人永远无法跳出低层。所以，和他们相比，你应当觉得"自己总算苦尽甘来"，而给予自己一点鼓励。当然也会出现以前的同事个个跑在你前面的情形，但请千万不要气馁。

如果你是忍耐、辛苦地爬到这地位，就更应当鼓励自己了。想想看，为什么你有能力胜任这职务？那是因为公司认同你的能力。或许你会对公司的认同方式有所不满，例如，升迁太晚、偏袒某人、营业方针偏离，你内心这么抱怨是很正常的；但是，公司认同你的能力却也是千真万确的。对此，你应建立信心。不管别人怎么说，现在的职位可是凭自己的能力得到的。也许你不满意现在的地位，记住这是你晋升高层所必经的一步台阶，千万不可焦急。

现在的你，拥有头衔吗？

假设你的头衔是助理，但同时也背负着权限与责任，代表公司对你的认同与期待。既然公司对你如此认同，就认真地回报，不要辜负公司的期望。如果你无法完成基本任务，净说些丧气话或埋怨公司，则是不应该的。若你认为"除了头衔之外，其他都没变。不但薪水没有增加，连下属也只有几人"，就更令人无法忍受。如果这只是一时的情绪，尚可原谅。但若是真心的感觉，那你只是在轻视公司，伤害自己而已。不妨试着愉快地抿紧嘴唇，稍微抬起下巴放松心情，千万不可一上任便威风八面！

欲速则不达，慢半拍并非效率不高。

任何时候,都要展现自己的魅力

领导者吸引员工要从关注外表形象开始。一个人的外部形象常常向人显示他是谁,他的自我感觉如何。

对于领导者来说,外表形象就是他给员工、给上级的第一印象,而第一印象往往能持久。在行走中昂首挺胸、充满自信的领导者往往让他人乐于交往,而怯怯生生、缩头缩脑的领导者则让人鄙夷。衣着怪异、头发凌乱、长期不修剪指甲、领带污迹斑斑、衬衣一角外露的领导者很难培养自己的魅力。衣着随便往往是领导者个性的体现,但是他人却认为此领导者马虎大意,很难思维缜密。对于领导者来说,外表形象不仅是个人形象问题,而且是企业整体形象问题。

领导者魅力更多的时候表现为一种非语言的交流方式。一项研究表明,人的情感沟通能力只有7%通过语言所表现,37%在于话中所强调的词,而有56%与言辞完全无关。也就是说,领导者魅力的建立更多的时候不在于你怎么说,而是在于你怎么做和怎么表现你自己的想法。外表形象无疑是重要的一环。

员工对领导者的第一印象一半以上受到领导者外在形象的影响。企业常常花费数百万元就是为了给它的产品寻找一个合适的包装,以此来吸引顾客的注意。"任何一个做市场的人都会对你说,第一笔生意的成交85%受产品外观的影响,同一产品第二笔生意的成交85%受产品质量和内涵的影响。所以首先是包装,其次才是内在的东西。"

领导者应该培养一种让自己都感觉舒服的外在形象,通过这种外在形象来形成个人风格。这种风格能恰当地表达领导者,而不是表达别人。领导者的个人风格和企业密切相关,它就是企业的象征。

正确的肢体语言让领导者魅力无穷

领导者要吸引员工必须对自己的肢体语言进行控制。如果领导者的肢体语言表现出缺乏自信,那么他的信誉和专业精神都将受到质疑。

同样,对于领导者来说,肢体语言所传达的信号很可能在几秒钟内决定你的成败。坐立不安的领导者很明显是缺乏信心,谁愿意和缺乏信心的领导者合作呢?

研究表明,当领导者不停地摆弄他的手脚,便意味着他想逃离现场,透露出的是胆怯、不安、害怕的信号。因此对于领导者来说在任何时候都要带着"我能控制局面"的自信,让自己的表现放松。在这种状态下,才能够应付一切可能发生的情况。

如果领导者拒绝直视别人的眼睛,就会使人感到那是一种侮辱。一个汇报工作的员工如果发现领导者根本就不看他的眼睛,那么他的心情是可想而知的!

眼神是领导者必须注意的重要方面。一个领导者的魅力很大程度上是通过眼神来表现出来的。富有魅力的领导者都知道如何控制自己的眼神,以便使自己看起来就像是世界上最重要的人物一样。对于领导者来说,将注意力集中在谈话对象的身上是为了表示尊敬,同时也表明他对对方所谈的话题很感兴趣。另外,将注意力集中在谈话对象的身上还是为了表现自信、正直和诚实。

领导者要像重视自己的决策一样重视自己的肢体语言。通过对肢体语言的控制,领导者能更好地吸引员工,增强自己的魅力,更能够促使员工无条件地服从领导决策,实现领导目标。

微笑的力量不可忽视

微笑,意即和善、亲切、不容易动怒。也许你并不知道,微笑也是一种魅力，它能够提升一个人的个人形象。

企业里有仅仅是稍微注意下属即受到众人反抗的上司，亦有一开口便唠唠叨叨地叱责却仍深受下属爱戴的主管。身为上司，为了能使下属发挥所长，并且带动整个团体向上，其先决条件是必须成为受爱戴的主管。要做到以下几点：

首先，对于工作要耳熟能详。若下属对你有如此印象：希望接受这位上司的指导，想要跟随他，听从他的话绝对不会错。那么你必然深受尊重。至于邀下属喝酒、送下属礼物的行为，是不必要的。

其次，保持和悦的表情。谁都会想和一位经常面带微笑的上司交谈。这种情况下，即使你并未要求什么，你的下属也会主动地提供情报。你的肢体语言，如姿势、态度所带来的影响亦不容忽视。如果你能永远保持正确的举止，在无形中它将引领你步向成功的大道。若你经常面带笑容，自然而然地，自身也会感到非常愉悦，身心舒畅。有许多的运动选手，都表示类似的看法："我会在重要的比赛之前，想象自己得到优胜的情景。如此，力量立刻如泉水般涌上来。"

再次，仔细倾听下属的意见。尤其是具有建设性的意见，更应予以重视，热心地倾听。若那是一个好主意并且可以付诸实行，则不论下属的建议多么微不足道，亦要具体地采用。这时下属将因为自己的意见被采纳而获得相当大的喜悦，即使这位下属曾经因为其他事件而受到你的责备，他也会毫不在意地对你倍加关切，产生尊重之情。由于上司对下属的工作提案相当重视，不论成败皆表示高度的关切，下属会感谢这位上司，并觉得一切的劳苦皆获得回报。

最后，不强求完美。上司交代下属任务时说："采取你认为最适当的方法。"即使下属获得的成果并不很完善，上司也能用心地为其改正缺点。通常主管希望能够分配稍微超出下属能力的困难任务给他，因此有能力的下属便会被分配到困难度较高的工作；能力稍显不足的下属便会分配到与其能力相当的工作，若任务未能达成，则不论下属的能力优劣与否，皆须公正地论断。但如果你认为由于分配给他的任务很困难，所以失败了也没办法。那就犯了大错。因为如此一来，你原先信赖他而将较艰难的工作交给他的用意，便显得毫无意义。

这也要求你也必须具备对下属的包容力，不能忽略给予失败的下属适当的肯定。虽然下属的任务失败了，但切勿忽略了下属在其中所付出的努力，并且需要给予适当的评价。这时，对于能力不足的下属有必要予以支援。要告诫下属，若故步自封、裹足不前，在竞争激烈的社会中，他将可能因为水准低而遭受淘汰。

你若发现下属中有人无法跟上步调时，你即须有所决定。你要想尽办法要求他和大家以同样的速度前进。这样的用心良苦，对他而言未必没有好处。

你在通知下属调岗决定时，必须简单明了。若你表现得依依不舍并说些多余的话，反而会伤害到他。如果下属能识大体，就毫无问题；若下属因而受到很大的打击，并显得意志消沉，你也不可轻易地付出同情心。此时你应以豁然的态度表明："新工作也许更适合你，拿出精神好好地闯出一片天地！"

你不能与下属纠缠不清，而必须全力往前冲刺。如你听说下属由于职务调动而一直无法东山再起时，你应拥有一颗仁慈的心，积极地鼓励他，相信你的诚心会让他体会出来的。

总之，微笑可以征服你的下属，而愤怒则不能。

待人要和蔼可亲，平易近人

感情是人对客观事物好恶倾向的内在反映，人与人之间建立了良好的感情关系，便能产生亲切感。在有了亲切感的人与人之间，相互的吸引力就大，彼此的影响力就大。领导者和蔼可亲，平易近人，时时体贴关怀员工，和员工的关系相处十分融洽，他的影响力往往比较大。如果领导者与员工关系紧张，时刻都要互相提防，那么势必会造成领导者和被领导者的心理距离。这种心理距离是一种心理对抗力，超过一定限度就会产生极坏的影响。

一个领导者要将他的决策变成员工的自觉行动，单凭职位权力显然是不够的，即使有能力方面的吸引力，在很多时候也会力不从心。因为员工已经不再是传统意义上的经济人，而是渴望得到关怀的社会人。因此领导者要想使员工心悦诚服，为其所用，就要保证员工在感情上能和领导者心心相印，忧乐与共。感情影响力的培养最为关键的因素就是要克服官僚主义的领导作风，做到从感情入手，动之以情，以取得彼此感情上的沟通。

人格影响力是指领导者在领导工作中，通过自己的品德素质、心理素质和知识素质在被领导者的身上产生影响的一种力量。其中品德素质是人格影响力的基础。领导者良好的道德、品行、作风往往会对员工产生潜移默化的作用。领导者的心理素质，是人格影响力的关键。在心理素质中，领导者必须具备丰富的情感，对员工充满热忱并关怀备至，这样才具有强大的人格魅力。而知识素质是领导者人格影响力的能源，在领导工作中，知识渊博、业务素质高的领导者自然会形成一股凝聚力，员工自然会信服领导者的领导。

不断增强自己的感召力

有魅力的领导才有感召力，有感召力的领导往往有魅力，两者是相通的。

领导们应该懂得这样的道理：企业竞争说到底是人才的竞争。哪一位领导的手下有一班精兵强将，他就具有了市场竞争的实力。在这个意义上，领导如何增强自身在员工中的凝聚力就成为关键。至少,领导在以下几个方面应高度注意。

第一,要注意倾听员工对你反映目前的业务情况,不要在员工面前表现出高高在上,并知道许多他们不知道的事情的神态。要让员工喜爱接受你讲话,并知道你也喜爱他们向你报告情况。这时要反复告诉员工许多经营规则和制度,不能期望你一言不发,员工就能自觉地自然而然地去遵守。当然,叮嘱之余,你要信任你的员工,相信他们办事的才干。

第二,领导应该主动听取他人的意见和看法,不能总认为自己永远是对的。其实,员工总希望自己的聪明才智被领导赏识,他们有时讲话并不是信口开河,而是多日思索的结果。

第三,领导应该协助员工工作。认为他们拿了薪资,就该为你工作,这是不恰当的。只要有必要,领导也可屈尊去帮助下属,目的只有一个,那就是顺利地达到工作目标。有些领导搞不清楚他的下属们是否都很称职。这种领导常常这样想,干得好干得不好是他们的问题,而不是自己的问题。正确的态度是,领导应发现谁没有把工作做好,并把它当做自己的工作,帮助下属做出成果。

第四,领导要清楚下属对他的期望是什么,甚至要了解这些员工的内心世界。这是领导的分内事。领导要常常告知员工对他们的期望究竟是什么,也就清楚下属对领导的期望是什么,这样,双方目标一致,没有误会。同时还要对下属有充分的信心,遇到再大的困难,首先自身不要泄气,其次要多给员工鼓气,让他们充满信心地去干,共同创造奇迹。

第五,关注下属工作的进程。不要以为下属做好了,就是自己领导有方;下属做得不好,也不是自己的错。其实,下属做得好或不好,领导应明明白白地告知他们,他们做出了成绩需要得到认可。他们做错了,也要获得一个改错的机会。不能太重"名",认为许多工作成功都是自己的功劳。领导应虚怀若谷,把业绩看做是群策群力的结果。

第六,常动脑筋想出一种对每个人都好的方法,不要顽固地认为,自己确立的方法就是最好的方法。能适合任何人的方法即是最有效的方法,它能提高每个员工的工作效率。要广纳意见。

第七,一个有感召力的领导、上司,无往不利;而一个没有感召力的领导、上司,则寸步难行。一句话,领导要有人格魅力!失去人格魅力的领导,跟他的下属没有任何分别,谁还会尊敬他、信服他,听他的号令?美国耶鲁大学卡尔·杰克在《领导驭人的魅力》一书中认为:"良好人格本身就是驭人的魅力",可见,企业领导应当在下属面前塑造自我形象,完善人格魅力,充分展示聪明才智和领导能力,赢得下属的尊重,切忌用不光彩的东西抹杀自我形象,受到下属的冷落。

处理事情要公私分明

"公"与"私"分指集体与个人两种价值利益,形成矛盾关系。一般讲,每个人身上都有"公"与"私"两种欲望,关键是要看你如何处理两者的关系:公私兼营是错误的,大公无私是可能的;圆满的做法是克己(私)奉公。但是由于人本身的需要层次,"公"与"私"常发生尖锐矛盾,常出现因私而害公的现象。从某种意义上说,对待公与私的态度,是检查领导是否称职的尺度之一。如果一名企业领导混淆公私界线,必定会因私而害公,从而违背了"公私分明"的用权戒律。

公私不分、假公济私或欠缺公正的企业领导在下属的心目中不会具有威信。因此切忌假公济私,而公私分明是一名企业领导用权的标准,唯其如此,才能正己立身,才能管好下属,否则,就会完全掉进私欲的陷阱之中,终不能自拔,给自己造成毁灭性打击。

公私分明，为古已有之的用权戒律。

对一个企业的领导或主管而言，公与私是不能同时满足的，因私必然害公！因私害公的领导或主管，在下属眼中就跟掉了价的大白菜一样，毫无威信可言。人一旦做了主管，自尊心就会随之提高，常常会莫名其妙地感到自己被忽视，别人一说悄悄话，或在暗中商讨事情，就会觉得很不是滋味，像某信息公司的一位经理就是这样的：

"经理，请你在合同修改书上签字。"

"为什么不事先和我商量？我根本就不知道这件事。"

"可是我现在不是来告诉你了吗？"

"你早就自己决定了！可见你根本就不把我放在眼里，我不能签字了。"

像这种例子，屡见不鲜。的确，未经事先商讨，对经理而言，可能是不太礼貌。但经理也大可不必因此心怀恨意，如此阻碍工作进行，于己何利？

作为主管，"不知道"和"不了解"是自己的过错，不应责怪下属。在平时，主管就应该多做调查，听取下属报告；或巡视各部门的工作现状，以了解他们实际的工作情形。不能掌握下属行事的主管，是一个差劲的主管。同样，作为企业领导，像这种因私害公的情形最好不要在自己身上出现。

作为一个现代企业的领导，同样只有无私才能无畏。相信每个人在工作岗位上，都会对下属采取公平的处理。但是，什么是"公平"呢？如果判断自己对待下属是否公平呢？下判断的要诀是无私，即不可考虑自己的利益所在。

比如说分配任务。当遇到困难的工作，不要想任用之人成功完成任务后自己将得到的奖励或赞誉，也不要因为工作轻松又可获得利益，便想掠夺过来，企图自己做。这样的念头，都会使下属对你的信心大减。因为你的企图很容易被下属看穿。因为不论何时，由上往下看，往往不太能知道实情。然而，由下往上看，却大致能正确地了解一切。

就公司的利益而言，你必须从工作的重要性、紧急性综合判断，在判断的过程中，绝不可掺杂丝毫的自我利益。只要是从工作大局，从公司的未来发展情况出发，你便可以光明磊落地着手去做。但是，还必须妥善处理组员之间的争执。从这层意义来看，你是选择了艰难的道路。

一个指导下属的主管，应该经常关怀弱者。然而，付出过多的关怀有时亦于事无补。最好的要诀是做个无私的领导人。

记住点滴才能成大事

真正的公私分明不仅要求切忌在大事上因私害公，也要求注重细节。因为大局和细节一样，都能体现出一个人的立场原则。领导者在细节上也应严格要求自己。

年轻人对领导的日常事物都非常敏感。在这被不满与怀疑充斥的社会里，做一个企业领导者，对下属不能开诚布公，就无法获得后进人员和下属的心。

有一个例子可以说明以上的观点。利用交际费使交涉有利的做法在过去向来很通行，但它也会产生很多问题，如新职员对上司们所拥有的交际费，常常会产生怀疑。主管不管是为了工作还是为了公司的客户，只要一到饭店或酒吧等地出入，下属怀疑的眼光便会集中在他们身上。一旦发觉领导有不廉洁的事，嘴里虽然不说，却会牢记在心中。这种上司即使很能干，但还是不能得到下属的信任。这种领导虽然很擅长与外面的人交涉，但是却不能做个好主管。因此，滥用交际费，或者在交易的对象身上花许多钱以达到目的的时代已经过去。今后，诚意和努力将成为交易的通行证。如果想要获得下属的信任，就必须避免太过大方地使用交际费来进行公事上的应酬。

经济不景气时，一些小企业破产了，但他们的一些同行却安然度过了经济低潮。这其中的奥秘是什么呢？是因为这些企业一向都严守公私分明的规则，而且上至董事长，下至普通职员，每一个人都力行这种原则。这些企业的领导如此优良，怎么会破产呢？

也就是说，如果普通员工都认为："在我们公司里，每一位都公私分明"，或者"我们经理没有不可告人的账目"，那么这个公司在不景气时，劳资双方便能团结成一体。即使职员被削减薪水或奖金，也会因为相信公司的处境，而不会怀疑有什么"隐私"，反而会更加努力去帮助公司渡过难关。

但有的上司会让人家怀疑：他是不是有收取回扣，他是否谎报交际费？虽然没有证据，但是行动可疑，一旦被人蒙上这一层阴影，大家便会对他的好感大打折扣。此外，用公费去交际、喝酒，也是造成表里不一的原因。还有，用公家的电话闲聊私事，或者写私人信件时贴上公家的邮票等，这些小事都能慢慢使人对你的好印象变坏。

在公司业务处理中，占便宜的想法是绝对无法行得通的。必须以合理的方式来利己，绝不能占公家的便宜。公司里的同事、领导的眼睛都注视着你，聪明的人是绝不会揩公司的油、占公司便宜的。因此，你一定要让领导、同事和后进人员都知道你是绝不贪私的人。

也许有人会说："水至清则无鱼。"人太清廉自守，周围的人便不会来亲近你。而且在现代，由于"占便宜"的人很多，"不占便宜便是吃亏"的想法蔓延很广，因此能坚持清廉是很难的。

在现代的社会，用来获得别人信赖的，究竟是手腕还是经历。这对价值观多元化的下属而言，是很难弄清楚的。但是如果你能保持清廉，便可以赢得别人的信任。

我国自古便强调廉洁的重要。做一个领导者，一定要戒贪，即使只是一个小小的主管，也仍是领导者。以往的社会，对才能和手腕非常重视，但在现在，清廉自守更重要。它会带给你意想不到的力量，成为下属对你心服的原动力。"水清无鱼"又何妨？

因此，公私分明，应当从小事做起。

严格要求，培养自己优秀的品格

领导者的品格是决定领导者自身价值高低的一个重要方面，也是领导者魅力的重要源泉。具有高尚品格的领导者会放射出磁石般的力量，对于追随他的员工来说，他是最终目标的象征，是希望的象征。

领导是一种指挥和控制行为，是领导者对被领导者产生影响的过程。成功的领导者的关键就在于他具有超过一般人的影响力，并能以此来有效地影响被领导者的心理和行为。而影响力主要来自强制性影响和自然性影响。品格是自然性影响的主要来源。一个领导者能不能以及多大程度地受到员工的拥护，在很大程度上取决他的品格修养。

华盛顿是以其完美的品格赢得了新生美国的信任，当上了第一任总统，新美国的第一任领导者。1788年，出席制宪会议的代表皮尔斯·巴特勒在谈到总统权限时说过这样一段话：代表中有许多人选举华盛顿将军担任总统，而且根据他们对华盛顿品格的看法而决定他们应当给予总统多大的权力。可见良好的品格是造就优秀领导者的基础，而不好的品格往往成为领导者成功的羁绊。良好的品格有助于有效领导的实现，它可以加强企业的整体性，使领导者和被领导者休戚与共、荣辱相依，从而实现企业的经营目标。

不能做一个伟大的人，也要做一个崇高的人

印度独立后的第一任总理尼赫鲁在政治生涯开始时便追随圣雄甘地，支持甘地所领导的运动。甘地本人对他十分欣赏，寄予厚望。甘地经常和尼赫鲁在各种问题上交换意见，主动提拔他担任领导职务，由于甘地的作用，尼赫鲁在国大党的地位迅速提高。尼赫鲁虽然九次被捕入狱，但是他从未放弃他的政治抱负和理想。更加可贵的是，尼赫鲁并不盲目地追随甘地，他不怕困难，对欧洲进行了考察，在很多问题上的看法早已超过甘地。他始终走在印度民族解放运动的最前列，提出了印度"完全独立"的政治目标，得到了印度人民的广泛拥护。他所具有的良好品格如对革命的坚定信仰和目光的远大深受印度人民的崇敬和信赖。政治家需要良好的品格，因为他要实现有效的领导，同样领导者也需要实现有效的领导，因此领导者也同样需要良好的品格。

有些政治家对品格不屑一顾，如美国前总统尼克松在他的《领导者》一书中对道德表示轻视。他说："美德不是伟人领袖高于其他人的因素。"但是这种认识从根本上来说是错误的，它将权力等同于权术。权术往往是不择手段，在不够民主和透明的权力机制下，它有可能发挥作用，但是在民主化和透明度很高的机制下它往往会让领导者寸步难行。尼克松最终因为"水门事件"而下台，正说明了这点。因此只有道德被认可，才能实现有效的领导。否则一切都是空谈。

领导者必须通过自己的道德品质来吸引员工。员工往往对领导者的能力表示钦佩，进而服从，但是更多的时候是为领导者的道德品质所感动，进而产生无条件的服从和信赖。因此领导者要注重自身道德品质的培养，虽然不能做一个伟大的人，但是一定能做个崇高的人。

有知识，当然有魅力

一个领导者知识的渊博程度能够影响其魅力。对于一个领导者来说，知识素养是相当重要的。在领导者进行领导的过程中，知识素养不但决定了他的思想观念和思维方式，而且决定了员工对他的信服程度。

我们可以拿历史上著名的亚历山大大帝来说明知识素养如何培养魅力。亚历山大大帝13岁时，父亲为了将这个未来的君王培养成博学多才的人，特意聘请了当时希腊最有学问的亚里士多德来做儿子的老师。在三年的学习过程中，亚历山大和亚里士多德朝夕相处，形影不离。在亚里士多德的教导下，亚历山大迅速成为了那个时代少有的学识渊博的君主。后来他率军横扫欧亚大陆，在远征中仍不忘记读书，并命令士卒返回希腊为他运来许多书籍，这些书涉及面广，包罗百科。渊博的知识赋予了亚历山大非凡的魅力。波斯国是亚历山大一直想征服的庞大帝国，亚历山大以极其友善的态度和有节制的提问使来访的使臣心悦诚服。最后有位使臣说道："这个孩子才是伟大的君主，而我们的国王只不过是徒有钱财而已。"在后来的征服中，亚历山大大帝所向披靡，声名留传百世，正是他那渊博的学识塑造了超凡的魅力，吸引了一大批跟随者。

领导者要想在工作中赢得服从，就必须培养自己超凡的魅力，而超凡魅力的培养中，必须注意知识素质的提高。因为知识素质是超凡魅力的重要基础之一。拥有知识的领导者和没有知识的领导者不但在处理业务的能力上有天壤之别，在言谈举止上也差别巨大。因此领导者在造就超凡魅力的同时，一定要注重知识素质的提高，通过提高知识素质来培养超凡魅力。

第3章
点燃员工激情，让员工自动自发完成任务
——员工激励心理学

激励是心理学中的一个术语，是指心理上的驱动力，含有激发动机、鼓励行为、形成动力的意思，也就是说，通过某些内部或外部刺激，使人奋发起来，行动起来，去实现特定的目标。简而言之，激励就是激发员工的自动力，调动员工的积极性，使员工朝向组织的目标作出持久的努力。

让激励真正产生作用（一）——给员工以物质上的满足

随着社会的发展，人们在管理中越来越强调精神激励作用，如工作丰富化、挑战性的工作、更多的安全感与成就感这些内心的收获。但是，一个人即便成了通用公司的老总，他还是离不开衣食住行，还是不能不食人间烟火，这就决定了他必须首先从物质方面满足自己，首先要有基本生活需要的满足。

物质基础主要是指员工的薪水和福利。员工的薪水，实际上就是员工的所有劳动收入。员工的收入按其性质不同，可以分为基本工资、奖金、津贴和补贴几个部分；除此之外，企业还应当替员工考虑住房、医疗、各种保险等，主要目的便是保证企业的员工在经济上能够没有后顾之忧。

基本工资

基本工资是指劳动者在法定的工作时间内和正常的劳动条件下，根据劳动的熟练程度、复杂程度、劳动强度、对企业贡献的大小所获得的报酬。基本工资必须要能维持员工的基本生活需要，在现代社会，还必须能够保证员工的亲人子女的生活和教育费用的需要。如果这一点实现不了，员工的生活势必不能照常进行，企业也无法维持正常运转。

一、基本工资的特征

首先，基本工资具有常规性和稳定性的特征。员工完成定量劳动，获取定量报酬。报酬数额在一定时期内应当保持稳定，不同的岗位，不同的级别，不同的职位，不同的工作经历、学历、贡献，都会使不同员工的基本工资具有一定的差别。雇员通过一定时期内获取稳定的收入，可以用它来购买生活必需品，满足自己的衣食住行，满足自己最低层次的生理需要，这是基本工资发挥作用的一个最基本的层面。同时，基本工资的稳定性又会使员工有一定的安全感，对可能出现的各种风险有一层心理保障，增强员工对企业的信任感，也使他工作更加专心。

以推销员为例，同样是相同的月收入，有底薪和无底薪便大不相同。有底薪便可以保障他的基本生活，不至于使他在洽谈业务时还想"昨天我又向××借了300元钱"，或者是"下周又要交房租了，跟谁去借钱呢"。按照我们的说法，人的生理需求是第一位的，如果它没有得到满足，那么它会从各个角度一刻也不停地来打搅你，让你别的事情一件也做不好。

其次，基本工资也可以起到一定的精神激励作用。不同员工由于其工作能力、教育背景、贡献大小不同，基本工资数额也会有所不同。基本工资数额较高，说明其技能水平、工作业绩也较高，在公司中的地位也会较高。这说明企业认可了雇员的工作贡献，这种雇员会获得心理上的成就感与满足感，会以更多的精力热忱来投入工作。而那些基本工资较低的雇员也会以此来督促自己，以获取更多的工资收入。

二、计时工资与计件工资

基本工资的形式按计量形式分，可以分为计时工资和计件工资两种形式。

计时工资是按照员工的劳动时间依据一定的单位时间工资标准来计算支付工资的形式，在实际生活中，有按小时计算（比如家教）、按日计算（比如兼职）、按月计算等形式；也有一些咨询公司是按分钟计算，比如说有的公关咨询公司参加会议，从会议开始就开始计时，会议结束按照所统计的时间算钱，这种计费方式就是以分钟为单位。计时工资对于一些管理工作、辅助工作、基础研究咨询较为适合，大多数企业单位用的基本工资都是按月支付的计时工资形式。另外，对于工厂中的工人，计时工资也是一种应用普遍的方法。

计件工资是根据员工完成的工作量或合格产品的数量来计算劳动报酬。对于一些生产过程较为稳定,需要大批量生产而工艺过程又较为简单的产品而言,此种方法尤为适用。比方说我国的纺织品业。纺织品在中国历来是出口强项,属于劳动密集型产品。在沿海广大农村,许许多多的农闲妇女都会绣花,或者对服装进行再加工。她们的任务主要是针对一些机械无法解决的纰漏,进行一些细节上的再加工。按照产品的数量计费,每件从五分钱到几角钱不等,以此来贴补家用。

三、制定工资水平的原则

在工资水平的制定中,掌握如下原则可以有效调动员工的积极性。

(1)劳动者参加工资的制定过程,参与工资水平、标准的制定。如此可以激发劳动者的主人翁意识。美国有一种协商工资制,员工和管理人员的工资由雇主和员工共同商定,随着时间推移和劳动力市场变化再相应地加以变化。由于双方是处在彼此协商的立场,地位较为平等,雇员倾向于把自己看成是企业的主人,因此他们会从内心深处把自己的劳动与企业联系起来,激发自己的工作热情。

(2)工资水平与劳动技能挂钩。如此可以促使员工去自我充电,提高各方面的技能水平。在实际生活中,由于劳动技能的测量标准在短时间内只能以各种证书为凭,员工可能会单纯去追求社会上各种良莠不齐、水分极多的证书。为了避免这一点,工资水平还应当与工作贡献挂钩。

(3)工资的变动与企业利润挂钩。把雇员与企业紧密地联系在一起,一荣俱荣,一损俱损,让员工把企业的事情看成是自己的事情,可以大幅度提高员工的工作积极性。

奖金

奖金是对工资制度的补充,是对雇员超额劳动或者是增收节支行为的一种报酬形式。与工资制度相比,它克服了其不能体现超额劳动这一缺陷。工资制度由于其本身的常规性与稳定性,难以灵活、及时、准确地对劳动者的超额劳动给予补偿,结果会引起企业和员工之间的不满与怨言。而奖金制度则可以解决这个问题。

一、奖金的特点

与基本工资相比,奖金制度具有如下特点:

(1)有较强的针对性与灵活性。可以根据工作需要,有针对性地解决问题。比如,企业接了某个项目,任务紧迫,需要员工加班加点;或者是业务旺季,人手不足,都可以利用奖金对付出超额劳动的员工给予补偿。

(2)有很强的激励功能。根据个人的劳动贡献来确定奖金数额,多劳多得,少劳少得,不劳不得,可以最大限度地发挥其激励员工的作用。

(3)将雇员的收入、个人贡献和企业的效益联系在一起。企业如果取得了很好的效益,员工的总体奖金水平也会随之提高,每个人的奖金额可能并不一样,视个人贡献大小而定,这对于提高整个工作团队的士气都大有好处。

二、奖金的发放

奖金发放可以采取的理由多种多样:有激励员工多劳多得的奖励项目,如针对超额生产的奖金;有激励员工减少成本与消耗的项目,如针对工厂中的原材料消耗节省设立的奖金。可以对某一个或几个人进行奖励,也可以对某一部门或小组实行团体奖励。还可以设一些诸如全勤奖、年终奖之类的奖励。

如何发放奖金是一个很值得研究的问题。人是一种很复杂的动物,两个人干差不多的活儿,一个拿得多一个拿得少,后者就会有意见。每个人的价值观不同，如果因为一个人的学历或是某种特殊背景而对其另眼相看，别的员工虽然也得到了奖励，也可能会产生不公平的感觉，这在一定程度上会误导员工的追求目标。目前，在大多数私企和一些著名的跨国公司中，员工的薪酬、红包都是保密的，一定程度上就是为了这个原因。

津贴、补贴

企业津贴和补贴是为了弥补特殊的工作环境和工作性质对劳动者所造成的伤害所给予的物质补偿。比如出差补贴、外派补贴，也包括一些工作中所必然引起的消耗的补偿；又如通信费用（手机费、上网费）、交通费用、住房补贴，等等。

补贴乍一看数额不大，但计算起来也算是公司的实际福利制度。合理的补贴对增强员工对公司的归属感很有好处，而且周到的补贴会使公司显得更富于人性化，更通情达理。比如，在大城市工作的外地年轻员工，租房始终是困扰他们的一个大问题，如果公司能把这个问题完善地解决，会大大地增加公司的吸引力。

福利制度

企业的福利构成了员工收入的可观部分。有数据显示，美国的企业在1995年福利收入占员工总收入的30%以上，具有举足轻重的地位。雇员的福利是指企业为了调动员工的积极性，保障员工的正常舒适生活，而在工资、奖金之外向雇员本身及其家属提供的货币、实物和各种服务。在现代企业中，福利形式多种多样，具体有住房、免费工作餐、带薪假期、集体出游等等，交通费补贴、探亲假期、通讯费用补贴、教育培训计划也是员工福利的重要组成部分。企业还会为员工代办医疗保险和养老保险。

一、住房和交通

住房和交通是影响一个员工工作决策的极大因素。对于真正的人才，公司在这一点上务必含糊不得。在现代的城市，每天倒两班公共汽车去上班实在是一件痛苦的事情，耗时又费力。而如果公司对此不管不顾，员工财力薄弱，单枪匹马，要花费很大的精力和财力才能解决问题。公司出面的话则大大不同，公司有较为充裕的资金，又有信誉担保，解决问题的难度相对要小很多。住房问题如果得到了解决，员工会感到公司确实是真正地为自己考虑，会极大地增强员工的归属感与认同感。

二、免费工作餐

诸如饮料、工作餐之类，是管理中的细节问题。但细节的疏忽会给人增添无穷的烦恼。饮食是每天都要消耗的东西，对于普通员工而言，每天中午、晚上都去下馆子未免有些太奢侈了。而如果长期吃快餐，对身体的损害则是显而易见的。事实上，把员工的吃饭问题解决好，并不需要耗费多少金钱。事情虽小，但却可以反映一个公司的素质层次，反映公司对员工的尊重关心程度。

三、带薪假期、旅游

在某一段紧张的工作过后，或者是某一项艰巨任务拿下来了，就应当考虑给员工放几天假，彻底放松一下；可以组织员工集体外出旅游，既可以全体休息一下，恢复精力，又可以增加员工的凝聚力，有助于形成融洽的员工关系，而且这样并不耗费什么钱财。

四、教育培训计划

应当让员工有业余学习的时间和精力。公司应当考虑到员工充电、提高自我的需要，可能的话为每一位合格的员工都制定一个培养计划。例如，工作岗位互换，资深人员的传帮带，与名校的合作培训，工作中对员工的放权等。要把员工当成一位真正渴求发展的人,让他在公司里每月都有提高,每年都有提高,要让企业成为一所学校,让员工和企业一同成长。

公司的领导者一定要给员工提供充实足够的锻炼机会。因为只有经过一番艰辛的锻炼,才会增长工作的实践能力;也可以给员工补修专业技术课程,或者为其提供一些其他方面的技能培训,只要对工作有利,为公司的员工提供一切可行性机会,这样才会使越来越多的员工成为高素质的劳动者,使公司具有越来越多的知识和财富,其结果必将使员工的企业忠诚度不断上升。

五、养老、医疗保险

医疗保险缘于医疗费用的高昂。作为个人,一旦不幸遭遇到某种严重疾病或者发生意外事故,很难负担得起高额的医疗费用。养老保险则是为了保证员工几十年后丧失劳动能力时能够获得稳定的收入来源。公司在这两者上如果能投入一定的财力,则可以使自己的员工有一个有保障的未来,使员工心里获得安全感,可以增加员工的忠诚度。

优越的办公环境

处于市区繁华地带的高档写字楼、宽敞的办公场所、安静的环境、各种现代化的办公设备,都会给员工带来心理上的愉悦感。在这一点上,跨国公司、外企做得要比国内企业好得多。国内企业往往在选址、购置设备上较为抠门,能凑合就凑合,能省就省,殊不知这些东西代表了公司门面,也无形中影响着员工的自我评价。一个手持IBM笔记本电脑办公的人和一个用二手台式机的员工的自我形象会相差很大。在摩天大楼和地下室里办公也肯定是截然不同的感觉。前者会想,我一定要珍惜这里的条件,珍惜这里的机会,争取再升职;而后者多半在转这样的念头,努力、奋斗,十几个月就离开这个鬼地方。

钱要花在刀刃上,办公条件正是刀刃之一。

101

经理人的股票期权

怎样让经理人员对公司的未来负责,这是公司的所有者对经理人员一直耿耿于怀的心病:传统的年薪制只能引导经理对公司当年的效益尽力,导致了经理的短期行为,竭泽而渔。实际上,公司的高级管理人员时常需要就公司的经营管理以及战略发展等问题进行决策,诸如公司购并、重组以及长期投资等。这些动作给公司带来的影响往往是长期的,效果要在三五年,甚至十年后才会体现在公司的财务报表上。如果一家公司的薪酬结构完全由基本工资及年底奖金构成,那么出于对个人私利的考虑,高级管理人员可能会倾向于放弃那些短期内会给公司财务状况带来不利影响,而有利于公司长期发展的计划。经理股票期权有可能解决这类问题。它将高级管理人员的薪酬与公司长期利益联系起来,鼓励他们更多地关注公司的长远发展,而不是仅仅将注意力集中在短期财务指标上。

今天,在发达国家,股票期权已经实行得相当普遍。《财富》500强中,89%的公司已在其高级管理人员中实行了这种制度。迪斯尼公司的总裁艾斯纳,其薪水加奖金不过是576万美元,但是股票期权带来的财富,则有近5.7亿美元。在硅谷,平均每天有32个百万富翁产生。同时,这种分配制度显示了巨大的生产力促进效应:在美国,如以无职工股权的公司为比较基准点,定义公司产值平均增长率为100%的话,那么有职工股权的公司产值增长率高达139%。

员工持股

在今天这样一个"机会"爆炸的时代,公司争夺优秀人才的竞争已白热化。虽然企业文化、企业发展前景等因素在吸引、保留人才上功不可没,但薪酬机制将永远是制胜的关键。股票薪酬更是包含了经济上和事业上的双重成就感，成为争夺和保留人才的最有效手段之一。

从财务角度看，公司许以本公司期权，并相应降低员工的薪资，从而节省工资成本，减少了对财务资金的占用。对于公司，股票期权的授予不产生账面资金外流；行权时员工出资购买公司股票，公司不掏钱；抛股票套现时，是市场提供了现金，而非公司。所以，运用股票期权，百万富翁是由资本市场创造的，而非由公司薪金创造的。获利者是公司员工，创造的价值是公司利润。股票期权由此被看做效益成本比最高的薪资工具。

在持股计划中，通常公司合同规定：员工得到股票期权后不能即刻行权，必须等到约定时间后（有些为1年）方可购买公司股票；股票期权行权后，不能立刻卖出公司股票，需要等待；股票期权不能一次全部行权，必须分若干年定期限额购买公司股票，还是等待。时日漫长是可想而知的，但诱人的利益前景、巨大的利润空间，有可能将人才锁定在公司里。

员工持股是可以让员工认为自己是在为自己劳动，可以说是最有效的激励方式。员工持股具有多种形式。其中一种就是本单位的全体员工买下本公司的全部股票，拥有单位全体股权，共同成为企业的所有者来参与企业的经营、管理和利润分配的一种股份制。从它的基本特征来看，它带有典型的合作经济之性质，因而有人将它称为"资本主义集体所有制"。

20世纪50年代中期，路易斯·凯尔索在20世纪初提出的"小额股票"、"大众持股"的基础上，将他所提倡的小额股票付诸实施，首次成功地将一家股份公司72%的股权，在8年时间内完成了向职工的转移。这一成功的举措，赢得了美国各界广泛的赞扬和支持。1975年，美国的民意测验专家哈特经过调查发现，美国人有66%赞成"员工拥有公司大部分的股份"。1978年，哈里斯的民意测验也表明，美国的职员中有64%的人觉得如果让"所有员工平均分享公司的利润"，那么他们的劳动生产率会更高。截至1991年，

让你轻松带团队的管理心理学

美国的员工持股公司已发展到15000个,参与员工持股工程的员工达1200万人,占美国劳动者的10%,员工持股拥有的资产约为1000亿美元。

员工股份制之所以在美国如此受宠,主要是员工股份制依据的理论假设:当人们为自己劳动时,他们就会更好地工作;而员工为自己劳动的关键是在法律和经济两重意义上拥有所在企业的财产。因此,企业财产关系内部化,全体员工拥有企业的产权会产生更高的效率。

以上主要从基本工资、奖金、福利、办公条件等方面阐述了对员工的物质激励问题。物质是激励员工的必要而有效的手段,但随着社会的发展、科技的进步,员工更多地开始追求自身的满足,此时单纯靠金钱已经无法真正调动高级人才的创造力了。用我们的话来说,此时员工们追求的不仅仅是生理和安全需要,更多的是尊重、是归属,是自我实现,是发挥自我的潜力。

让激励真正产生作用(二)——给员工以精神上的满足

不管一个员工在公司里的职位高或低,要想长久地留住人才,就必须能够使他从心理上、感情上对目前和未来的工作环境,包括与同事、上司的人际关系具有好感。要达到这一点,有赖于对员工的有效的精神激励。

一个关于精神激励程度的测试

下面是一个简单的测验,目的在于检验作为一个主管是否对员工进行了有效的激励。请按"非常普遍"、"常常"、"有时会有"、"偶尔会有"、"很少有"或"从来没有"几个答案来回答下列15个问题。

（1）你是否经常因为员工表现出色而给予他们以书面或口头的表扬？你的赞美是否是发自内心的而不是装模作样的？

（2）你是否经常给予员工以挑战性的任务，使他们能够竭尽所能，充分调动自身最大的潜力？

（3）对于成绩，你是否把出过力的员工的名字一一上报，是否愿意让下属分享你的成就与荣耀？

（4）你是否邀请手下参加一些重要的会议并鼓励他们在会中发言？是否愿意把部下介绍给公司的高层人员，给部下以露脸的机会？

（5）你是否鼓励员工提出自己的看法，对工作提出批评，甚至鼓励他们提出截然相反的意见？

（6）你是否经常抽空与部下一起午餐、喝咖啡或者是吃夜宵？

（7）你是否愿意和员工聊天，并关心他们工作之外的情况，如他们有什么兴趣嗜好，下班后经常做些什么活动？

（8）你是否鼓励部下接受新的任务，是否经常为他合理的工作丰富化要求开绿灯呢？

（9）你是否真心地希望自己的部下升职，并经常地尽心尽力地为他们提供培训、晋升的机会呢？

（10）你是否鼓励部下与你讨论他们的目标与理想，并真诚地提出你自己的看法？

（11）你在做一项决定、制定某项任务或被要求做出评价时，是否想过，这样做会不会打击某些同事，能否减弱此举对他们的打击，或另外想法予以补偿？

（12）你是否对每一位员工包括自己都一视同仁地要求友善、诚实、公正？

（13）你是否经常给公司的员工提供各种有关的组织、社团、报纸杂志或研讨会之类的信息,以帮助提高员工的工作技能、人际关系技巧?

(14)你是否鼓励员工为自己确立挑战性的目标,鼓励他们发挥自己的潜能,并协助他们实现理想?

(15)员工部下如果完成了事先确定的目标,你是否会对他予以奖励?比如,加薪、奖金、休假,或是赞美、升职等?

现在来计算得分,"非常普遍"可得5分,"常常"可得4分,"有时会有"可得3分,"偶尔会有"可得2分,"很少有"1分,"极少有和从来没有"0分。

如果得分在70分以上,那么受测公司在精神激励上可以说得上是典范,员工必然不以上班为苦,他们士气高昂,会有很高的心理成就感与满足感。

如果在60分~70分之间,那么精神激励状况还可以,但仍然可以做一些改进。

得分在35分~59分之间,受测公司的精神激励就需要注意了,很明显,员工的心理需要被你大大地忽视了,人们或许在私下正抱怨不断。

得分在35分以下,员工到你这里来工作仅仅为了拿钱,他们和你完全是金钱与劳动力的交换关系,公司士气低落,员工们也不思进取,不求有功,但求无过,有才华的员工纷纷跳槽,剩下的也都在谋划退路。

倾听式激励

倾听是一门艺术,并不是一件很简单的事情。一个人坐在你面前滔滔不绝,你坐在身边不断点头,心里却在想,"今天晚上和老张再好好谈一谈"或者是"待会儿怎样才能语惊四座,让别人知道我的见识不凡"。此时,你并没有在听别人讲话,你只是在急着等别人讲完,好轮到自己发言。

作为管理人员,善于听别人讲话是一项尤为重要的技巧。有些最好的经理往往也是最善于听人讲话的人:有一位销售经理,对公司的销售业务毫无详细的了解,每当经销人员遇到了问题来征求他的意见时,由于他对业务一无所知,他实在是无可奉告,提不出什么好建议。尽管如此,但他的倾听艺术非常高明,无论这些人问他什么,他总是这样回答:"你觉得呢?你认为怎样办最好?"然后,这位部属就会给出一个解决的方案,而他总是会点头同意。部下会满意地离开,而且觉得这位经理真的是很不错,很尊重下属的意见。而部下由于了解实际情况,对问题的解决办法总是能谈个八九不离十,因此问题总是解决得又快又好。

与别人交谈时,你必须全神贯注在对方身上,专心致志地听对方的话,听他的言外之意、弦外之音,还要注意他的动作、手势、眼神与表情。你要使对方觉得在谈话的这一刻,只有你们两位在这个世界上。相反,如果你的眼神只顾盯着女招待的大腿,随着她的走动而飘来飘去,你的谈话对象会想:"这个家伙根本没把我放在眼里,女招待的腿要比我讲的话重要得多",你的谈话算是泡汤了。

人们常常因为谈话中断而坐立不安,他们会赶紧找出新的话题接下去讲,来使交谈进行下去。实际上,片刻的沉默会使双方都有思考回味的机会,会使某一方提供更多的信息,能让双方都有一个休息的机会。连珠炮似的交谈往往存在什么不对劲的地方。

有许多时候,你跟一个苦闷的员工交谈,并不需要你出主意,提供解决的办法,只需要你耐心地倾听,对方在诉说完自己的苦闷烦恼之后,自然就会找到解决的办法。但有些时候,光靠倾听是不够的,对于一些人,除非你小心翼翼地加以询问,否则你无法知道他们在想些什么。但这里的探问务必要委婉,让对方知道你的本意是关怀而不是窥探隐私。

赞美式激励

在公开场合赞美员工是激励员工的极佳方式，每一个人在内心深处都渴望别人的赞美与夸奖。"千穿万穿，马屁不穿"，从某种程度上来讲，是至理名言。每一个人在数千人的注视下，走到领奖台上领取奖章、鲜花或是证书都会有一种很奇妙的感觉。每一个人发现自己的名字出现在本公司刊物的奖励名单里，都会感觉良好。"原来我也可以很有名的"，这种被大众所承认的感觉要远比几十元的奖金更加激动人心。

赞美在建立一个人的自信上有着神奇的功效。中国的大学生比起高中生来，明显地更有自信，更开朗，做事能力更强。有人由此做过调查，结果发现很重要的一条原因就是大学生在学校里受到的正面的、积极的鼓励要远比在高中时多得多；相对而言，大学的老师更知道赞美的重要性，更多的是把学生当作一个真正的成人看待。

赞美员工每一点小小的成绩都会激发他的自信，员工会更加努力，更有勇气去尝试，如此积累，将来员工能取得很大的成功也不稀奇。在婴儿牙牙学语的阶段，即使他还无法准确发音，可是，他一说"哒—哒—"，做父亲的立刻就自动认定他是在叫"爸—爸"，这位骄傲的父亲就兴奋地大叫："听到了吗？他在喊我爸爸！"然后，他抱起孩子亲他，对他说："聪明孩子！爸爸疼你！"孩子得到了赞美，就会继续学着去讲话，然后如此这般逐渐学会讲话。如果没有父母的赞美鼓励，恐怕我们许多人整天只能咿咿啊啊了。

作为管理人员应当懂得，每一个员工都需要赞美来保持自信。如果你愿意，你总是可以找出无数的机会，来夸奖你的部下，发自内心地称赞他们，会使他们死心塌地地跟随你。

尊重员工并不仅仅只是口号或者是印在纸上的一句话，它表现在公司活动的方方面面，渗透在高层主管的一言一行。比如说，每个公司都会遇到工作场所里桌椅的摆放、电脑屏幕是对着门还是应该背着门等，让员工来挑，肯定是背着门，说不准什么时候聊个天呢？发一封私人E-mail也感觉心里不安全；让主管来挑，自然是希望电脑屏幕对着门，现在都网络化时代了，员工在工作时间干自己事情的实在不少，视窗可以切换屏幕，打网络游戏还花公司的上网费，是可忍孰不可忍？那么究竟怎么摆放呢？老板说了算，还是跟员工商量着办。这一点小事就会反映出老板的管理风格。老板可能会觉得，这是芝麻绿豆大点的小事，应当由我做主。但员工们不会这样想，一点点小事就有可能让他们感到自己不受尊重，自己用的桌子，自己的办公场所，当然应该自己做主。他们会把这件事上升到对老板评价的高度，会上升到管理者是否尊重员工的高度。

参与式激励

管理学家罗宾斯把员工参与定义为："通过员工参与影响他们的决策和增加他们的自主性和对工作生活的控制，员工的积极性会更高，对组织更忠诚，生产力水平更高，对他们的工作更满意。"

从决策的方面来说，员工参与往往有以下原因：首先是工作变得越来越复杂，管理者常常不能了解工作的一切，只有亲临第一线的员工才可能做出针对性很强的决策。其次，由于员工参加了决策的制定，在实施决策时他们必定会把这工作当成自己的事情来做，全力以赴，会自觉自发地向同事们解释为何作出此项决策，而不会采取事不关己的态度。最后，随着科技的发展，现在的员工知识水平、教育程度越来越高，自主意识越来越强，他们也不甘只充当别人的工具，而是要求能够在工作的过程中表达自我、实现自我。员工参与决策，一旦取得成功，他们会想："嗯，这里也有我的一份功劳!"看到自己的想法实现是一件激励人心的事,员工会受到极大的鼓舞,在工作中更投入,会有更高的积极性。

内部升迁式激励

建立内部升迁的有效激励机制,公司的绝大多数员工都希望能够通过努力工作来获得领导层的肯定,并以此获得更多的工作权利和责任,从而获得更好的个人发展空间。当这种愿望不可能实现时,员工就会寻找新的公司和机会来满足个人发展的需要。公司的领导层应当重视这个不稳定因素,在肯定员工工作的同时,寻找可以满足员工内心需求的新的工作机会,并将这样的机会尽可能多地提供给合适的员工。

"感谢太太"式激励

如果工作的各方面让人满意,每一位员工都想长期地拥有这份工作。日本在第二次世界大战以后经济能迅速起飞,缘于员工的高效率,而这其中的一条重要原因便是日本的各大企业实行终身雇佣制,一旦员工进入企业,便终身为该企业服务,颇有"从一而终"之意。员工的未来生活得到了最大限度的保障,员工不必再去操心各种未来的事情,有了极强的心理安全感,减少了诸多不必要的麻烦,心态稳定,无法也无须跳槽,只有踏踏实实地干好本职工作,才有出头之日。不谈终身雇佣制的功过是非,它给予员工以稳定感、安全感,令其安心工作这一条是值得学习的。

值得一提的是对员工配偶的关心。日本麦当劳汉堡店的总裁藤田认为:抓住员工妻子的心,记住员工太太和孩子的生日,并赠与一点礼物,绝对有益于公司的向心力。总结他们的做法,藤田说:日本麦当劳店每一个员工的太太过生日时，一定会收到我叫花店送来的鲜花。事实上，这束鲜花的价钱并不昂贵。可是，太太们的心里却很高兴。"连我先生也忘了我的生日，想不到董事长却记得送花来，实在太感激了。"类似这样的感激函，我经常都会收到。

日本麦当劳除了6月底和年底发奖金之外，每年4月再加发一次奖金。这奖金又称"结算奖金"，并不交给员工，而是发给员工的太太。同时附上一封短信："公司能有这么好的业绩，都是各位太太的协助。虽然直接参与工作的是先生们，可是，如果没有你们这些贤内助，先生们的工作成绩将大打折扣。所以，这笔奖金是你们该得的。"

通常，企业机构慰劳员工时，会忽略了劳苦功高的太太们，而招待男性员工上酒家或餐厅喝酒、胡闹一番，意义并不是很大。反之，日本麦当劳却打破惯例，邀请员工们的太太一起出席联欢会，以此来提高从业人员的向心力，这也是经营诀窍之一。

日本来岛集团总裁坪内寿夫对员工妻子的关心也表现得很突出。坪内寿夫以自己的名义寄给来岛集团员工的太太"请求协助信"，他说："我每5年都会分送员工及妻子各5万日元奖金，以作为协助金，并附上一封信，请她更多地照顾自己的先生。有许多平常晚起的太太，都会因此亲自送先生出门，这使先生们的工作情绪高昂。我们作过调查，凡工作情绪不佳的员工，通常妻子的态度都不好。这时我们会设法疏通，要求太太们，为了避免丈夫们因为工作不专心而出事，势必要笑脸送他们出门。最好还能为他做早餐，晚上也应做好晚餐等他们回来，这样丈夫才不会在外徘徊不归。"

挑战式激励

员工每天八小时都在工作，工作是他们生活的主旋律，所以，从工作类型本身打主意往往卓有成效。工作丰富化、挑战性的工作便是现代人本主义

管理常用的方法，为许多管理大师所采用。

这两者有许多相通之处，工作丰富化对一位本来从事单一工种的工人来说就是一项挑战。某公司的每位工人原本只负责流水线上的一项工作，他们由于看不到自己工作的成果而显得无精打采。后来老板采取6人至8人一组的方法，让每一位工人有机会从头至尾完成一件成品，体会从开始的毛坯到最后成品的成就感，工作效率因而提高了2到3倍。工人们调换工种，有助于掌握多项技能，也有助于他们寻找最适合于自己的岗位。对于专业人员、高级管理人员而言，他们更希望工作能够提供使用自己技术和能力的机会。

树立各种各样的目标可以使工作更富于挑战性。挑战性过低令人厌烦，挑战性太强会使人产生挫折和失败感，中等程度的挑战性应该比较合适。工作如果具有挑战性，会激发起员工对工作的兴趣。他会以解决工作中的难题为乐而不是以此为苦，一正一反就是天壤之别。你可能上班时间心不在焉，下班时眼睛都睁不开了，步履沉重，精疲力竭，回到家里感觉昏昏沉沉，但此时要是有人找你来玩篮球，你可能会马上变得精神百倍，在球场里拼杀几个小时也不觉厌倦，这便是苦与乐的区别。如果员工喜欢他的工作，就像喜欢打牌、玩电脑游戏一样，那么他废寝忘食、通宵达旦地工作都不会是问题。对于这样的员工来说，加班已经不是苦差，而是一件乐事。一旦乐在其中，什么事都会被做好。

"工作轮换"式激励

工作轮换是指员工觉得一项工作已不再具有挑战性时，把员工调换到水平层次相近的另一岗位上去。工作轮换可以使员工免受工作枯燥之苦，增强员工工作的积极性。对员工而言，他可以学到更多的技能，更深刻地理解各项工作之间的关系，对组织的整体活动安排也会有更深刻的了解与认识。对公司而言,可以挖掘员工的潜力,并在适应变革、填补职位空缺时,具有更大的灵活性。

"工作丰富化"式激励

工作丰富化主要是指对于工作内容的纵向扩展。让员工能从事一件独立而完整性的任务,增强员工的责任,把各项任务组织起来形成一个新的更完整的任务。让员工独自负责,可以加强员工的"主人翁"意识,觉得自己很重要,工作也是举足轻重,让员工负有更多的责任,可以让员工更好地理解管理人员、具有更多地了解自己工作绩效的机会,这样,他会自我评价,自我激励,自我改进,而无需领导加以提醒。

培训式激励

无论是管理人员、技术人员还是普通员工,无论他多么能干,他的技能都会随着时间的推移而变得陈旧过时。激烈的竞争、迅猛的技术变革、员工对未来发展的预期都要求管理者增加培训投资。

工程师要学习最新的电子、通讯技术,管理人员要学习如何适应员工知识化、业务技术化的趋势,办公人员要学习使用计算机,技术人员、专业人员也要学习如何更好地在团队中工作。每一个人都在接受培训,成千上万的公司都在加大公司的培训投入。

培训员工的技能可从三个方面着手:技术技能,人际关系技能,解决问题的技能。

技术技能是培训中最重要的方面。20多年以前,绝大多数人还不知道台式计算机为何物,但现在PC机、互联网已经风靡全世界,电脑已成为现代化办公不可缺少的工具。10多年前，移动电话在中国还是稀罕物儿，但现在移动办公也是商场的制胜法宝。技术的飞速进步迫使技术人员不断更新自己的技术储备，管理人员更新自己使用的技术装备。

人际技能是指员工与同事、上司相处的能力。这些人际关系方面的技巧有人与生俱来，有人需要学习培训得来。由于现代化企业更加强调工作中的团队精神，所以，这种技能培训显得尤为重要。值得一提的是，随着跨国公司的普及，同一团队中不同文化背景、不同宗教信仰的员工越来越多，如何认识彼此的这种差异，让员工们和谐共处，也是一个培训的课题。

在IBM德国公司，培训是企业生存延续的法宝。从一家生产性公司转变为一家提供服务的公司。IBM德国公司极好地贯彻了"活到老，学到老"这句格言。在1990年，IBM德国公司为员工培训花费了2.7亿马克，平均每个员工"接受教育"13天。他们认为，只有不断学习，不断培训，才能让员工在变化莫测的世界中跟上节奏。

让激励真正产生作用（三）——最佳激励组合

随着时间的推移、环境的变化，此时此地的主导需要和彼时彼地并不见得相同，同一种激励手段所取得的效果也不会相同。不同类型的员工必须相应地采取不同的激励方法。

按照工作业绩进行分类激励

根据工作业绩，可以把员工分为出类拔萃者、业绩平平者和中间阶层。

出类拔萃者，说明此人能力极强，而且他当前从事的领域比较拿手，他已经找到了一个适合自己的位置。在现代的公司企业，评先进已经很少听说。对于出类拔萃者，奖金、加薪、晋升等都是常见的选择，笔记本电脑、车、房的配备，更多的培训机会，更多的休假，多种手段都可以运用，而且这对业绩平平者和中间阶层也是一个不小的鞭策。

业绩平平者和中间阶层，只要员工素质不是特别低下，可能有两种情况：一是时间尚短，他们尚未掌握该工作的基本技能；二是他们压根儿不适合此项工作。比如，让一个天性沉静、好钻研的人去搞公司的公关宣传，或是让一个纯文科出身的人去负责产品研发。对于第一种情况，必须加强培训，给员工更多自我锻炼实践的机会。而对于第二种情况，就需要征求员工的意见，与员工进行协商，员工在从事该工作的时候是否会获得成就感？是否感到了挑战性？是否激发了他自身的兴趣，等等。要尊重员工自身的意见，结合实际情况，尽可能地给他施展才华的机会。倘若员工与工作确实不匹配，应及早加以更换。

按照年龄和性别选择合适的激励方法

按年龄员工一般可以分为老、中、青三代。由于年纪差异，不同年龄段的生活习惯、价值观念都会有所不同。青年人敢想敢干，有冲劲，勇于开拓，敢于创新，敢于挑战困难和权威。但他们经验阅历较浅，性格相对浮躁、冲动，还不够成熟。老年人则有着丰富的工作经验，处事沉稳老练踏实，见多识广，社会关系广泛。但相对而言，老年人较为保守，开拓创新不足。中年员工一般地位较高，他们身上集中了青年和老年的优点，正处在自己事业的黄金阶段，一般都追求事业的更大发展。

一、针对青年人的措施

对于青年人，应当针对他们勇于开拓、兴趣广泛、精力充沛的特点，采取相应的激励措施。

第一，青年人的经济基础一般而言都比较薄弱，所以，优厚的薪水、良好的福利对于青年人有着巨大的诱惑与激励作用：对于企业的青年员工，高薪是一条挽留人才的很好手段。对于优秀的青年人才，提供行业领先的薪水和福利是值得的，因为公司的长远未来便依赖于他们。

第二，青年员工一般不畏困难，敢于啃硬骨头，而且有开拓性。公司可以根据个人的特点，把那些需要超人意志和体力、需要开拓创新精神的工作交给他们，给他们一个宽松的环境，让他们去放手发挥，并辅之以可观的奖金，来充分调动青年员工的内在潜力。

第三，青年员工爱好广泛，求知欲望较强。除了薪水之外，他们更希望能够学到东西增进自己的工作技能，青年人的未来时间还长，他们一般都希望能够发展自己的事业，事业中的发展机会对他们而言尤为重要。如果别的企业有更好的发展机会，他们往往会不顾一切地跳槽，这会让他们所在的公司遭受巨大损失。花费了很多金钱和精力，最终竹篮打水一场空。

台湾环隆重企业集团创始人蔡长汀，对这种情况有他自己独特的解决办法，每当他看到自己认准并确有才干的人要离开时，就说："别走了，留在环隆重，我给资金，你自己干，成功了企业归你，失败了算是我出的培训费。"结果本来想走的也不走了，企业内部的潜力被最大地激发了出来。环隆重的员工看到自己光明的前途，知道只要自己努力便会有所成就，无不全力以赴。蔡长汀的这种高尚的人格，无私的事业追求，也给员工们树立了好榜样，在这种精神的鼓舞下，环隆重1990年的年营业收入净额高达14亿元新台币。

第四，应当尽量使青年员工调动起对工作的兴趣。青年人一般而言耐心不足，因此，管理者一定要想办法把要做的工作安排得具有一定趣味性和挑战性，以此激发员工的兴趣和工作精神；否则，员工们会觉得枯燥无味，影响工作效率；一个年轻人是不会仅仅满足于一种简单、单调的工作方法和环境，管理者必须努力地调动起他们的兴趣和积极性，以保持员工的工作热情长久不衰。

随着时代的发展，年轻人的追求目标也与以往有所不同。日本吸引年轻员工有三大法宝：高工资、较多休息日和优厚的福利。对于青年员工的福利，公司应尽可能地加以改进。解决员工的住宅问题是吸引员工的一大筹码，不可轻视。

二、对于老年员工的激励

老年员工具有丰富的社会经验与人生阅历，正所谓"老马识途"。在生产领域，他们的实践经验可以弥补年龄所引起的各种不足，他们对青年员工可以进行指导，实行"传、帮、带"。虽然退出了生产第一线，他们仍然是企业生产技术的骨干、顾问、智囊团。

当然，老年人随着年龄的增长，在头脑的敏捷、动作的速度、记忆的准确性等方面都会呈现出衰退的迹象，但他们往往又不服老，爱面子要求更强。因此，在同老年员工谈话时，要注意老年员工爱面子的心理，要引导年轻人在生活上、工作上关心照顾老年人。在对老年员工进行奖励时，不能像对青年员工那样"利"字当头，过分注重物质利益，也不可太张扬地大张旗鼓地加以宣传。

"外企的工作压力大，年龄偏大的员工家庭负担较重，干劲自然比不上年轻人！"

"年龄大的人总是偏向保守，要他们在观念上有所突破，简直是缘木求鱼！"

"何必让年龄大的员工接受培训呢，这是吃力不讨好的事！"

"在退休前几年，他们总是想过太平日子，不求有功，但求无过。说得刻薄一点，他们只不过是坐以待'币'。"

听到这样的言辞令人感到遗憾，在人力资源管理盛行的今天，持这些见解的人竟然比比皆是。然而，更令人遗憾的是，不少年龄大的从业人工居然也自暴自弃，认为这些见解不无道理。

对这个问题给予肯定答复的人，所持的理由往往是：年纪越大，其工作潜能及工作意愿越小，因此，他变成公司冗员的可能性越高。其实，这是一种似是而非的见解。

不可否认，一般企事业多多少少都供养着一些干不了多少工作却拿高工资的"高龄"员工。之所以存在这样的状态，相当大的程度上是由于企业本身的政策所导致。很多企业管理者固执地认为：年龄偏大会不堪重负，冲劲减小，遂将逾越某一年纪的员工划入冗员行列，不再加以培训，更别提委以重任；这样导致这些员工在失望之余、压力之下，除了力保其既得利益以外，也很难再有所作为。这些员工的表现更加"证实"了企业管理者的偏执想法，遂使企业变本加厉地视高龄的员工如草芥。这种恶性循环导致的结果是：在这类企业里，年轻的接班人与年长的交班人之间有着特别明显的，甚至是十分尖锐的冲突，这种冲突对所有员工士气的打击是不言而喻的。

一些研究发现：在从业人员毕生的工作生涯之中，三十岁到四十多岁这一阶段的工作绩效是最高的，越过这个阶段，工作绩效将持续递减。这一论点证实了年龄偏大会不堪重负、冲劲减小的见解。但是，另一些研究却指出，从业人员工作绩效的巅峰状态出现于五十岁到六十来岁，这类研究又证实了中国人所谓的"大器晚成"的说法。此外，尚有一类研究则指出，从业人员一生之中拥有两个工作绩效的高峰，一个是出现于三十几岁时，另一个则出现于五十几岁时。尽管以上各类研究结果的代表性尚有可商榷之处，但综合这些研究结果，至少可以发现：工作绩效递减与年纪增大并无必然的联系。

根据心理学家及社会学家的研究发现，工作绩效递减与从业人员的个人素质具有密切相关的联系。这些因素至少包括：智慧、兴趣、需要、目标、上进心以及个性。智慧足以影响一个人对知识与技能的吸收能力与模仿能力；兴趣、需要、目标及上进心足以影响一个人追求理想时的激发力与鞭策力；个性足以影响一个人对变动的适应力。基于上述个人素质的差异，有的人在尚未正式迈入职业生涯之前就已经显露出吃力的迹象，而各方面素质均高于常人的职员，即使是到了60岁，仍然会保持着一颗年轻人的心，有着年轻人的工作效率。

所以说，工作效率低并不一定是因年迈而起。至于如何减少当前企业内高龄员工工作绩效递减的状况，其最有效的方法莫过于实行"灵活的"退休制度，即实际的退休年龄是取决于员工的工作绩效，而不与固定的年龄挂钩。例如，企业里有一位员工距离传统退休年龄（超过60岁）甚远，但工作效率极低（本人不到50岁），人力资源部门应该在充分的心理辅导、就业辅导和适度的经济补偿之下鼓励其退休。至于超过传统退休年龄甚多的员工，哪怕已经70岁，只要他能维持一定的工作绩效，就应当持续被重用。

当然，这种加速冗员新陈代谢、促使年长而富有工作绩效的人得以充分发挥潜能的制度现在还只是一个设想，它的推行也会加重人力资源部门的工作负担，但它的好处将使这项负担显得微不足道。

按照个性类型选择合适的激励方法

管理者可以根据员工不同的个性类型来设计激励措施。

一、竞争型员工的激励

竞争型的员工在竞赛中表现特别活跃。要激励竞争性强的人，最简单的办法就是很清楚地把获胜的含义告诉他。他们需要各种形式的定额，需要有办法记录成绩，而竞赛则是最有效的方式。经理必须明白，优秀的员工其本身已经具备强大的内在驱动力,这种驱动力可以引导,可以塑造,但却是教不出来的,因而给予他们最佳的激励方式便是巧妙地挑起竞争者之间的竞赛。

二、成就型员工的激励

成就型的员工是理想的员工,他们自己给自己定目标,而且比别人规定的高。只要整个团队能取得成绩,他们不在乎功劳归谁,是团队的优秀成员。激励成就型员工的方式有好几种,一是要确保他们不断地受到挑战;二是不去管他们,因为成就型的员工他们会自己激励自己,经理只要把大目标给他们锁定,可以随他们怎么干;三是培养他们进入管理层,因为成就型的员工会像经理那样进行战略思考,制定目标并担负责任。

三、自我欣赏型员工的激励

自我欣赏型的员工突出的特点是他们感到自己很重要,因此,激励这种类型的员工的最佳方式便是让他们如愿以偿,让他们带几个实习生,因为这样能激励他们不断进取,如果新手达到了工作目标,就证明他指导有方;如果他没有业绩做后盾,是不能令新手信服的。

四、服务型员工的激励

服务型的员工通常花很多时间款待宾客,跟宾客联络,但是他们的个性决定他们的业绩不会很大,因而他们往往不受重视,激励这些默默无闻的员工的一个方式是公开宣传他们的事迹,在大会上表扬他们。

给服务型职员分类很重要,因为不同的激励方式能够激励不同类型的员工。无论什么类型的优秀的员工,他们都有一个共性:不懈地追求。只要激励方式得当,就都能收到预期的效果。

在物质激励方面,以下几种激励方式值得考虑:

(1)建立超额奖金制度。

(2)建立月份或年份评估奖励积分制度。

（3）与绩效增加相联系的激励机制。

在公司内创造一种良好的工作氛围和企业文化，举行一年一度的岗位能手评比活动，给予优胜者以一定的奖金和旅行奖励。

科技研发人员的激励

科技和管理并称为现代社会发展的两个轮子，每一次新技术革命都会给人类社会带来翻天覆地的变化。现代化的生产是建立在高科技基础上的生产，需要利用先进的技术装备，巨大的规模化生产，要掌握这些先进技术装备，就必须激励科技人员的积极性。现代企业之间的竞争，也是创新的竞争，产品创新、技术创新是企业竞争的重要的组成部分，它同样要依靠企业的研发人员。如何最大限度地激发科研开发人员的积极性，是一个摆在各级管理者面前的重要课题。

一、科技人员的工作特点

要激励科技人员，必须弄清楚他们工作的特点，对症下药。科技研究开发人员的工作有如下特点。

（1）劳动强度很大。脑力工作者，虽然整天只是伏案工作，但是其强度非常大，相当于中等体力劳动的强度。现代高科技企业中搞封闭开发，十几个科技人员分成一个小组，找一间屋子，吃喝有人供应，没日没夜地写程序、调试设备，动不动就持续几个月。在这几个月里，周末也不休息，与外界的联系基本上被断绝，每天睡五六个小时，搞一次开发下来人就要瘦一圈。而且由于科研本身的特殊性，深入思考研究一旦进行就是七八个小时不休息，调试程序若是遇到难题简直会让人崩溃。老板如果三天后要求产品成型，你这三天就要玩命。夸张点的话，巨大的精神压力和体力消耗往往会把研发人员搞得求生不得，求死不能。

科技人员的劳动，许多都是走别人未曾走过的道路，实践着别人没有想到过的想法。比较企业里的其他人员，他们要承受更多的挫折和失败，爱迪生发明电灯所遭受的挫败之多就是一个很好的证明。这对科技人员的心理素质也是一个考验。

（2）创造性与探索性。企业要发展，要超过其他的企业，就必须不断推陈出新，创造新的理论、新的技术、新的方法、新的工艺。但这种创造和推陈出新并非异想天开，并不是胡编乱造。这种创造，依靠的是科技人员雄厚的知识积累，丰富的实践经验，对市场需求的准确把握和稍纵即逝的天才灵感。以实验的态度提倡一些异端的犯忌的见解，这是科学家的天职，创造和探索是优秀的科研人员的本质特征。

（3）独立与竞争的特性。现代化生产强调员工的协作，强调团队的力量，但团队是由集体组成，团队的协作无法代替个人的独立思考。只有每个成员都能做到独立思考，整个团队才谈得上集体智慧，谈得上相互协作。伴随这种独立思考行为的是科研人员的竞争意识。同一个目标，不同的方案，谁的想法较早提出，谁的想法独辟蹊径，谁的想法就有可能被采纳。

在这种协作又竞争的过程中，科技人员形成了自己独特的工作特点。他们不希望在自己工作的过程中有别人来指手画脚，他们希望有较多的自主权。对于自己经过思考才形成的想法，他们希望得到别人的重视，而不是刚露头就被人一棍子打死。他们希望上司能尊重他们的劳动，尊重他们的想法，而不是不加慎重考虑便轻易加以否决。

（4）复杂性与综合性。现代的科学知识呈现加速增长的态势。今年的领先技术，明年就有可能被淘汰，这一点在计算机通讯行业尤为明显。计算机行业中的摩尔定律：CPU的主频每18个月翻一番。科技人员必须不断学习，不断更新自己的知识储备，才跟得上科技进步的步伐。他们要消费更多的时间、精力、金钱来进行科学知识的更新，这就要求企业提供相应的外部硬件条件和工作时间安排。

二、科技人员的激励方法

（1）对科技人员，首先是创造一个良好的软环境，也就是一个良好的人际关系环境。科研人员整天钻研的是机器、技术，与人打交道较少，待人接物有时可能会比较生硬，处理人际关系上有时不太协调。对此，企业的领导层应有清醒的认识，把科研人员从人际关系的扯皮中拯救出来，让他们全心全意地从事科研开发。对科技人员要给予充分的信任，协调好科技人员与财务、与市场部门之间的关系。

（2）尽可能多地给科研人员提供观摩学习深造的机会。一次出国学习的机会可能要比一次加薪的吸引力来得大，要尽可能提供各种科技研讨会、科技博览会、新产品展示会的机会。许多跨国公司都有自己的大学，王安电脑公司有自己的"王安研究生院"，摩托罗拉有"摩托罗拉大学"。科研人员靠自己的技术吃饭，一旦技术过了时，饭碗也就丢掉了。公司必须让他们不断增加自己的技能，有更多更牢靠的"饭碗"，才能挽留住优秀的科技人才。

（3）尽量提供先进的仪器设备。中国的理工科大学生对出国留学趋之若鹜，一是因为国外的技术先进，可以掌握学习最前沿的理论与技术；二是因为国外有国内望尘莫及的实验设备、实验条件。在许多时候，先进的实验设备条件是天才想法能得以实施的关键原因。每一位员工都希望实现自己的最高理想，但是如果是外界的客观条件制约，科技人员自己无法改变，那么便只有另谋高就了。

对企业进言者的激励

空谈主人翁十次，不如当家做主一次。

企业应鼓励公司的每一位员工对领导提出批评意见，对公司的生产、经营、管理提出合理化建议。员工们处在生产、销售第一线，最了解现实情况，在制定公司重大决策时，广泛听取职工意见，可以全面、广泛地掌握情况，更完善、更合理地制定决策，减少因决策失误带来的损失。

员工参与决策，决策运行前提出自己的不同意见，可以在不同层次、不同部门之间形成有效的沟通，消除彼此之间的误会，取得相互理解。员工因为自己为公司决策出过一份力，在日常工作中会更加胸有全局，不会因区区小事而影响自己的情绪和工作积极性，不过分专心于自己的私利。领导如果能虚心听取员工的意见，并努力加以改进，会在整个企业里形成开诚布公的良好气氛。老板的想法能顺利地为员工所理解和接受并不打折扣地执行，员工有了问题可以直接找老板讲明，公司上下一心，团结一致，就可以发挥出最大的潜力。

IBM号称"蓝色巨人"。它生产的"深蓝"与国际象棋大师卡斯帕罗夫一战成名，给人们展示了人工智能的发展前景。总经理托马斯·沃林是一位优秀的领导人物。他允许员工可以直接向总经理倾诉苦衷，设立意见箱，鼓励员工提供改革意见，经过专人审核，如果认为存在可行性便加以采纳，并予进言者以不菲的奖励。通过此项措施，IBM每年可以收到十万张意见卡。

企业如果能够真正尊重员工，实现以人为本的管理，那么员工们心情开朗，会把上司当成朋友而非老板。他们会设身处地地为企业考虑，针对企业的问题提出各种建议。要实现这个目标，管理人员要制定一定的程序，让员工能够畅所欲言。比如，设意见箱，设立专门人员管理合理化建议，多与员工进行私下的、非正式的交流等。

本田公司的创始人本田宗一郎作为老板，并没有老板的架子，他经常到职工食堂和工人一起就餐，或是到车间跟工人一起干活。由此，本田不仅了解公司员工的情绪，掌握生产情况，还可以获得员工们真实的意见、想法和建议，这些情况和意见经常成为本田对重大问题进行决策的重要条件。

本田公司每个负责一定工作的部门通常有200名职工。经理为每一个部门指定5名代表,他们组成经理处下属的委员会,负责该部门的工作。如果企业中某个成员想提建议,他就填写一张表格,在这张表格上详细阐明自己的计划。或者再附上一张草图并说明理由:简化工作程序、改善劳动条件或增加销售额。表格随后被送到部门的委员会,委员会立即审核此条建议,如果委员会认为这个想法明智可行,就把它提交经理处。一旦意见被采纳,发明者就会按其建议的重要性程度得到一定数量的分。积累到300分,就可以到国外去旅游一次,如果一次就得了300分,便可因此获得特别奖即本田奖。为使竞赛生气勃勃,每个车间都有一块光荣榜。职工们在这里,除了可以满足某种虚荣心外,还可以感受到体育比赛时的激动。

赋予管理人员以经营地位

如果管理人员本身就是公司的经营者,他为了要确保公司赚大钱,其工作的态度和精神是他人所比不上的。有这种经营地位的管理人员,即使在恶劣的工作环境下,缺乏福利措施,他也仍然会牺牲周末和假日去完成任务。所以,在激励管理人员的诀窍中,经营者务必要使管理人员感觉他就是经营者本人,这样,管理人员就会全力以赴地贡献出他全部的才能和时间。

要使管理人员觉得自己就是经营者,可以从以下五个方面入手。

一、争取高酬劳的潜能

经营者必须能使管理人员一直维持着争取高酬劳的动机。这就是说,管理人员虽然目前已经获得很高的报酬,但是经营者可以让他明白,只要他继续提供更高的工作成绩,就仍然能够继续获得更高的薪酬。

二、高度的控制权和决策权

经营者必须给予管理人员从人事到财务的充分的控制权,此外,还要有广泛的决策权。年薪相同的外企高级员工和私营企业老板的感觉是大不相同的，但是，必须注意的是，授予更多的决策权与控制权并不等于准予他们采用"独裁式"的领导。

三、独立地位

小商店的老板拥有绝对的独立地位，也就是他希望何时做事、到何处做事以及如何处事，他具有绝对的自由。经营者如果要使管理人员获得独立的地位，他就必须在公司的规章、细则和标准的范围内，允许管理人员按自己的意愿来决定何时做事、到何处做事以及如何做事。

四、成就感

要让管理人员有经营地位的感觉，经营者必须随时让管理人员知道公司的业绩和成就，这样可以使他们产生与经营者"同舟共济"的成就感。

五、所有感

这就是要使管理人员内心有"公司的事就是我的事"的感觉。经营者要做到这一点，除了拆除一切与管理人员有间隔的有形物，改善公司硬件环境以外，还要从内心里尊重每一位管理人员。

与管理者进行心理沟通

经营者把公司的业务拿出来与管理人员公开讨论，形成两者之间的相互信任，就是心理沟通。一般而言，要获得别人的信任，必须先以开诚布公的态度对待别人。心理沟通就是要经营者将公司要完成的工作、指派的责任、目标的建立以及未来的业绩计划，拿出来与管理人员讨论。这有点类似于"目标管理"。为了做到心理沟通，经营者必须设法去了解管理人员的好恶、态度、能力和耐力。当经营者与管理人员达成协议，共同制定出公司的目标时，管理人员与经营者之间就已经无形地产生相互信任的情感了。此时,管理人员将会尽其所能来完成企业的目标。

在心理沟通的过程中,应当特别注重以下三点:

(1)明晰的目标。在管理人员心目中,需要达成的目标应当完全明确、清楚,他们内心必须对自己需要完成的任务没有疑问。例如,在月底必须要完成多少的工作量,经营者首先要确立起管理人员同意的工作目标,与管理人员在需要达成的目标上取得高度的一致。

(2)规章与政策。为了便于行动,必须排除官僚式的拖沓作风。许多正常作业下的政策或手续也必须暂时搁置一旁,任何妨碍工作执行的规章、政策都必须解除。换句话说,经营者必须认清,要使管理人员充分发挥他们的潜能,一定要给予他们较多裁决和决策的自由权,不要用一般的规章、政策束缚他们。

(3)个人责任。让管理人员了解努力的方向,目的在于激发起个人责任的意识,让他们体会到每个人的贡献都是有意义的且是特殊的。如果经营者无法激发起管理人员的个人责任感,他们将会丧失掉管理人员的热心和热诚。

以上两种激励措施(给予经营地位和心理沟通)并不是互相独立、互相排斥的,就实际操作来说,这两项措施是相辅相成的,而其中以心理沟通最为重要:因为,如果心理沟通好了,则管理人员与经营者实际上已经合为一体,也就是名副其实的有经营地位的管理人员。这时他们是在为自己的生活而奋斗。

IBM公司为了激励科技人员的创新欲望,促进创新成功的进程,在公司内部采取了一系列的别出心裁的激励创新人员的制度。该制度规定:对有创新成功经历者,不仅授予"IBM会员资格",而且对获得这种资格的人,给予提供5年的时间和必要的物质支持,从而使其有足够的时间和资金进行创新活动。

这是一种非同一般的激励制度，它对于那些优秀的创新者不仅是一种有效的报酬，一种强有力的促进剂，也是一种经济的创新投资手段，它使创新者获取了实物形式的自主权。这种自主权主要表现在：

（1）有选择自己所追求的设想的权利。一个人如果没有充分的时间和资金去追求自己的设想，他就不能自由地选择怎样行动，必须等待公司批准。

（2）有犯错误的权利。没有自己的资金，一个人就要为自己的错误向别人负责，有了自己的资金，他就只需向自己负责。

（3）有把由成功带来的财富向未来投资的权利。

（4）有通过自己的勤奋获得利益的权利。

IBM公司的精明之处在于，采用这种奖励一举数得。它既使创新者追求成功的心理得到满足，也是一种经济奖励，它还可以以此留住人才，并促使他们为公司的投资能得到回报而更加努力地去进行新的创新。

让激励真正产生作用（四）——最佳激励典范

按照员工喜欢的方式激励他们

现代商业发展出现了这样的局面。一方面许多人踏进职场；另一方面，其他人却开始挑战新工作形式。目前在家庭办公室工作的已达3400万人。公司逐渐精简化，跳槽后退休金可以累积，技能愈益专精，一辈子都有保障的工作愈来愈少。许多年轻人正是在工作机会最不稳定的时刻踏入了职场。他们已经明确知道，一份收入稳定可靠，符合人们期望的工作，如今是愈来愈难求了。年轻人若需要救济，他们的父母却未必有能力在经济上支持他们。因此他们必须自谋生路。

第3章 点燃员工激情，让员工自动自发完成任务——员工激励心理学

现代年轻人希望拥有安全，但面临危险时也并不畏缩，因为他们早已习惯照顾自己。他们如此坚强独立，并具创新精神的原因在于，他们能够照顾自己。他们凭着自己的本事解决了无数的问题，找出各种有创意的解决途径。而这些年轻人喜欢的管理方式已成为未来世界发展的趋势：

"我喜欢被管理的方式是：让我有自己作决定的空间，决定我要何时及如何做我的工作。我对自己的工作有责任感，并对工作成果负责任。上面管我管得愈厉害，我愈有理由责怪别人，我会说：如果照我自己的方法做，可以做得更好，我照着命令做，结果变得那么糟，这是因为你们要我这么做。我会变得不那么在乎工作，不那么投入了，并会产生太多的依赖性。相反地，我知道自己需要做什么，何时要完成，我一定会做好分内的事，并负起应负的责任。"

"我上司的管理风格非常自由，他让我去做我自己的事。我喜欢这样，这是某种程度的信任。对我而言，这使我有更强烈的工作动机。"

"我非常希望自己的想法对最后成果有更多影响力，这通常也会改善我的工作。如果我投入更多，我则可能在工作以外的时间也去思考。当我的想法受到重视，我会愿意全心全意为工作付出，这代表我将会付出更多的心血，工作质量会更好。"

"在我工作中，没有什么比主管说'我信任你的判断'更叫人振奋的了。我需要有一个同时扮演教练和导师角色的主管，他可以指引我，但必须让我用自己的翅膀飞。"

以上的管理趋势正是现代公司发展的目标，相信成功的主管能够从上述职员的心理中看出端倪，从而实施自由的管理风格，使年轻人能够大展宏图。

在公司内实施良性竞争

自古竞争就是促进发展的源泉,在现代企业,竞争更能使公司保持鲜活的动力,公司内部良性的竞争有利于促进职员之间的进步,推动公司发展。下面是在公司内部实施良性竞争的两个方法。

一、委用高业绩的职员

商业是以"结果"定胜负的。业绩高的企业被视为成长的企业而备受称赞,业绩低的企业不管过去有怎样好的光荣历史,也会成为责难攻击的目标。如果业绩出现赤字,则经营者的能力就会受到怀疑。经营者以高业绩为努力的目标,因之招募重视业绩的职员是理所当然的事。

谁都有业绩欲望,但有些人特别强。这种人的存在虽然很重要,但如果要充分活用这种人,则需要充分了解这种欲望。有资料显示,一些业绩欲望颇强的职员,喜欢中等程度的冒险;而业绩欲望薄弱的人,却喜欢极端的冒险。如果目标是极端,则因为谁也无法胜任,所以失败亦不会产生责任感。业绩欲望高的职员之所以喜欢中等程度的冒险,是因为可以用自己的努力、自己的技能和自己的决断力控制成果。两者间之不同在于"对成果的责任感"。业绩欲望强的人总是以业绩为中心,所以不留意别人的想法。工作即是工作,公私分明。朋友即是朋友,如果对业绩没有帮助,即无所谓情面和人情。工作一开始,就热衷其中,绝不会半途而废,遇到困难也不会畏缩。但问题是,这种人不一定有"组织力"。因此,如果从年轻时就看重其能力而让他就任高位,他便无机会学习组织力。因此,要提升这种人之前,有必要让他了解所有的人不一定要都具有如同自己这样的业绩欲望。

二、让职员遵守竞争的原则

商业社会就是竞争社会。正当的竞争是必要的。但是在竞争中不必加入无谓的争吵。由于人的性格和认识的不同,有时会给自己树立敌人,同时导致一些不应当发生的错误。如果你手下有这样的部下,一定要禁止他们那些多余的行动。

老板不能对职员的无谓争吵视而不见。一定要告诫他们"这样做太没意义了,不要继续吵下去了"。要时常提醒职员:"可以向竞争对手正面挑战,但不要把对方当作仇敌。"

那些爱在企业内部或交易场所树敌的职员很容易犯错误。这种人也很容易失去朋友,变得孤立无援。

自我树敌的职员有以下几种类型:

(1)把对立意识变成敌对意识的人。

(2)无法控制过强的自我意识而树敌的人。

(3)因一点小的误解而树敌的人。

(4)因自卑感与优越感而树敌的人。

(5)因异性关系而树敌的人。

总之,这些人无论何时、何地总爱为自己树敌。

老板要用正确的竞争规则教育职员。与对手竞争并不等于要去吵架。自古至今的竞争原理都是和气生财。最好把竞争对手的存在,当作是促进自己努力工作的动力。同一企业内部的竞争对手更应当协调一致,共同进步。

不要"只让一人独得"的激励方式

这里我们先看一个简短的例子,它是发生在美国的一家中型企业的故事。

"最后,"汤姆这样结束了简短的发言,"詹妮当选为部门的季度最佳雇员,我知道大家都愿意和我一起向她报以热烈的掌声。"于是大家都鼓掌了。

但过了没多久，当汤姆正在与保罗谈话时，听到南希对埃默里说："她有什么特别的地方？我知道她的工作做得很漂亮，但不见得就比你我强。你不认为她和头儿有一手吧？"

简直是糟糕透了！可就在汤姆同保罗的谈话结束前，詹妮走了过来。看得出来，她有什么话要跟汤姆说。汤姆明智地结束了同保罗的讨论，然后转向詹妮。

"我真的希望你能在宣布结果之前问一下我的意见，"她结结巴巴地说道，"现在组里的每个人都对我十分恼火，没有他们的帮助，我什么也做不了！"

只有一个人能得到某项奖励或是认可，就意味着其他人都是失败者。偶尔，某个人会比其他人更为突出，这时没有谁会妒忌他所得到的褒扬。但这种事并不多见。领导如果非要从一批非常出色的员工中挑出一个人来，常常会挫伤其他员工的积极性，并导致他们工作表现的恶化。

许多领导采取轮流得奖的办法来解决这一问题。他们尽可能地使每个人至少在一段时期里都能够得到一定的认可。但如何才能真正解决这个问题呢？

首先，一有良好的工作表现出现，就予以认可。不要等什么奖励周期。雇员就像领导们一样，有时喜欢盛大而耀眼的奖励仪式。但在日常工作中，他们真正看重的是领导能关注到他们的工作，并给予赞赏。他们看重一句恰如其分的表扬，一张表示谢意的便笺，或是其他表示你对他们工作给予了关注的小纪念品。

鼓励员工相互表示对彼此工作的认可。来自同事的认可，其意义与来自领导的认可相当，有时甚至更有作用。当然，两者都有的话是最好不过了。你可能并不想为此建立正式的制度，但要鼓励你所有的员工对其他人的工作表示认可。这样，当看到有员工注意到了别人的工作并表示赞赏的时候，你就已经有了对员工的认可。

建立或促使组织建立这样的制度,当有员工达到或超过某一标准时,即予以认可。联合道路公司采用的正是这样的认可制度。做到一定的工作量,或是达到一定的增长率,员工就能得到一些小奖品或是证书。你还能在汽车保险杠上看到这样的标签:"我的孩子上了米德兰小学的光荣榜。"上面的例子中,多少人能得到认可并没有受到限制。

你自己都可以建立这样的体制。或许你可以创造一个"光荣圈"。每个月,或者每个季度,所有达到一定标准——这可以由工作群体自己设定——的员工都能走进这个圈子。每个成员都可以为此得到一个咖啡杯,或是一顿免费的午餐。这样,入围的员工就可能负责帮助其他没能进入这个圈子的人在下个季度达到标准。

对特别杰出的员工,你的行为会很恰当。因为这样的员工,雇员们公认他是最出色的。有时,你应该把获奖者提名向员工们公布,让员工们也能得到评价的权力。或许员工们还会决定他们认为谁应该获得提名。

但总的看来,在你和你的员工对所有出色的工作都能给予认可前,不要采用这种只让一人独得的奖励手段。说到底,像季度最佳雇员一类的奖励充其量不过是一种点缀而已。

不应该鼓励手下的员工互相竞争,"只让一人独得"一类的奖励正好犯了这个大忌。它不能促进合作,相反却很容易使员工互相保密,拒绝向别人提供帮助。

很多单位对最常见的认可手段——工作评估制定了严格的条件。不知是什么原因,人们认为严格限制得到高分的人数会有好处。这种想法很不现实!你真正应该做的是设定一个需要全力以赴才能达到的高标准,然后尽力使所有的员工都能达到这个标准。这时你就可以说:"当然喽,我的手下个个都非常出色。"

神奇教练米卢的激励方式

2001年,米卢带领中国国家足球队首次打入了世界杯,他以自己独特的"点穴术",化腐朽为神奇,征服了亿万中国球迷的心。球场如战场,团队士气(组织气氛)是最为核心的竞争力。米卢在团队建设上的出色表现是为团队营造一个高质量的氛围。

那么,米卢是怎样为团队营造一个高质量的氛围的呢?可以从以下几个方面了解一些。

一、奖励远多于批评

米卢从来不公开批评球员,也绝不吝啬称赞,他让每个人认识到自己美好的东西,从而激发起他们奋发向上的力量。这一点是多数中国教练都做不到的。在团队中营造一个良好的氛围,才能充分发挥其团队成员应有的水平。

在一次比赛中,当江津的糟糕表现引来骂声阵阵之时,可米卢偏偏逆风而行,而事实也证明:江津的确不错。不因一场比赛的表现否定一个人,救了队员,也救了米卢自己。早在小组预赛的时候,媒体与球迷对马明宇是否能胜任主力位置,提出许多不同看法,而米卢却坚持使用马明宇,相信他的能力。马明宇后来的发挥,是对米卢信任的最好的回报。由此可以看出,在领导与员工之间建立的信任关系,对团队的发展起着重要的作用。

二、决不急功近利

缺乏目标的人将一事无成。米卢就像个孤独的长跑者,任身边一帮沉不住气的中国人急不可待地变幻节奏,而他依然胸有成竹地按着自己的既定步调顽强地跋涉着。在热身赛中,中国队表现得极为差劲,媒体对米卢的战术也产生了怀疑。在众多媒体的压力下,米卢没有顺从,也是没有因一两场的失利而匆忙改变战略。在漫长的过程中,就得要耐得住性子,坚信"笑到最后才是胜者"。优秀的领导在目标明确后，应该持之以恒，任何挫折或风吹草动都不应该妨碍最终目标的实现。

三、做好情感沟通，关心下属，劳逸结合

米卢来到中国队后，发现国脚们最大的问题就是心态上的不稳定，他采取了"潜移默化"的疏导型心理辅导方式，以此来消除国脚们在心理上的障碍。一些教练总是一脸严肃地从休息室出来直接走到教练席上坐下，可米卢却喜欢和球员一道跑到场中间去踢球。关心团队成员的成长，做好感情沟通，促进团队成员的进步，是营造团队和谐气氛的必要条件。

四、做到对事负责，而不是对人负责

掩盖或是遮掩冲突的做法对一个团队是没有任何益处的，息事宁人只能是自己骗自己。米卢与媒体、球员闹矛盾的报道倒有不少，米卢从不掩饰，并坚持将问题或者矛盾表面化。这样，问题的根源更容易找出，以便及时解决。对一些不真实的报道，米卢也能泰然对待。

三个关于成功的故事带来的启发

有三个关于成功的故事是值得所有领导学习的，同样也值得所有领导将这些故事告诉给他们的员工，来激励员工的成功意识。

第一个是关于梦想的故事：

雷·克洛克是一个推销商，几十年来他推销了很多产品，但很不幸，都不怎么成功。但他从来就没有放弃过成为亿万富翁的梦想。54岁那年，他还在推销纸杯和奶昔机。就在1955年，他发现了一个经营很好的快餐店，立即被这个快餐店给吸引住了。在他的后半生，他都经营着这家快餐店——麦当劳。他最终成为了亿万富翁。

第二个是关于生存状态的故事：

有一个人看见一只没有腿的狐狸生活得非常好,他很惊讶,但很快就发现狐狸是靠动物死尸的碎肉来养活自己的,因为总有动物在他面前被狮子吃掉。于是这个人从此什么事情都不干了,专心地等着真主给他安排食物。过了几天以后,他一粒米都没有等到。就在他饿得就要受不住的时候,有一个声音传来:"人应该像雄狮一样有余食给别人吃,为什么要像狐狸一样仰仗别人,食人余食呢?"

第三个是关于理想的故事:

远古的时候,有一种叫做鹏的鸟。有一次,大鹏向南海飞去。它在南海海面上用翅膀击水而行,扇一下就是三千里。它向高空飞去,卷起一股暴风,一下子就飞出九万里。它飞出去一次,要过半年才飞回南海休息。当它飞向高空的时候,它的背靠着青天,而云层却在它的下边。生活在洼地里的小麻雀对大鹏很不理解,它们总想不明白这只鸟飞来飞去究竟是想飞到什么地方。

领导首先应该教导自己的员工产生梦想,然后让他们审视自己的生存状态,最后确定他们的梦想,并为梦想而终生奋斗。

成功的领导必须有成功的意识,并且教导员工自我培养成功的意识。成功的意识体现在两个方面:

第一个方面是要自己掌握自己的命运。

某人在屋檐下躲雨,看见一个和尚正撑伞走过,于是说:"大师,普度一下众生吧,带我一段如何?"和尚说:"我在雨里,你在檐下,而檐下无雨,你不需要我度。"这人立刻跳出檐下,站在雨中说道:"现在我也在雨中了,该度我了吧?"和尚说:"我也在雨中,你也在雨中,我不被淋,因为有伞;而你被淋,因为无伞。所以不是我度自己,而是伞度我。你要不被雨淋,不必找我,请去找伞!"说完便走了。

领导要教导员工不要把自己的命运交给任何人来把握,自己的命运只能自己主宰。

第二个方面是永远保持积极的心态。

雨后，一只蜘蛛艰难地向墙上爬去，由于墙壁潮湿，它爬到一定的高度，就会掉下来，它一次次地向上爬，又一次次地掉下来……第一个人看到了，他说：这只蜘蛛真愚蠢，它从旁边干燥的地方绕一下就能爬上去，我以后可不能像它那样愚蠢。于是他变得聪明起来；第二个人看到了，他立刻被蜘蛛屡败屡战的精神感动，于是他变得坚强起来；第三个人看到了，深深地叹了一口气，自言自语：我的一生不正如这只蜘蛛吗，忙忙碌碌而无所得。于是他日渐消沉。

很多时候，你想自己成为怎样的人，你就能成为怎样的人，因此领导必须永远保持积极的心态。

如同任何一位获得成功的人，成功的领导必然在心中存在着一个坚定不移的信念，这种信念让他克服横挡在前面的障碍、困难，这个信念让他胜过其他对手。对于做管理的人来说，挫折是最忠实的朋友，如何使自己不像其他人那样因为遭到拒绝而改变目标，这取决于你对挫折的态度。

第4章
掌握沟通"蜂舞"法则,带团队如鱼得水
——组织沟通心理学

世界上没有一种动物能够真正单独地生活。它们要依靠各种方式和同伴相互沟通,才能存活下去。蜜蜂即以"跳舞"为信号,告诉同伴各种蜂蜜信息,沟通完毕后一起去采蜜。这就是管理心理学中著名的"蜂舞"法则。

"蜂舞"法则揭示的道理是:信息是主动性的源泉,加强沟通才能改善管理的效果。管理者要像蜜蜂采蜜一样,吸取各种沟通方式的特点,将"蜂舞"揉到自己的管理艺术中。

沟通力是一种管理关键能力

面对现代社会日益复杂的社会关系，我们希望自己能够获取和谐、融洽、真诚的家庭关系，朋友关系，同事关系以及上下级关系，在市场的激烈市场竞争中，我们希望自己能够锻造出一支上下齐心、精诚团结的企业团队；我们希望自己的企业能够生活在一种良好的外部环境中，能在与顾客、股东、上下游企业、社区、政府以及新闻媒体的交往中，塑造出良好的企业形象等等。

上述问题的答案可能是由一系列相关的要素所构成的，但是，其中沟通是解决一切问题的基础。沟通不是万能的，但没有沟通却是万万不能的。

沟通甚至可以决定生与死的命运！

1990年1月25日恰恰发生了这种事件。那一天，由于阿维安卡52航班飞行员与纽约肯尼迪机场航空交通管理员之间的沟通障碍，导致了一场空难事故，机上73名人员全部遇难。

1月25日晚7点40分，阿维安卡52航班飞行在南新泽西海岸上空11277.7米的高空。机上的油量可以维持近两个小时的航程，在正常情况下飞机降落至纽约肯尼迪机场仅需不到半小时的时间，这一缓冲保护措施可以说十分安全。然而，此后发生了一系列耽搁。首先，晚8点整，肯尼迪机场管理人员通知52航班由于严重的交通问题他们必须在机场上空盘旋待命。

晚8点45分，52航班的副驾驶员向肯尼迪机场报告他们的"燃料快用完了"。管理员收到了这一信息，但在晚9点24分之前，没有批准飞机降落。在此之间，阿维安卡机组成员再没有向肯尼迪机场传递任何情况十分危急的信息，但飞机座舱中的机组成员却相互紧张地通知他们的燃料供给出现了危机。

晚9点24分，52航班第一次试降失败。由于飞行高度太低以及能见度太差，因而无法保证安全着陆。当肯尼迪机场指示52航班进行第二次试降时，机组成员再次提到他们的燃料将要用尽，但飞行员却告诉管理员新分配的飞行跑道"可行"。晚9点32分，飞机的两个引擎失灵，1分钟后，另两个也停止了工作，耗尽燃料的飞机于晚9点34分坠毁于长岛。

当调查人员考察了飞机座舱中的磁带并与当事的管理员交谈之后，他们发现导致这场悲剧的原因是沟通的障碍。为什么一个简单的信息既未被清楚的传递又未被充分的接受呢？下面我们针对这一事件作进一步的分析。

首先，飞行员一直说他们"燃料不足"，交通管理员告诉调查者这是飞行员们经常使用的一句话。当被延误时，管理员认为每架飞机都存在燃料问题。但是，如果飞行员发出"燃料危急"的呼声，管理员有义务优先为其导航，并尽可能迅速地允许其着陆。一位管理员指出，如果飞行员"表明情况十分危急，那么所有的规则程序都可以不顾，我们会尽可能以最快的速度引导其降落的"。遗憾的是，52航班的飞行员从未说过"情况紧急"，所以肯尼迪机场的管理员一直未能理解到飞行员所面对的真正困境。

其次，52航班飞行员的语调也并未向管理员传递燃料紧急的严重信息。许多管理员接受过专门训练，可以在各种情境下捕捉到飞行员声音中极细微的语调变化。尽管52航班的机组成员相互之间表现出对燃料问题的极大忧虑，但他们向肯尼迪机场传达信息的语调却是冷静而职业化的。最后，飞行员的文化和传统以及机场的职权也使52航班的飞行员不愿意声明情况紧急。正式报告紧急情况之后，飞行员需要写出大量的书面汇报。另外，如果发现飞行员在计算飞行过程需要多少油量方面疏忽大意，联邦飞行管理局就会吊销其驾驶执照。这些消极强化物极大阻碍了飞行员发出紧急呼救。在这种情况下，飞行员的专业技能和荣誉感可以变成赌注。

第4章 掌握沟通"蜂舞"法则，带团队如鱼得水——组织沟通心理学

领导工作离不开沟通

人活在世上，都会与人有关；不管是谁，每人每天都在反复地与人沟通，领导者更是如此。

沟通在领导中的作用

具体地说，沟通在领导中的重要作用体现在以下几个方面。

一、良好的组织沟通，尤其是畅通无阻的上下沟通，可以起到振奋员工士气、提高工作效率的作用

随着社会的发展，人们开始了由"经济人"向"社会人"、"文化人"的角色转换。人们不再是一味追求高薪、高福利等物质待遇，而是要求能积极参与企业的创造性实践，满足自我实现的需求。良好的沟通，使职工能自由地和其他人，尤其是管理人员谈论自己的看法、主张，使他们的参与感得到了满足，从而激发了他们的工作积极性和创造性。

二、在有效的人际沟通中，沟通者互相讨论、启发，共同思考、探索，往往能迸发出创意的火花

专家座谈法就是最明显的例子。惠普公司要求工程师们将手中的工作显示在台式机上，供别人品评——以便大家一起出谋划策，共同解决困难。

员工对于本企业有着深刻的理解，他们往往能最先发现出现的问题和症结所在。有效的沟通机制使企业各阶层能分享他的想法，并考虑付诸实施的可能性。这是企业创新的重要来源之一。松下的意见箱制度就充分说明了这一点。

三、沟通的一个重要职能就是沟通信息

顾客需求信息、制造工艺信息、财务信息……都需要准确而有效地传

143

达给相关部门和人员。各部门、人员间必须进行有效的沟通，以获得其所需要的信息。难以想象，如果制造部门不能及时获得研发部门和市场部门的信息，会造成什么样的后果。企业出台任何决策，都需要凭借书面的或是口头的、正式的或是非正式的沟通方式和渠道传达给适宜的对象。

四、企业领导可通过信息沟通了解客户的需要、供应商的供应能力、股东的要求及其他外部环境信息

任何一个组织只有通过信息沟通，才能成为一个与其外部环境发生相互作用的开放系统。尤其是在环境日趋复杂、瞬息万变的情况下，与外界保持着良好的沟通状态，及时捕捉商机，避免危机是企业管理人员的一项关键职能，也是关系到企业兴衰的重要工作。

领导者方式在沟通中的地位

作为领导者，你必须设法借助他人之臂方可善行其事，这就意味着你管理着你所需要的或赖以完成管理工作的人力资源。人事管理也常常被称作领导。我们各自都有自己理想的领导模式，当我们与他人——主要是与职员进行沟通时，领导模式会对沟通的方式产生影响。

然而，迄今为止，还没有哪一种神奇的领导模式能使我们成为有效的领导者，我们应该努力探索，以形成不同的领导模式。但是，由任何一种领导环境所形成的领导模式都必须适合以下三个要素的需要：

（1）你自己，即领导者。

（2）职员。

（3）应完成的任务。

你只有去理解、分析这三个要素才能在任何给定的环境中选择正确的领导模式。

基本的领导模式有以下四种：命令型、指导型、扶持型和委托型（见图4-1）。

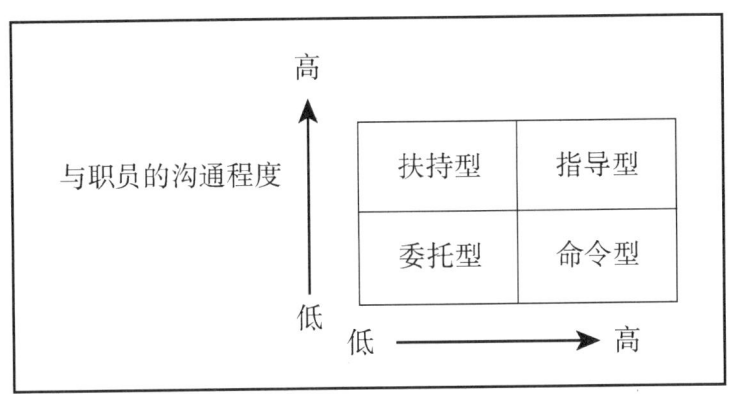

图4-1　四种基本领导模式

以上每一种模式都是可供选择的（但我们都有自己偏爱的模式，很难改用其他模式，即使是有必要改变），应根据具体的环境进行抉择。

（1）命令型。如果你一定要完成一项极其复杂的工作，而你的职员又经验不足，工作也不主动，时间紧迫，但你又必须按时完成，那你最适合选择的是命令型领导模式。你应向大家解释有哪些工作需要去做，告诉他们怎样去做。在这种情况下，你可能会落入过分沟通的陷阱，即过多地解释可能会浪费时间，打乱工作部署。

（2）指导型。如果职员工作比较主动并具有较丰富的工作经验，你适合选择指导型领导模式。你可以花时间去同职员进行沟通，以友好方式向他们比较详细地说明工作，并帮助他们理解工作。

（3）扶持型。如果职员对所要求的技术娴熟，而你与职员之间的关系又比较密切，你适合选择扶持型领导模式。

（4）委托型。当你与职员的关系十分密切，而且他们完全可以胜任工作，可以放心地让他们干下去，这时，你适合选择委托型领导模式。在这种模式中，管理者和职员的关系融洽，平等友善。尽管如此，你仍需要密切注意职员的工作表现，以保证各项标准的有效实行。

如果你把这四种基本领导模式与职员的特点和工作经验有效地结合起来加以考虑，你就能在特定的环境中确定哪一种领导模式最适用。为了能正确选择切实可行的领导模式，你必须具备以下三个方面的特别技能。

（1）分析技能：评价下属人员用以完成任务的经验和主动程度。

（2）变通技能：根据对具体环境的分析结果，变更并选择最佳领导模式。

（3）沟通技能：向有关下属人员解释为什么领导模式要随环境的不同而发生变化。每个人执行某项任务的经验和主动性各不相同。倘若你把领导模式从委托型改为命令型，而你又未能与下属人员进行有效的沟通，说明改变领导模式的原因，那么职员会对命令型作出敌对的反应。他们之所以产生这种不友好的反应，是因为对要求完成的管理工作，他们是完全陌生的。

你所管理的大部分人员，他们的经验和积极性可能属中等水平，因此扶持型或指导型应是你大部分时间所选用的领导模式。但不应长期固守一两种模式。正如一句经验之谈所说："你可以用100%的时间去有效地管理80%的人员或用80%的时间去有效地管理100%的人员，但你不能用100%的时间去有效地管理100%的人员。"

因此，你需要同时运用4种领导模式实施管理，因此必须具备以下几种沟通技能：

（1）简明扼要地说明任务的性质。

（2）告知职员去做什么，如何去做。

（3）鼓励圆满完成任务的职员。

（4）与职员建立和谐的关系。

（5）与职员一起探讨问题，听取他们的意见，了解他们的感情。

（6）有效地委托职责，了解职员存在哪些问题。

（7）对自己在特定环境中的失常行为做出解释。实际上，你本身就是一个矛盾的统一体。

掌握沟通的类型

通过前面的方法，我们不难理解所谓沟通，其实就是人们在互动过程中通过某种途径或方式将一定的信息从发送者传递给接受者，并获取理解的过程。

沟通是人与人之间转移信息的过程，有时人们也用交往、沟通、意义沟通、信息传达等术语，它是一个人获得他人思想、感情、见解、价值观的一种途径，是人与人之间交往的一座桥梁，通过这座桥梁，人们可以分享彼此的感情和知识，也可以消除误会，增进了解。

而沟通的信息是包罗万象的。在沟通中，我们不仅传递消息，而且还表达赞赏、不快之情，或提出自己的意见观点。这样沟通信息就可分为：事实、情感、价值观、意见和观点。

如果信息接受者对信息类型的理解与发送者不一致，就有可能导致沟通障碍和信息失真。在许多发生误解的问题中，其核心都在于接受人对信息到底是意见观点的叙述还是事实的叙述混淆不清。比如，"小王常常在单位的组织生活会上发言"和"小王爱出风头"是两人对同一现象作出的描述，一个良好的沟通者必须谨慎区别基于推论的信息和基于事实的信息。也许小王真的是爱出风头，也有可能是他关心集体事业，畅所欲言，踊跃给领导提出合理化建议。另外，沟通者也要完整理解传递来的信息，既获取事实，又分析发送者的价值观、个人态度，这样才能达到有效的沟通。

"横看成岭侧成峰，远近高低各不同"。在了解沟通力的含义基础上，依据不同的划分标准，可以把沟通分为不同的类型。

言语沟通的方法

言语沟通建立在语言文字的基础上，又可细分为口头沟通和书面沟通两种形式。人们之间最常见的沟通方式是交谈，也就是口头沟通。常见的口头沟通包括演说、正式的一对一讨论或小组讨论、非正式的讨论以及传闻或小道消息传播。书面沟通包括备忘录、信件、组织内发行的期刊、布告栏及其他任何传递书面文字或符号的手段。

其中，口头信息沟通方式十分灵活多样，它既可以是两人间的娓娓深谈，也可以是群体中的雄辩舌战；既可以是正式的磋商，也可以是非正式的聊天；既可以是有备而来，也可以是即兴发挥。口头信息沟通是所有沟通形式中最直接的方式。它的优点是快速传递和即时反馈。在这种方式下，信息可以在最短时间内被传送，并在最短时间内得到对方回复。如果接受者对信息有疑问，迅速的反馈可使发送者及时检查其中不够明确的地方并进行改正。此外，上级同下属会晤可使下属感到被尊重、受重视。《三国演义》中刘备三顾茅庐，充分表现了自己求贤若渴、礼贤下士的诚恳态度，才终于请出了卧龙先生诸葛亮。

但是，口头信息沟通也有缺陷。信息从发送者一段段接力式传送过程中，存在着巨大的失真的可能性。每个人都以自己的偏好增删信息，以自己的方式诠释信息，当信息经长途跋涉到达终点时，其内容往往与最初的涵义存在重大偏差。如果组织中的重要决策通过口头方式，沿着权力等级链上下传递，则信息失真可能性相当大。而且，这种沟通方式并不是总能省时，官僚主义作风常常制造出许多毫无价值的马拉松式的会议，正如那些参加了毫无结果，甚至也不需要结果的会议的主管所了解的那样，按照时间与费用而论，这些会议代价很大。

而书面信息沟通具有一系列的优点。

首先,书面记录具有有形展示、长期保存、可作为法律保护依据等优点。一般情况下,发送者与接受者双方都拥有沟通记录,沟通的信息可以长期保存下去,便于事后查询。一个新产品的市场推广计划可能需要好几个月的大量工作,以书面的方式记录下来,可以使计划的构思者在整个计划的实施过程中有一个依据。

其次,书面沟通显得更加周密,逻辑性强,条理清楚。书面语言在正式发表之前能够反复修改,直至作者满意。作者所欲表达的信息能被充分、完整地表达出来,减少了情绪、他人观点等因素对信息传达的影响。

最后,书面沟通的内容易于复制、传播,十分有利于大规模传播。

当然,书面沟通也有自己的缺陷。相对于口头沟通而言,书面沟通耗费时间较长;同等时间的沟通,口头比书面所传达的信息要多得多。

此外,书面沟通缺乏内在的反馈机制,不能及时提供信息反馈,其结果是无法确保所发出的信息能被接收到,即使接收到,也无法确保接受者对信息的解释正好是发送者的本意。发送者往往要花费很长的时间来了解信息是否已被接收并被准确地理解。

非言语沟通的方法

非言语沟通是指通过某些媒介而不是讲话或文字来传递信息。

一位作风专断的主管一面拍桌子,一面宣称从现在开始实施参与式管理,听众都会觉得言辞并非这位主管的本意。在礼节性拜访中,主人一边说"热烈欢迎",一边不停地看看手表,客人便该知道起身告辞的时间已到。事实上,在言语只是一种烟幕的时候,非言语的信息往往能够非常有力地传达"真正的本质"。扬扬眉毛、有力地耸耸肩头、突然离去,能够传达许多具有价值的信息。激动人心的会议备忘录（甚至一字不漏的正式文件）使人读起来十分枯燥，因为它们抽去了非言语的线索。美国心理学家艾伯特·梅拉比安经过研究认为：在人们沟通中所发送的全部信息中仅有7%是由言语来表达的，而93%的信息是由非言语来表达的。

非言语沟通内涵十分丰富，为人熟知的领域是身体语言沟通、副语言沟通、物体的操纵等。身体语言沟通是通过动态无声性的目光、表情、手势语言等身体运动或者是静态无声的身体姿势、空间距离及衣着打扮等形式来实现沟通。早在二千多年前，伟大的古希腊哲学家苏格拉底即观察到了身体语言沟通现象，他指出"高贵和尊严，自卑和好强，精明和机敏，傲慢和粗俗，都能从静止或者运动的面部表情和身体姿势上反映出来"。

人们首先可以借由面部表情、手部动作等身体姿态来传达诸如攻击、恐惧、腼腆、傲慢、愉快、愤怒等情绪或意图。举例而言，在你一日最忙碌的时刻里，有位职员来造访，讨论一个问题。你和他把问题解决之后，这位职员却站着不走，并把话题转向社会时事。在你的内心里，很希望立即终止这个讨论而去继续工作，可是在表面上，你却很礼貌、专注地听着，然后，你把椅子往前挪了一下，并坐直了身子且整理你桌上的公文。不管这举动是潜意识的抑或故意的，它们都刻画出你的感觉并暗示这位职员"该是离开的时候了"，除非这位职员没有感觉或太专注于自己的话题，否则谈话很可能因彼此间的默契，而获得结束。

人与人之间的空间位置关系，也会直接影响个人之间的沟通过程。这一点不仅为大量生活中的事实所说明，严格的社会心理学实验也证明了这一点。国外有关研究证实，学生对于课堂讨论的参与直接受到学生座位的影响。在倾向上，以教师讲台为中心，座位越居中心位置，学生对于课堂讨论的参与比例也越大。沟通中空间位置的不同，还直接导致沟通者具有不同的沟通影响力，有些位置对沟通的影响力较大，有些位置影响力较小。例如，同一种发言,站到讲台上讲,与在台下自由发言所引起的作用是不同的,高高的讲台本身具有某种权威性。

沟通者的服饰往往也扮演着信息发送源的角色。例如,美国前总统克林顿就十分注意在不同场合穿不同的服饰。在外交场合,克林顿穿笔挺的深色西服,扎深色领带;而在会见选民时,他则穿浅色的休闲服,以显示亲民色彩。

副语言沟通是通过非语词的声音,如重音、声调的变化、哭、笑或者停顿等来实现的。

心理学家称非语词的声音信号为副语言。最新的心理学研究成果揭示,副语言在沟通过程中起着十分重要的作用。一句话的含义往往不仅决定于其字面的意义,而且决定于它的弦外之音。语音表达方式的变化,尤其是语调的变化,可以使字面相同的一句话具有完全不同的含义。比如一句简单的口头语,"真棒",当音调较低,语气肯定时,"真棒"表示由衷的赞赏。而当音调升高,语气抑扬,说成"真棒"时,则完全变成了刻薄的讥讽和幸灾乐祸。

物体的操纵是人们通过物体的运用和环境布置等手段进行的非言语沟通。例如,历代中国皇帝通过威严神圣的皇宫建筑和以"龙文化"为特征的日常器具,来显示自己是"真龙天子";而世界各大宗教派别者纷纷凭借自己独具匠心的建筑风格和宗教仪式,来向世人昭示自己的教义;在中国古代,如果主人在会客时端起茶杯却并不去喝茶,便是在暗示送客的时间到了。在今天的企业中,也会经常看到下面的场景:

一位车间主任,他在和工长讲话的时候,心不在焉地拾起一小块碎砖。他刚一离开,工长就命令全体员工加班半小时,清理车间卫生。实际上车间主任并未提到关于清理卫生的任何一个字。

几种常见的沟通障碍及克服方法

沟通中的障碍对现实生活中一些沟通的障碍，常常造成我们对沟通能力的误解，影响我们对沟通能力的掌握。那么如何克服这些障碍呢？

克服沟通的语言障碍

语言是最重要的沟通工具。但语言又是一种极复杂的工具，掌握运用语言的能力绝不是一件轻而易举的事。由于语言方面的原因而引起的沟通麻烦到处可见。

一、语音差异造成隔阂

中国地域辽阔，是个多民族的大家庭，许多民族有自己独特的民族语言，不同民族间的沟通便面临着语言的障碍。此外，现代汉语又可分北方话、吴语、湘语、赣语、客家话、闽北话、闽南话、粤语等八大方言区。而每个地区方言还可分出大体上近似的一些地方方言。如闽南话又有厦门话、漳州话、泉州话之分。四川话中的"鞋子"，在北方人听来颇像"孩子"；广东人说"郊区"，北方人常常听成"娇妻"，等等，类似的笑话很多。

二、语义不明造成歧义

语义不明，就不能正确表达思想，不能成功地沟通。例如，某学生给学校领导写信："新学期以来，张老师对自己十分关心，一有进步就表扬自己。"校领导感到纳闷，这究竟是一封表扬信还是一封批评信？因为"自己"一词不知是指"老师自己"还是"学生自己"？幸好该校领导作风扎实，马上进行询问调查，才弄清这是一封表扬信，其中的"自己"乃是学生本人。

克服沟通的习俗障碍

习俗即风俗习惯，是在一定文化历史背景下形成的具有固定特点的调整人际关系的社会因素，如道德习惯、礼节、审美传统等。习俗世代相传，是经长期重复出现而约定俗成的习惯，虽然不具有法一般的强制力，但通过家族、邻里、亲朋的舆论监督，往往迫使人们入乡随俗，即使圣贤也莫能例外。忽视习俗因素而招致沟通失败的事例屡见不鲜。

一、不同的礼节习俗带来的误解

一位保加利亚籍的主妇招待美籍丈夫的朋友吃晚饭。在保加利亚，如果女主人没让客人吃饱，那是件很丢脸的事。因此，当客人吃完盘里的食品之后，这位主妇照例要为客人再添一盘。客人里正巧有一位亚洲留学生，在他的国度里，宁可撑死也不能以吃不下去来侮辱女主人。于是，他接受了第二盘，紧接着是艰难的第三盘。女主人忧心忡忡地准备了第四盘。结果，在吃这一盘的时候，那位亚洲留学生竟撑得摔倒在地上。

二、不同的审美习俗带来的冲突

一位英国男青年邀一位中国女青年出游。为了取悦女友，他特地买了一束洁白的菊花带到她家，不料女青年的父亲一见便勃然大怒，结果他被轰了出去，却不知道祸因所在。在英国男青年看来，白色象征纯洁无瑕，他选择白色的花完全是一片好意，他压根也不会想到，在中国，白色的花是吊唁死者用的。现在他将白花送给活人，在中国父亲看来，那是在诅咒他短寿，当然是不能容忍的。

三、不同的空间习俗带来的麻烦

北美人与拉丁美洲人在交谈时各有不同的空间要求。在北美洲，如果谈话内容是业务联系，那么，双方之间的合适距离大约是2英尺。这种距离在鸡尾酒会那样的社交场合会缩短，但任何时候，如果近到8~10英寸，就会使北美人感觉不舒服。而对拉丁美洲人来说，2英尺距离显得太冷淡、太不友好了。于是，他会主动接近谈话对象，甚至无视北美人设置的"禁区"。拉丁美洲人如果把身子探过桌子与北美人交谈，这样的空间处理方式常常会引起紧张。

又如，北美人与拉丁美洲人对交谈的时间的要求也不同。拉美人不习惯于太严格的准时约会，如果因为某种原因让对方久等了，他们一般不认为有认真解释的必要，只是略带表示一下歉意就心安理得了。而北美人则把迟到看作是靠不住的表现。

克服沟通的角色障碍

角色一词按其原意是指在戏剧舞台上依剧本所扮演的某一特定人物的专门用语。引进社会学中，角色是指每个人作为社会一分子，在社会大舞台上都扮演着角色，都得按照社会对这些角色的期待和要求，服从社会行为规范。如果缺乏明智性或陷入盲目性，人们由于扮演不同的社会角色，则往往会因缺少共同语言而引起沟通困难。

社会地位不同的人通常具有不同的意识、价值观念和道德标准，从而造成沟通的困难。不同阶级的成员，对同一信息会有不同的甚至截然相反的认识。政治差别、宗教差别、职业差别等，也都可成为沟通障碍。不同党派的成员对同一政治事件往往持有不同的看法；不同宗教或教派的信徒，其信仰、观点迥异；职业的不同常常造成沟通的鸿沟——"隔行如隔山"；年龄也会构成沟通障碍，所谓"代沟"即为一例。

克服沟通的个性障碍

这主要指由于人们不同的个性倾向和个性心理特征所造成的沟通障碍。

气质、性格、能力、兴趣等不同，会造成人们对同一信息的不同理解，为沟通带来困难。个性的缺陷，也会对沟通产生不良影响。一个虚伪、卑劣、欺骗成性的人传递的信息，往往难以被人接受。

克服沟通的心理障碍

现实的沟通活动还常为人的认知、情感、态度等心理因素所左右，有些心理状态常对社会沟通造成障碍。

一、认知不当导致沟通障碍

1. 第一印象。它是指在人际交往给人留下的印象特别深刻，以后要改变这些印象往往不太容易。这种现象显然是不利于人际关系的。因为我们认识、了解一个人，不是通过一次、两次交往所能完成的，而第一印象又容易限制我们对人的进一步了解。有的人可能给人的第一印象不太好，但进一步交往之后，则会感觉大不一样；有些人给人的第一印象特别好，而以后也许这种印象会逐渐淡漠下去。"路遥知马力，日久见人心"的古训是有一定道理的。在人际交往中，要注意克服第一印象的影响。

2. 近因效应。它是指在与他人沟通时，对初识者形成印象，所依据的材料往往在时间上有一定间隔，因而，材料出现的次序对于形象形成的作用不一样。人们更倾向于根据最新的材料形成印象。

3. 晕轮效应。它是指人们对他人的知觉容易产生偏差倾向。当一个人对另一个人的某些主要品质形成印象以后，那么就认为这个人的一切都很不错。这就像月亮周围的大光环是月亮的扩大一样，所以称为晕轮效应。

4. 定势效应。它是指在人们头脑中存在的关于某一类人的固定形象。当我们认识他人时，常常会有一种有准备的心理状态，按照事物的外部特征对他们进行归类，从而产生定势效应。

5. 社会刻板效应。它是在人际交往中，对某一类人进行简单的概括归类所形成的不正确的印象。比如，英国人保守，美国人不拘小节，犹太人会做生意等。刻板印象使人们在无形之中戴上了涂有偏见色彩的有色眼镜。人们总是不自觉地将人概括分类，如说到南方人，人们心目中总有一个印象；说到北方人，又会出现另一个概括化的印象。虽然就总体来讲，南方人与北方人在某些方面（风俗习惯、风土人情以及性格特点等）是存在一些差别，但是如果以这种概括化的印象对待具体的人则是完全错误的。而我们的人际交往正好是具体的人与人之间的交往，因此必须防止刻板印象的影响。

二、情感失控导致沟通障碍

人总是带着某种情感状态参加沟通活动的。在某些情感状态下，人们容易吸收外界的信息。而在另一些情感状态下，信息就很难输送进去。如果不能有效地驾驭情感，就会有碍正常的沟通。

例如，不能摆脱心情压抑状态的人大多数表现出孤僻和不愿与人交往的倾向，在公共场合很少说话，对别人的话不感兴趣，对某些信息甚至有厌恶感。又如，感情冲动时往往不易听进不同意见。再如，情绪偏颇，像骄傲情绪、急躁情绪等也会束缚沟通。

三、态度欠当导致沟通障碍

态度是人对某种对象的相对稳定的心理倾向。除认知成分、情感成分外，态度还包括行为成分。凡以恰当的认知、健康的情感支配行为的心理倾向，就是科学的态度。反之，则是非科学的不端正的态度。态度不正确，也不能有理想的沟通效果。例如，迷信权威会带来沟通判断失误；爱面子也会造成判断失误。

建立完善的沟通制度

迪特尼公司是一家拥有1.2万余名员工的大公司,它早在30年前就认识到员工意见沟通的重要性,并不断地加以实践。现在,公司的员工意见沟通系统已经相当成熟和完善。特别是在20世纪80年代,面临全球性的经济不景气时,这一系统对提高公司劳动生产率发挥了巨大的作用。

公司的"员工意见沟通"系统是建立在这样一个基本原则之上的:凡是个人或机构一旦购买了迪特尼公司的股票,他就有权知道公司的完整的财务资料,并得到有关资料的定期报告。凡是本公司的员工,也有权知道并得到这些财务资料和一些更详细的管理资料。迪特尼公司的员工意见沟通系统主要分为两个部分:一是每月举行的员工协调会议;二是每年举办的主管汇报和员工大会。

员工协调会议

早在30年前,迪特尼公司就开始试行员工协调会议,员工协调会议是每月举行一次的公开讨论会。在会议中,管理人员和员工共济一堂,商讨一些彼此关心的问题。无论在公司的总部、各部门、各基层组织都举行协调会议。这看起来有些像法院结构,从地方到中央,逐层反映上去,以公司总部的首席代表协调会议为最高机构。员工协调会议是标准的双向意见沟通系统。在开会之前,员工可事先将建议或怨言反映给参与会议的员工代表,代表们将在协调会议上把意见转达给管理部门,管理部门也可以利用这个机会,同时将公司政策和计划讲解给代表们听,相互之间进行广泛的讨论。

要将迪特尼1.2万多名职工的意见充分沟通,就必须将协调会议分成若干层次。实际上，公司内共有90多个这类组织。如果有问题在基层协调会议上不能解决，将逐级反映上去，直到有满意的答复为止。事关公司的总政策，那一定要在首席代表会议上才能决定。总部高级管理人员认为意见可行，就立即采取行动；认为意见不可行，也要向大家解释不可行的理由。员工协调会议的开会时间没有硬性规定，一般都是一周前在布告牌上通知。为保证员工意见能迅速逐级反映上去，先开基层员工协调会议。

同时，迪特尼公司也鼓励员工参与另一种形式的意见沟通。公司在四处安装了许多意见箱，员工可以随时将自己的问题或意见投到意见箱里；为了配合这一计划的实行，公司还特别制定了一项奖励规定。凡是员工意见经采纳后，产生了显著效果的，公司将给予优厚的奖励。令人鼓舞的是，公司从这些意见箱里获得了许多宝贵的建议。

如果员工对这种间接性的意见沟通方式不满意，还可以用更直接的方式来面对面和管理人员交换意见。

主管汇报

对员工来说，迪特尼公司主管汇报、员工大会的性质，和每年的股东财务报告、股东大会都相类似。公司员工每人可以接到一份详细的公司年终报告。这份主管汇报有20多页包括公司发展情况财务报表分析、员工福利改善、公司面临的挑战以及对协调会议所提出的主要问题的解答等。公司各部门接到主管汇报后，就开始召开员工大会。

员工大会

员工大会是利用上班时间召开的，每次人数不超过250人，时间约3小时，大多在规模比较大的部门里召开，由总公司委派代表主持会议，各部门负责人参加。会议先由主席报告公司的财务状况和员工的薪金、福利、分红等与员工有切身关系的问题，然后便开始问答式的讨论。这里有关个人的问题是禁止提出的。员工大会不同于员工协调会议，提出来的问题一定要具有一般性、客观性，只要不是个人问题，总公司代表一律尽可能予以迅速解答。员工大会比较欢迎预先提出问题的这种方式，因为这样可以事先充分准备，不过大会也接受临时性的提议。

迪特尼公司每年在总部要先后举行10余次的员工大会，在各部门要举行100多次员工大会。那么，迪特尼公司员工意见沟通系统的效果究竟如何呢？

在20世纪80年代全球经济衰退中，迪特尼公司的生产率每年平均以10%以上的速度递增。公司员工的缺勤率低于3%，流动率低于12%，是同行业最低的。许多公司经常向迪特尼公司要一些有关意见沟通系统的资料，以做参考。或许有人会问：既然效果如此显著，为什么至今采用的公司不多？

答案很简单：这一计划对管理人员来讲是一件很费劲的工作，而且又不是短期内可以奏效的。一些眼光短浅的经理宁愿以较低的生产率，较高的员工缺勤率、流动率，来勉强维护公司的运转，而不愿大刀阔斧地改革，解决公司的根本问题。

改善企业中沟通的困境

企业中往往会存在缺乏沟通的问题，这对企业的健康成长极为不利。企业家、经理人应当能冲出缺乏沟通的困境。当然，企业中缺乏沟通也可能是经理人自身存在的问题，你与别人沟通的方式会影响别人与你沟通的方式。

做一次自我评估,你会发现别人都在效仿你。因此,要改善企业中的沟通现状,自己要首先行动起来。

当然,在改善沟通前,你要让沟通的重要性及改进沟通的重要性为每个员工所知。召开一个未事先通知的不让员工准备的会议,在人们到场时,让每个人都对自己小组内部的沟通程度作出评价,用1~10之间的数字表示评价的高低。同时,让他们对整个企业的沟通情况提出看法,并且要求他们把意见写在卡片上,以便在会议上传阅,当然也可以使用挂图式投影仪作图示讲解。由于事先没有准备,人们会提出自然、未经深思熟虑的看法。最后,要找出两三种方法来改善企业的沟通状况,让自己的领导成员接受这些建议并认真去做。这样,改进沟通状况就有了一个起点。

以下的几种方式对于改善沟通状况或许有很大的帮助。

一、建立联系

有很多方法能使你的领导成员和企业人员联系起来,如开会,共同完成一个任务,午餐闲谈,晚餐闲谈和个人交往。如果沟通遇到地理上的障碍,就应派人花些时间,带着明确的目的到一些不同的地点去。

二、尊重不同意见

具有不同背景、不同文化、不同种族的人会有不同的价值观。对文化差异的研究会增进业务上的沟通,能在你的领导成员中形成相互理解、信赖和尊重的和谐关系。

三、重视通讯工具的选用

现在的通讯方式多种多样,语音邮件、电子邮件、电话、传真、视频会议、卫星中继等为人们提供了多种选择,方便了人们沟通,尤其是人与人之间的电话来往更是具有很大的价值,方便、快捷是其他方式所不能代替的。面对面的交往也很重要,尤其是深入的交谈,更应当鼓励。

四、鼓励沟通信息和想法

可以采取以下方式：论坛、圆桌讨论、互联网交谈、在线聊天或公告板，还可能有某些特殊的程序。另外，经理人也应当注意，当开一个沟通会议时，要让它的气氛变得令人愉快，要学会做一名热情、友好并有着真挚兴趣的听众。要尊重他人的时间，开始时间和结束时间都要准时。要学会倾听、询问的技巧，要善于接受意见，还要欢迎不同的观点和意见。

深入团队基层，到处走走访访

领导工作与一般工作相比，更是一种亲自实践的艺术。"深入基层，到处走走"就是实践与艺术的凝聚体。一个有效沟通的领导者在"深入基层，到处走走"中有许许多多的事情要做，但首要的是做好三件大事：倾听、教育、促进。

倾听

倾听是接触的基本要素，目的是从供应商那里、顾客那里、企业职工那里获得第一手的未被歪曲的真实情况。倾听意见最好到对方那里去，领导深入基层就是为了倾听。然而，即使到了基层，如何听取意见仍然有许多讲究。比较好的方式有以下几种：

一、把职工召集到一起，用正式会议的形式请他们提出问题或意见，由你作出回答

美国丹纳公司负责人雷恩·麦克费森就常常这样做。他时常召集1500多名员工在一个大厅开会，到会者都可以自由提问，每个人都可以亲自衡量一

下"头头"的态度：他是不是在想哄骗我们？是不是对我们讲真话？

二、临时召开小型会议

即开会前一分钟才决定有什么人出席会议。因为精心组织和预先选出的一组职工代表可能会使你只能听到他们的直接上司认为你喜欢听的话。

三、和职工坐在同一张桌子上

当今国外许多大公司的总裁、经理都养成了在职工餐厅吃中饭或晚饭的习惯。领导者在职工餐厅里和职工一起就餐，谈话以聊天的方式进行，无拘无束。他们谈些什么事情呢？可能海阔天空、漫无边际地无所不聊；也可能什么事情都没谈，但领导坐在职工餐厅本身就表明了他希望倾听群众呼声，同群众保持接触，他要让每一个职工明白自己是这个整体的一员。以餐桌作为每日交换意见的场所，气氛是生动、坦率和实事求是的。

四、深入到各基层单位并设法同销售及维修服务员一起去访问顾客

这样的访问非常有效果，一方面会让一线员工感受到管理层对一线工作的关注和尊重，他们会乐于和管理层沟通自己对工作的看法和建议。另一方面，也会让顾客感受到公司对销售和维修工作的重视，从而树立起对公司产品和服务的信赖。

教育

教育是"深入基层，到处走走"的第二号目标，与倾听同等重要。当你深入基层时，你提问的方式以及其中的点滴变化都会受到人们的注意，并被分析、解释，这是毫无疑问的。你所做的每一件事——你的服装、你会见下属的先后顺序、你在提问时强调的重点以及没有强调的地方等，都会引起无穷无尽的猜测和议论。处在这种地位上的你只有两种选择：要么听其自然，不予理睬；要么有意识地寻找机会因势利导。而后一种态度才是可取的。

通过这种方式,你可以教给人们你所想教的道理,宣传你的价值观念。因为教育绝不意味着要直截了当地、严肃地告诉大家应该做什么,不应该做什么。在"深入基层,到处走走"的过程中,你的信息常常可以通过各种非正式的方式传达给大家,所以你必须对你的言谈举止全面负责,万不可游戏玩笑。

促进

"深入基层,到处走走"的第三个主要作用正是使领导者成为公仆与促进派,保护人们免受官僚主义之害。当你在下面关心地问大家遇到什么问题时,你会发现这些问题很少是大困难,通常只是一些小麻烦。如某个开发小组需要一台计算机,但是必须通过全部基建投资预算审批手续才能获准购买,而你在48小时以内就可以使他们得到。至于某个开发组需250平方米的工作场地制造样机,或某个推销部门需要增拨1000元的交通费等,你都完全可以当场拍板解决。这对基层各部门工作的顺利展开无疑是有益的。

注意事项

"深入基层,到处走走",倾听、教育、促进这三方面的作用往往是同时发挥的,即使你只是顺路到一个小组,一个科室或其他什么地方去上20分钟,也能达到这个目的。

"深入基层,到处走走",不是一件容易的事,因为这里面至少有上千种因素在起作用。"深入基层"会暴露自己,你倾听意见的能力、你的眼界和抱负、你是否诚实或正直以及你是否表里如一、前后一贯,你完全暴露在大家面前,经受那些最严格、最挑剔的观察家们——员工的检验。你很容易用胡说八道骗过一位副总裁,但要想骗过装卸平台上的工人们则几乎是不可能的。

提供有效沟通的机会和氛围

丹佛大学斯蒂芬·鄂斯克勒所作的一项研究表明,他所研究的46家公司之所以面对互联网带来的商机行动迟缓,最主要的两个原因就是沟通的贫乏和行政上的混乱。

如何能让员工愿意同你交谈?怎样把你的公司变成一架精干、平衡和适应性强的机器?如果你同人力资源专家和人际沟通专家讨论这个问题,就能总结出以下3个提高沟通水准的必要条件:

(1)使沟通成为你公司里的优先事项,并且让每个员工都知道你重视沟通。

(2)为员工提供同管理层交谈的机会。

(3)建立信任的氛围。没有了信任,员工很可能不愿意同他人分享自己的想法和意见。在如今精简、重组、合并和收购成为主流的时代,员工们常常害怕说出他们的想法。

使沟通成为优先事项

在你的组织里,如何能有效鼓励双向沟通?很简单,向他们表明,你重视他们的意见。

你需要向员工传递的最重要的信息就是,对任何问题的解决办法,永远不会是单向的信息沟通,而一直都是交互式的,让所有人都参与讨论。换句话说,你必须确保员工知道你愿意倾听他们的意见。

鼓励员工向上级的沟通,其关键之一是清楚地表达出你希望这种沟通,鼓励这种沟通。在这种沟通出现时,你会重视它,并给予回报。在明尼苏达矿业公司,明确期望员工进行跨组织结构的沟通,新的观点总是受到鼓励,这都是努力在公司内保持创新精神的措施的一部分。

重视沟通常常需要不同部门的经理采取协作和团队的行动,例如,负责人力资源和内部沟通的部门就需要统一步调。Unisys电子计算机公司人力资源部门的负责人是沟通的积极支持者,而且作出了切实的努力,如同参加沟通的人们密切协作,以提高内部沟通水平。由人力资源部门的负责人、公司总经理和参加沟通的员工联合组成的阵营,向员工们充分显示了公司对员工沟通的重视。

尽力扩充有效沟通渠道

为了有效激励员工参与沟通活动,你需要各种不同的正式和非正式沟通渠道。正式渠道可能包括提出建议的流程、企业内部的网上论坛或者反馈表格等;非正式渠道可能包括部分职员的开会和其他类型的面对面交谈。员工们必须了解正式和非正式的所有沟通渠道。

3M公司的董事会主席兼行政总裁L.D.迪西曼定时在明尼苏达的圣保罗召开会议,这不仅提供了交谈的机会,而且更重要的是提供了聆听的好机会。他安排会议中大多数的时间用来听取员工的意见、了解员工的思想。在每次会议的开始,他总是简明扼要地说明本次会议是"为员工介绍他们可能感兴趣的业务或话题的最新进展情况"。

随后,会议展开,议程主要由员工的提问和管理层的回答构成,讨论主题并非事先设定的,也没有什么规定来限制问题的范围。

然而，员工通常不愿意直接说出他们的想法。即使在最为开放的企业文化中，总有些员工有了好主意，却由于某种原因难以公开表达出来。在这种情况下，这些员工就可以考虑使用允许他们保持匿名的意见反馈系统，使用可靠的意见箱是另一个选择。而且，现代技术（网络和电子化的沟通手段）为此提供了更多的表达途径。

建立信任氛围

组织对于员工意见的处理方式，也直接影响到今后能够收到什么类型的反馈信息。如果员工都知道，即使最尖刻的评论也能得到积极、诚实的回应，不会有任何记恨，在员工的心中就会产生信任感。但如果出现相反的情况：如果他们的反馈被忽视，或组织的对策只是做做表面文章，要么员工因为说出了自己的看法遭到报复，他们就不再敢于诚实地反馈信息。

Unisys的行政总裁Weinbach正是促使该公司企业文化逐步变得充满信任氛围的幕后推动力量。Weinbach在就任第二天通过电视向全体员工发表讲话："嘿，写信给我，我会回答。我想知道你们都在想些什么。"从此开始了改变氛围的计划。Weinbach亲自阅读并坦诚回复每一封收到的电子邮件的消息传开后，他继续收到的反馈信息数量呈指数级增长，几个月内就收到4000多封电子邮件。

促使员工参与或者鼓励员工反馈的唯一途径就是建立信任的氛围，这样人们才知道自己可以自由地发表意见，而不必担心组织的报复。建立信任需要较长的时间。

PeggyWalkush是高科技公司SAIC（互联网内容服务商）负责同持股员工之间关系的董事。她始终坚持直接、诚实的双向沟通和对员工反馈信息的开放式回应："我们发现持股雇员提出了无数问题，他们是在挑战你的能力。你只能为此做好准备，并且要耐心和乐于回答。"但是Walkush同时认为，建立信任的氛围并不等于允许无理取闹或提出不当的要求。她说："你必须明白底线在哪里。我们会说：'这是我们给你的关于股票价格的信息；你无权查看董事会的决议；那些是你选出来的董事会成员的工作。'你必须十分清楚同员工沟通的界限在哪里，哪些事情他们有权过问、哪些则无权知晓。"

在伊士曼·柯达公司，主管员工沟通的董事DottyLuebke为信任这一概念增加了新的内容。Luebke常常在重要的沟通活动之前、期间及之后，选择部分员工提供反馈意见。她谈到，在其他组织工作的同僚常常十分惊讶，因为柯达员工常常在公司的重大决定正式宣布之前就已经知道了确切消息，并且还被要求提供反馈信息。即使如此，Luebke在这些沟通中还从未遇到过员工破坏信任、泄漏机密的情况。她指出："你应该信任你的员工，与你一同工作的人们，同样希望公司能够成功。"

怎样才能了解增加沟通的努力是否有效？有趣的答案是：如果员工们不那么频繁地同你沟通，就是一种好迹象。当初Perkins就是这样告诉3M的一位经常同员工进行正式和非正式沟通的高级经理的。这位高级经理最近表示："我打算继续同这些人会晤，直到他们不再有问题可以提出为止。"

"5~15报告"沟通方法

如果一个企业的人员散布在不同的地区，而且常常是不同的时区，那么他们的工作时间就会迥然不同。在这种情况下，应该如何保证企业内部的沟通与联系呢？这一问题可以通过许多高科技手段得到解决。但是，麦克尼利斯集团行政总裁麦克尼利斯却采用了一种貌似平凡的方法，他用这种方法卓有成效地管理着分散在世界各地的11个分部。

大约9年前,麦克尼利斯采用了一种叫做"5-15报告"的工作程序。此方法由巴塔哥尼亚公司总经理施维纳首创的。其方法是:每位职员每周须提交一份报告,报告必须能在15分钟内写完,能够在5分钟内读完。根据霍肯的介绍,报告共分3个部分:

(1)简要叙述本人一周以来的工作情况。

(2)坦率地叙述本人的精神面貌及周围同仁的士气。

(3)一条针对本人工作、本部门或公司的改进建议。

使用这种工作程序一段时间之后,麦克尼利斯发现报告的第三部分中很少出现有益的建议,而往往充斥空洞无物的官样文章。因此,他删掉了这一部分,但却保留了这一基本程序作为企业内部沟通的主要手段。

麦克尼利斯说:"在一个像我们这样人员分散的企业中,这个工作方法大有裨益。从我得到的信息反馈看,实施'5-15报告'程序后,我们的许多驻外人员都觉得和公司更加形同一体。对于全职人员,报告每周一份;而对于兼职人员和咨询顾问,则要求每月一份。报告一般在周一中午之前递交。因为我们的人员较少,所以每人都能得到所有报告的全套复印件。我们还把它们抄送给我们公司的主要业务单位、合资企业和重要客户,作为加强联系的一种办法。"

"5-15报告"中主要汇报客户中出现的情况,正在起草中的提案,值得一提的会议,出现的问题和新的计划等。这种工作程序为员工提供了一个论坛,人们可以在这里分享成功经验,对同事表示慰问,寻求帮助,提出建议,发泄愤怒或传递一些大家感兴趣的信息。

这种报告体系是维系员工之间私人关系的一个重要渠道。在正常情况下,员工们总会在咖啡厅或饮水器前进行一些信息沟通。然而,当同事之间不能经常见面,这种沟通机会也就荡然无存。在人员分散的企业里,失去这种沟通机会将导致员工丧失集体归属感。

麦克尼利斯集团的内部报告中还有一个非常重要的内容，就是员工的个人生活，诸如孩子出生、亲属去世、同仁结婚等。由于这种内容每周都有，而且人人均可读到，因此这种方法有效地加强了企业内部员工间的联系。

麦克尼利斯说："这些年来，我们只有一次能够把企业的全体成员召集在一起，因为这需要调整每位员工的日程表，近乎'蜀道之难'。如此说来，我们的报告程序对于沟通情况、分工协作就起到了极其重要的作用。对我们来说，聚在一起不仅花费不菲，而且会耽误许多宝贵的时间。所以，无需碰头就能够实现高效的沟通与联系至关重要。"

设计这种报告体系是用来通报大家共同感兴趣的情况的，但麦克尼利斯却注意到：这种报告常常能够促使员工进行深层次的个人沟通。他补充道："我非常仔细地阅读这些报告，尤其是有关精神面貌的部分。我经常会对报告中的某些内容作出批示，然后发还给报告提交人，这样就形成了一个快速高效的反馈循环。"

坚持使用这种报告的成效之一便是信息共享。企业里的每一名成员都能得到全部报告，因此人人都可以平等地获得信息。

企业成员信息共享，而这些信息对不计其数的决策和工作都会产生影响。在这种信息的流动中，没有人会觉得自己被排除在社会和企业之外。人人都有机会谈论自己手头的工作，无论他们是在接待一个大客户，还是在研制一种新型文档系统，每个人的价值都会由此获得认可。

也许大型企业无法做到人手一套报告复印件。但毫无疑问，这个方法确保了员工间密切的联系。而且，任何难以召集全体人员到场的企业，都可以采纳此种方法，以保证有关企业和员工信息的沟通畅通无阻。

视意见为财富

柯达公司曾发生过这样一件事：一名普通工人写了一封建议书给董事长乔治·伊士曼，内容简单得令人吃惊，只是呼吁生产部门"将玻璃擦干净"。事虽不足为道，但伊士曼却认为这是员工积极性的表现，立即公开表彰，发给奖金，并由此建立了柯达建议制度。

迄今，该公司职工已提出建议200多万项，被公司采纳了约有60余万项。该公司职工因提出建议而得到的奖金每年总计都在150万美元以上，而柯达公司从中受益的又何止千万美元呢。

企业最大的财富是人的聪明才智。企业领导人应该鼓励每一个员工积极地提出改进工作的建议；必须使他们知道，他们的建议将会得到认真的研究，并且也真正这样做。如果能像柯达公司那样，在企业中建立起良好的建议制度，凡所提建议能给企业带来效益的，给予重奖。这样必然会促进企业全体职工同心协力，使职工对自己的工作发生兴趣，对自己的工作考虑得更多并总是设法去改进自己的工作，这是领导者激发人们聪明才智的有效手段。

柯达公司对职工提出的每条建议都进行认真审查，一般经过以下过程：职工提出建议后，由各车间委员根据建议的独创性、思索程度、适应性和效果等内容进行评定和选拔，分为特别、优秀、优良、A、B、C和建议等7个级别；凡属最后两级建议的提出者，由车间委员会予以表扬；B级以上提交厂小组委员会，在那里再次进行评定和选拔，并对B级和A级的建议提出者给予表扬；特别、优秀、优良三级建议提交厂改进工作委员会审查后进行表扬；特别级建议要征询公司表彰审查委员会的意见。

不拘形式地进行良好的沟通

全方位、多途径的沟通

沟通的特点和用途在优秀公司中的表现明显与其在一般同业中的表现不同。优秀公司是信息和开放式沟通联络的一张庞大网络。其模式和密度,使员工彼此间沟通和联络的特权得以发展。系统内混乱的财产之所以能得到很好的管理,正是沟通的规律性和特性的反映。优秀公司非常注重无拘束的非正式沟通。例如,迪斯尼公司的每名员工都佩戴一个写着自己名字的标签。惠普公司也非常注重员工的名字,此外还实行"门户开放政策"。拥有35万员工的IBM公司绞尽脑汁地推行"门户开放政策",受到全体雇员的推崇。该公司的董事长通过其雇员来答复顾客向他提出的所有抱怨。德尔塔航空公司也把它推行得颇具成效;在莱维·斯特劳斯公司,自由沟通甚至被称为"第五种自由"。

使管理不再只是局限于办公室内,是不拘形式沟通意见的另一大创举。联合航空公司的爱德华·卡尔森称自由沟通为"有形的管理"和"走动管理",而惠普公司则认为这是"惠普方式"的重要一环。

提供精简的环境设备有助于自由沟通的开展。康宁玻璃公司在新盖的工程大楼内安装升降扶梯,用以增加面对面沟通的机会。3M协助任何申请者组成俱乐部,以便增加午餐时间意外解决问题的机会。一名花旗银行的职员发现,把意见分歧的不同部门的职员安排在同一幢楼上班后,分歧意见便很自然地被解决了。

是什么导致了这样的结果呢?答案是:"全方位、多途径的沟通"。惠普公司所有的金玉良言均与加强沟通有关,即使是惠普的环境设备和精神信条也都更多地强调了沟通。在旧金山PaloAlto附近的公司里,你稍微走动一下,就会看到许多人聚在一起讨论问题。这种专案小组的会议可能都会包括研究发展、制造、工程、市场与销售部门的员工。但是有许多大公司的经理从不与顾客或销售人员谈话,也从不瞧一眼或摸一下产品!一位惠普公司的员工在谈到该公司的核心组织经验时说:"我们也不清楚到底哪种组织结构最好,我们唯一明确的就是,先进行无拘无束的自由沟通,这是解决问题的关键所在,我们必须不惜任何代价来坚持!"

3M公司的信条同惠普公司的大同小异,该公司的一位主管说:"我们抛开繁文缛节,与每一位员工进行自由的交谈。"以上所有的例子都可以归纳为"无拘无束自由沟通的技巧"。

餐桌面谈沟通法

随着企业的发展壮大,企业中的雇员会大为增加,组织机构的设置也会越采越复杂。在这种情况下,经理人颇感头痛的问题就会增多,比如各职能部门之间的协调与沟通问题。随着企业规模的扩大,为了便于管理,需要设立彼此独立的各个部门。但是企业要成为一个有机的整体,部门之间的沟通就显得十分重要。而在实际管理实践中,各部门之间的沟通往往会遇到很多障碍。有一家公司找到了一种极为简便的方法来增进各部门之间的沟通,这就是"餐桌面谈法"。

这家公司是西诺普提克斯通讯公司,专门生产配套计算机系统。在4年的时间内,这家公司的雇员由11人增至425人。企业的规模不断扩大,5个职能部门之间的彼此沟通就显得越来越重要。而在实际中,各部门之间的沟通存在不少的障碍。

有一次,生产部门的主管实在是难以忍受其他部门的不配合;就对组装一种新型电路耗费工时过多连连抱怨。这引起了公司总裁的注意。时任该公司总裁的是安德鲁·拉德威克。他为了解决这位主管的抱怨,专门请来这位主管和一位工程师,和他们一起用餐。在就餐时,让他们就如何加快组装的问题进行协商。两人的协商是很有效的。最终,他们找到了一个简单的加快组装的办法:只需更换一种更小,更便宜的部件,就能大大缩短工时。受这次用餐协商成果的启发,拉德威克想出了"餐桌面谈法",并认为这是解决实际问题,增进部门间的沟通的非常简便的方法。

每个季度,这家公司都会在总部所在地举行一次午餐会。总部位于加利福尼亚州的蒙顿维尔。在这里,每次摆上5张餐桌,请来两个相关部门的要员共享丰盛的午餐。当然,用餐并不是目的,目的在于让他们找出解决问题的办法,席间,都要提出一些有待解决的特定问题。针对某一特定问题,每位用餐者都要想出自己的解决办法,向大家陈述之后,用餐者就进行评价,直到找出最佳的解决办法。

餐桌面谈法是富有成效的,这家公司已经用它解决了很多复杂的问题。

"转悠"管理沟通法

"转悠"管理,也称漫游管理或巡回管理,是一些成功企业常采用的管理方法之一。所谓"转悠",就是领导人员到基层去巡视,并在巡视中发现问题,解决问题。

企业界人士都十分重视"转悠"管理,坐在办公室听汇报、打电话、发布文件的企业领导人越来越少。他们把"走出办公室"作为自己的信条,不仅以身作则,常年在外巡视,而且严格要求手下的小头头们也"走出办公室",到基层去办公。

阿尔科公司的总裁鲍勃·安德森"转悠"成瘾。他一边"转悠",一边还要检查手下人是否也在"转悠"。当他"转悠"到某地，向某一个部门打电话时，恰好部门的头头接了电话，他马上就来了气，对这位不下去"转悠"的小头头感到失望。

普罗克特–甘布尔公司也十分推崇"转悠"管理。公司一个制造厂的领导人曾这样回忆说："我受到的一次最严厉的训斥，是我早期做管理工作的时候。有一天上午，来自辛辛那提总部的一位上司，转悠到了我那儿，发现我正在办公室里，当时我受到的就不仅仅是责骂了。"

有的公司还对分部经理提出许多"转悠"的具体要求，如"转悠"的次数、对手下人员了解的程度。达纳公司的负责人麦克弗森就曾干过这样一件事：有一名经理在某部门呆了6年还不能全部说出手下人的姓名，麦克弗森就解雇了他。

美国联合公司董事长埃德·卡尔赫初到任时，联合公司正萎靡不振。卡尔赫刚到任，就直奔现场，向现场工作人员直率地提出许多问题，请他们作详细回答。他没有笔记本，对于调查中发现的问题，他从来就是记在废纸片上，塞进口袋里。他从不命令第一线人员干这干那或搞个什么改革，除非是事关安全的问题。他也不当场纠正他不喜欢的东西。他要依靠正常的管理程序来解决问题。

从现场回到总部之后，他就立即采取行动。他有一种本事，让整个指挥链上的各个环节都很快知道他发现了问题，并且要立即解决。然后，他就同那些在巡视中和他谈过话的一线工作人员通信联系，让一线人员知道公司已经在采取什么措施了。他也与下面的有关职员联系，让他们认真检查，以保证新措施的执行。

惠普公司创造了一种独特的"周游式管理法"，鼓励领导人深入基层，直接接触广大职工，为此目的，惠普的办公室布局采用少见的"敞开式"大房间；即全体人员都在一间敞厅中办公。各部门之间只有矮屏分隔，除少量会议室、会客室外，无论哪级领导都不设单独的办公室。同时不称职衔，即使对董事长也直呼其名。这样有利于上下左右通气，创造无拘束和合作的气氛。

各式各样的"转悠"管理都使得高层管理人员切实了解实情，切实发现各种问题和听取意见，切实采取有效措施，并更加密切上下级关系，因而能够保证企业不偏离"航线"，保证企业目标的实现。

八大技巧提高你的沟通能力

真正有效的沟通，并非一日之功。以下技巧有助你提高沟通能力，解决沟通中碰到的难题，使你的每次沟通都富有成效。

一、妥善处理期望值

要想消除双方期望值之间的差异，一种途径是订立业绩协议。员工与企业签订的业绩协议可使双方明确彼此的期望和要求，帮助设计双方都能达到的目标，并且定期评估协议以确保双方的目标和要求都能得到实现。另一种途径是清楚说明你的期望。这样，能否达到你的期望，对方有责任向你说明。这种做法可以使你根据需要对自己的期望做些有效调整，预先消除可能出现的伤害和失望感。

二、培养有效的聆听习惯

人们之间的沟通充满变数（如自己和别人的谈话及聆听风格等），因而既复杂又具挑战性。设身处地是成功沟通的一个关键因素。

聆听，但不要受别人情感的感染。别人有难处时，应设身处地理解别人，但不能为这种情感左右。必须为自己留点精力去做自己的事。记住，不要做一块海绵，什么都予以吸收。

三、认真积极听取，积极给予反馈

一般来说，反馈是事实和情感因素的结合。沟通中的实质信息和关系信息很容易带来误解，招致不满。因此，在提供反馈意见时，应强调成长进步，不要妄做评判或横加指责。听取别人的反馈时，则要抓住其中对自己有价值的东西，不要计较对方的身份和沟通的方式，做到"言者无罪，闻者足戒"。

四、坚持诚实

有时，实话实说的确伤人。但诚实最终能增加建立稳固长久关系的机会。因此，诚实非常重要。如果有什么事烦扰你，尽量直接说出来，以免小事变大更难处理。

五、平息对方的怒火

对方怒气冲冲时，如何冷静处之，使对方平息下来？在此向你介绍几招：

（1）让对方的火发泄出来。

（2）表示体谅对方的感受。

（3）询问是否需要帮助。

（4）针对问题谈问题，也就是就事论事。

一般情况下，最正常的反应是，找惹人发怒的人谈谈，然后逐一解决问题。

六、有创意地正面交锋

所有其他方式都行不通时，唯有正面交锋。这也是摆平各方、理顺头绪的一个机会。如果不愿正面对垒，不要因为害怕而逃避，要理直气壮。当然有的时候，借故避开不失为最明智之举。

七、果断决策

如果你疲惫不堪、心中烦恼或忙得无法分身，坦然地说出来。另找一个时间，使自己处于最佳状态来处理局势和有关人员的事。

如果优柔寡断、迟疑不决，可采用以下步骤予以补救：回顾所有事实；反复过滤各种可行方案；选择最佳方式，哪怕这意味着你要多受点委屈；一旦决策，立即行动。

八、对失误不必耿耿于怀

沟通中出现失误,让你失望或受到伤害,不要挂在心上。不妨自问一下,想不想背上这包袱?自己能从中得到什么?一旦尽心尽力地澄清了沟通中出现的失误,就要为自己付出的努力骄傲,该过去的让它过去。一番心血没有白费,心中巨石落地,该高兴才是!

第5章

把人心凝聚成一股绳，抱团打天下
——团队管理心理学

"蚁球"是指洪水到来时，密密匝匝紧紧抱在一起的一窝蚂蚁。当洪水到来时，蚁球随波漂流，期间不断有小团蚂蚁被浪头打开。此时蚁球便一层层散开，像打开的登陆艇，蚁群迅速而秩序井然地一排排冲上江堤，胜利登陆。

管理心理学中一条重要而有效的法则——"蚁球"法则——即由此产生。"蚁球"法则揭示了成功的企业"抱团打天下"的秘密：个人的力量无论多么弱小，只要能够依靠某种凝聚力组建成为一个团队，就可以发挥出神奇的力量。

什么是团队

团队在组织中的地位与作用是组织理论中十分重要的组成部分，并在近年来的研究中得到更多的重视。

团队及其基本特征

团队由少数的人组成，这些人具有相互补充的技能，为达到共同的目的和绩效目标，他们使用同样的方法，他们相互之间承担责任。

具体说来，所谓"少数"，是指每个团队的人数从2个人到25个人不等；所谓"相互补充的技能"主要包括三个方面：技术或功能的专长，解决问题和制定决策的技能，以及处理人际关系的技能；所谓"共同的目的和绩效目标"，是指在团队中，共同的目的使得团队具有较好的状态和动力机制，特定的绩效目标是共同目的的重要组成部分；"同样的方法"，是指团队需要发展出一种共同的实现其目的手段；最后，"相互之间承担责任"，其核心是"对于构成团队基础的两个关键方面，我们对我们自己和其他人做出承诺：承担义务与相互信任"。

一个能够有效运作的团队必须有一个良好的结构，而这种结构主要体现在上述三个方面。从另一个角度来说，这三个方面也反映出了团队的基本特征。

实际上，如果与单个的个人相比，两者主要的不同即在于团队所具有的共同性与交互性。

一、共同性

团队由若干个成员所组成，每个成员或许有各自的目的，也要接受不同的考核，但作为一个整体，他们必须有共同的目的、共同的绩效目标，而且应发展出共同的达到目的的手段。共同目的高于成员的个人目的，在这方面，个人应完全服从于团队。如果将整个组织看作一个团队，那么，共同目标与个人目标之间的关系也就是这样一种关系：共同目标高于个人目标；个人目标应服从于共同目标。

二、交互性

在一个团队中，每个成员都发挥作用，但个人作用不能单独产生效应，而必须与团队的其他成员通过交互作用，才能形成一种合力，获得团队的总体绩效。因此，团队的良好结构应是具有互补技能的结构，同时还必须在团队成员之间建立起承诺，形成相互信任和相互承担义务的关系。团队成员的相互信任和相互承担义务对于团队成员的交互作用是必不可少的前提，没有这样一种前提，团队成员的交互作用将是很难取得成效的。

团体与群体的区别

群体与团队不是一回事。群体的定义为：两个或两个以上相互作用和相互依赖的个体，为了实现某个特定目标而结合在一起。在工作群体中，成员通过相互作用来共享信息，作出决策，帮助每个成员更好地承担起自己的责任。

工作群体中的成员不一定要参与需要共同努力的集体工作中，他们也不一定有机会这样。因此，工作群体的绩效，仅仅是每个群体成员个人贡献的总和。在工作群体中，不存在一种积极的协同作用，能够使群体的总体绩效水平大于个人绩效之和。

工作团队则不同，它通过其成员的共同努力能够产生积极协同作用，其团队成员努力的结果使团队的绩效水平远大于个体成员绩效的总和。

这些定义有助于阐释为什么现在许多组织围绕工作团队重新组织工作过程，管理人员这样做的目的，是通过工作团队的积极协同作用，提高组织绩效。团队的广泛适用为组织创造了一种潜力，能够使组织在不增加投入的情况下，产生积极的协同作用。仅仅把工作群体换个称呼，改称工作团队，不能自动地提高组织绩效。成功的或高绩效的工作团队有一些共同特征，如果管理人员希望通过运用工作团队来提高组织绩效，就得先保证他们的工作团队具有这些特点。

三种类型的团队

根据团队的存在目的，可以对团队进行分类。在组织中，有三种类型的团队比较常见：问题解决型团队，自我管理型团队，多功能型团队。

一、问题解决型团队

20世纪团队工作方式刚刚盛行时，大多数团队的形式很相似。这些团体一般由来自同一个部门的5个至12个工人组成，他们每周用几个小时的时间碰碰头，讨论如何提高产品质量、生产效率和改善工作环境。我们把这种团队称为问题解决型团队。

在问题解决型团队里，成员就如何调整工作程序和工作方法互相交换看法或提供建议，但是，这些团队几乎没有权力根据这些建议单方面采取行动。

20世纪80年代，应用最广泛的一种问题解决型团队是"质量圈"。这种工作团队由职责范围部分重叠的员工及主管人员组成，人数一般为8~10人，他们定期相聚，来讨论他们面临的质量问题，调查问题的原因，提出解决问题的建议，并采取有效的行动。

二、自我管理型团队

问题解决型团队的做法行之有效，但在调动员工参与决策过程的积极性方面尚嫌不足。这种欠缺导致现代企业努力建立新型团队，这种新型团队是真正独立自主的团队，它们不仅注意问题的解决，而且执行解决问题的方案，并对工作结果承担全部责任。

自我管理型团队通常由10~15人组成，他们承担着以前自己的上司所在地承担的一些责任。一般来说，他们的责任范围包括控制工作节奏、决定工作任务的分配、安排工间休息。彻底的自我管理型团队甚至可以挑选自己的成员。通过让成员相互进行绩效评估，主管人员的重要性就下降了，甚至可以被取消。例如，设在宾夕法尼亚州的通用电气公司机车发动机厂大约有100个团队，它们负责进行工厂的大多数决策：有权安排检修工作；决定工作日程；常规性地控制设备采购，如果一个团队不打报告就花掉200万美元，工厂经理也不会担惊受怕。

在实施这种管理方式的工厂里，整个工厂是由瞬息万变的自我管理型团队经营的。它们制定自己的工作日程表，自己轮换工作，设置生产目标，建立与能力相关的薪资标准，解雇同事，聘用员工。

施乐公司、通用汽车公司、百事可乐公司、惠普公司是推行自我管理型工作团队的几个典型代表。目前在美国，有40%～50%的美国工人可以通过这种团队形式来管理自己。

但是不可否认的是，有些采用了自我管理型团队的组织结果也会令人失望。例如，麦道航空公司的员工在面临大规模的解雇形势时，就曾集合起来反对公司采用自我管理型团队形式。对自我管理型工作团队效果的总体研究表明，实行这种团队形式并不一定带来积极效果。比如，在自我管理型团队中，员工的满意度的确有所提高，但是，与传统的工作组织形式相比，自我管理型团队成员的缺勤率和流动率偏高。

三、多功能型团队

多功能型团队是由来自同一等级、不同工作领域的员工组成，他们来到一起的目的是完成一项任务。

许多组织采用这种跨越横向部门界线的形式已有多年。例如，在20世纪60年代，IBM公司为了开发卓有成效的360系统，组织了一个大型的任务攻坚队，攻坚队成员来自于公司的多个部门。任务攻坚队其实就是一个临时性的多功能团队。同样由来自多个部门的员工组成的委员会是多功能团队的另一个例子。

但多功能团队的兴盛是在20世纪80年代，当时，所有主要的汽车制造公司——包括丰田、尼桑、本田、宝马、通用汽车、福特、克莱斯勒都采用了多功能团队来协调完成复杂的项目。

摩托罗拉公司在实施"铱星项目"时论证了为什么如此众多的公司采用多功能团队形式。这个项目就是开发一个能够容纳66颗卫星的大型网络。"一开始我们就认识到，要以传统形式来完善规模如此巨大、工程如此复杂的项目，并能准时完成任务是不可能的。"项目总经理说，在项目的第一年一直到项目进行到一半时，由20个摩托罗拉员工组成的多功能团队每天早晨聚会一次。后来，这个团队的成员扩展到包括其他十几个公司的专家，如通用电气公司的专家、亚特兰大科技公司的专家、俄罗斯克兰尼切夫公司的专家等等。

总之，多功能团队是一种有效的方法，它能使组织内甚至组织之间不同领域的员工之间交换信息，激发新的观点，解决面临的问题，协调复杂的项目。当然，多功能团队的管理不是管理野餐会，在其形成的早期阶段往往要消耗大量的时间，因为团队成员需要学会处理复杂多样的工作任务。在成员之间，尤其是在那些背景不同、经历和观点不同的成员之间，建立信任并能真正地合作也需要一定时间。

最好的工作团队规模一般比较小，如果团队成员多于12人，他们就很难顺利开展工作。他们在相互交流时会遇到许多障碍，也很难在讨论问题时达成一致。一般来说，如果团队成员很多，就难以形成凝聚力、忠诚感和相互信赖感，而这些却是高绩效团队所不可缺少的。所以，管理人员要塑造富有成效的团队，就应该把团队成员人数控制在12人之内。如果一个自然工作单位本身较大，而你又希望达到团队的效果，那么，可以考虑把工作群体分化成几个小的工作团队。

工作团队的成员角色

要想有效地运作，一个团队需要三种不同技能类型的人。

（1）有技术专长的成员。

（2）有解决问题和决策技能，能够发现问题，提出解决问题的建议，并权衡这些建议，然后做出有效选择的成员。

（3）善于聆听、反馈、解决冲突及擅长处理人际关系的成员。

如果一个团队不具备以上三类成员，就不可能充分发挥其绩效潜能。对具备不同技能的人进行合理搭配是极其重要的。一种类型的人过多，另外两种类型的人自然减少，团队绩效就会降低，但在团队形成之初，并不需要以上三方面的成员全部具备。在必要时，一个或多个成员去学习团队缺乏的某种技能，从而使团队充分发挥其潜能的事情并不少见。

一般而言，如果成员的工作性质与其人格特点一致，其绩效水平容易提高。工作团队内的位置分配有方，也可以达到这样的效果。团队有不同的需求,挑选团队成员时,应该以员工的人格特点和个人偏好为基础。

高绩效团队能够给员工适当地分配不同的角色。例如,长期使球队保持赢球的篮球教练知道如何挑选富有前途的队员,能识别他们的优势与劣势,并把他们安排到最适合他们才能的位置上,使他们能为球队作出最大贡献。这种教练们能够认识到,一个取胜的球队需要有多种技能的球员,如控球手、强力得分手、3分球手、投篮阻挡手等。成功的球队具有能够胜任关键位置的球员,并能在了解球员和爱好的基础上,把他们配置到各个位置上。

一系列研究已经证明,在团队中人们喜欢扮演九种潜在团队的角色。现在我们就来简要描述这九种角色位置,并考察它们对于塑造高绩效团队的意义。

一、创造、革新者:产生创新思想

这种人富有想象力,善于提出新观点或新概念。他们独立性较强,喜欢自己安排工作时间,按照自己的方式和节奏进行工作。

二、探索、倡导者:倡导和拥护所产生的新思想

他们乐意接受、支持新观念,在创造、革新者提出新创意之后,他们擅长利用这些新创意,并找到资源支持新创意。这种人的主要弱点是,他们不一定总是有耐心和控制才能来使别人追随新创意。

三、评价、开发者:分析决策方案

他们有很高的分析技能,在决策前,如果让他们去评估、分析几种不同方案的优劣,是再适合不过了。

四、推动、组织者:提供结构

他们喜欢制定操作程序,以使新创意成为现实。他们会设定目标,制订计划,组织人力,建立起各种制度,以保证按时完成任务。

五、总结、生产者：提供指导并坚持到底

与推动、组织者相似，他们也关心活动成果。但他们的着眼点主要在于：坚持必须按时完成任务，保证所有的承诺都能兑现。他们引以为荣的事情是：自己生产的产品合乎标准。

六、控制、检查者：检查具体细节

这种人最关心的事情是规章制度的建立和贯彻执行，他们善于核实细节，并保证避免出现任何差错。他们希望核查所有事实和数据，希望保证不出现一点纰漏。

七、支持、维护者：处理外部冲突和矛盾

这种人对做事的行为方式有强烈的信念，他们在支持团队内部成员的同时会积极地保护团队不受外来者的侵害。他们对团队而言非常重要，因为他们能够增强团队的稳定性。

八、汇报、建议者：寻求全面的信息

他们是很好的听众，而且不愿把自己的观点强加于人，他们愿意在做决策之前得到全面的信息。因此，他们在鼓励团队作决策之前充分搜集信息，而不是匆忙于决策方面，起着非常重要的作用。

九、联络、合作者：综合协调

最后一种角色与其他角色有重叠，上述八种角色中的任何一种都具有承担这种角色的智能。联络者倾向于了解所有人的看法，他们是协调者、是调查研究者。他们不喜欢走极端，而是尽力在所有团队成员之间建立起合作关系。他们认识到，其他团队成员可以为提高团队绩效作出各种不同的贡献。尽管成员之间可能存在差异，他们会努力把人和活动整合在一起。

如果强迫人们去承担以上各种角色，大多数人能够承担得起任何一种角色，但人们非常愿意承担的通常只有两种。管理人员有必要了解个体能够给团队带来贡献的个人优势，根据这一原则来选择团队成员，并使工作任务分

配与团队成员偏好的风格相一致。通过把个人的偏好与团队的角色要求适当匹配，团队成员就可能和睦共处。发明这种框架的研究者认为，团队不成功的原因在于具有不同才能的人搭配不当，导致在某些领域投入过多，而在另一些领域投入不够。

团队成功的注意事项

在团队中需要注意的问题有以下几方面。

一、对于共同目的的承诺

是否每个团队都有全体成员渴望实现的有意义的目的呢？这种目的是一种远见，比具体目标要宽泛。有效的团队具有一个大家共同追求的、有意义的目标，它能够为团队成员指引方向，提供推动力，让团体成员愿意为它贡献力量。

成功团队的成员通常会用大量的时间和精力来讨论、修改和改善一个在集体层次上和个人层次上都被大家接受的目的，这种共同目的一旦为团队所接受，就像航海学知识对船长一样——在任何情况下，都能起到指引方向的作用。

二、建立具体目标

成功的团队会把他们的共同目的转变为具体的、可以衡量的、现实可行的绩效目标。目标会使个体提高绩效水平，目标也能使群体充满能力。具体的目标可以促进明确的沟通，它们有助于团队把自己的精力放在达成有效的结果上。

三、领导与结构

目标决定了团队最终要达成的结果，但高绩效团队还需要领导和结构来指明方向和焦点。例如,确定一种大家认同的方式,就能保证在达到目标的手段、方向上团结一致。

在团队中,对于谁做什么和保证所有的成员承担相同的工作负荷问题,团队成员必须取得一致意见。另外,团队需要决定的问题有:如何安排工作日程,需要开发什么技能,如何解决冲突,如何作出决策和修改决策,决定成员具体的工作任务内容,并使工作任务适应团队成员个人的技能水平。所有这些,都需要团队的领导和团队结构发挥作用。有时,这些事情可以由管理人员直接来做,也可以由团队成员通过扮演探索者、推动者、总结者、联络者等角色自己来做。

四、社会化和责任心

个人的成绩可能会被埋没于群体中,在集体努力的基础上,个人可能只被看成集体的一员,个人贡献无法直接衡量。

高绩效团队通过使其成员在集体层次和个人层次上都承担责任来消除这种倾向。

成功的团队能够使成员各自和共同为团队的目的、目标和行动方式承担责任。团队成员很清楚,哪些是个人的责任,哪些是大家的共同责任。

五、适当的绩效评估与奖酬体系

怎样才能使团队成员在集体和个人两个层次上都具有责任心呢?传统的以个人导向为基础的评估与奖酬体系必须进行变革,才能充分地衡量团队绩效。

个人绩效评估、固定的小时工资、个人激励等等与高绩效团队的开发是不一致的,因此,除了要根据个体的贡献进行评估和奖励之外,管理人员还应该考虑以群体为基础进行绩效评估、利润分享、小群体激励及其他方面的变革,以此来强化团队的奋进精神和承诺。

第5章 把人心凝聚成一股绳，抱团打天下——团队管理心理学

抱成团走向胜利：苹果的创业历程

这里充满着青春的活力，这些年轻人正是一种中坚力量，是他们研制了苹果计算机，并将公司发展成为与IBM具有同等竞争力的电脑公司。

1976年斯蒂夫·沃兹尼亚克和斯蒂夫·乔布斯设计出个人用的计算机，并于一年之后以苹果Ⅱ型的商标投放市场。仅仅3年多之后的1980年，苹果电脑公司已迅速发展成为拥有1.18亿美元的企业。尽管第二年IBM也推出了自己制造的个人计算机，但当年28岁的董事长斯蒂夫·乔布斯并没有打算让路。

他和他的同事亲密无间，像一群海盗一样的大胆。乔布斯在充当教练、一个班子的领导和冠军栽培人的新型经理方面是一个完美的典型。他是一个既狂热又明察秋毫的天才，他的工作就是专门出各种新点子，他是传统观念的活跃剂，他不会把什么事情丢在一边、容不得无能与迁就的存在。

这些年轻人也纷纷对董事长乔布斯表述了自己的看法，他们希望在从事的工作中作出伟大的成绩。他们说："我们不是什么技术工，而是兢兢业业的技术专家。"他们要对技术有最新的理解，知道如何运用这些技术并用来造福于人。所以最简便的办法就是网罗十分出色的人物组成一个核心，让他们自觉地监督自己。

苹果电脑公司招聘的办法是面谈。一个新来的人要和公司至少谈一次，也许要谈两三次，之后再来谈第二轮。当对录用作出最后决定时，就把苹果电脑公司的个人电脑产品——麦肯塔式计算机拿给他看，让他坐在机器跟前，如果他没有显出不耐烦，人们就对他说，这可是一部挺棒的计算机，来刺激一下他，如果他的眼睛一下子亮起来，真正激动起来，这样就知道他和苹果电脑公司是志同道合了。

苹果公司里人人都愿意工作，并不是因为有工作非干不可，而是因为他们满怀信心，目标一致。员工们一致认为苹果电脑公司将成为一个大企业。

苹果电脑公司在1984年1月24日推出麦肯塔式计算机，在头100天里卖掉了75000部，而且还在持续上升，这种个人用的计算机粗略计算占到公司全年15亿美元销售额的一半。

麦肯塔式计算机的例子表明，当一个发明班子组成以后，要想非常有效地完成任务，办法是分工负责、各尽其职，使人们意识到要想为之做出贡献，一个子项目能否成功就是一次考验。在麦肯塔式计算机的外壳中不为顾客所见的部分是全组的签名，苹果电脑公司的这一特殊做法的目的就是为了给每一个最新发明的创造者本人而不是给公司树碑立传。

这个案例讲了非常重要的两个问题：团队精神和领导。

团队精神是指执行团队内部的思想和行为高度一致，充满团结的氛围，团队成员遵循企业共同的执行理念，为了共同的事业而相互合作，从而使执行产生一种合力。但是团队精神不仅是要求基层的执行人员，而且更要求执行的领导层，从领导班子做起，从上到下地共同建设一个团结的团队，从而形成执行的团队精神。这也正说明了团队的建设需要有一定的领导力。

乔布斯堪称一位优秀的领导者。优秀的领导者的最主要特性就是，具有洞察市场的慧眼和难以抗拒的感召力，在他周围团结着与他志同道合的崇拜者。为什么领导者具有感召力，关键是他和他的企业的价值观，具有无穷的魅力。

所以团队精神不是孤立的，要建立精英团队，首先，要确定团队的精神或是执行的信仰，确定执行的核心理念；其次，通过它来吸引志同道合的合作者（注意：这里把团队成员作为事业的合作者来看待）；最后，这种价值观，或是体现在执行的制度上，或是体现在执行的领导者身上，许多企业就是采取后一种方式。所以团队精神实质是执行文化的问题。

企业需要三种人：梦想家、生意人和"杂种狗"

美国现代金融业的先驱和奠基人之一摩根（J.P.Morgan），在缔造了鼎鼎有名的摩根财团之外，还以诸多石破天惊的言论闻名于世。他是真正的资本家，但是他却说："推动世界进步的不是什么狗屁资本，而是性。"他在对待美国以往的历史时说："历史差不多等于胡说八道。历史等于传统，而我们不要传统，我们要活在当下。唯一值得我们诅咒的，就是我们正在创造着历史。"如果说摩根对性的推崇多少含有对自己放荡的私生活的辩解、对历史的蔑视多少含有对自己成就的洋洋自得的话，那么他对企业团队的见解却展现了他的真正的智慧。他说："每个成功的企业都需要三种人——一个梦想家，一个生意人，还有一个'杂种狗'。"

今天的团队管理者更倾向于由五种类型的人组成一个理想中的梦幻团队。他们是：资深经理人、团队或是部门经理人、执行中处于前线运营的核心人物、年轻员工，以及人力资源的专业人员。每个类型的人士都具备其独特的观点以及活力的来源。

一、资深经理人

这个资深经理人扮演赞助者的角色，带领团队执行行动。虽然他不见得会积极参与团队召开的每个会议，但是他会监督这些工作的进度。

二、相关领域的专业人员

他们是能够检讨团队发展以及结构的专家，这个专家的角色可以从企业里头遴选，也可以从外面的顾问公司聘请顾问来担任。

三、各部门经理人

这些经理人代表的是可能会受到影响的部门。除了代表所属部门发言之外，他们也能够提供稍后阶段所需的使命感以及资源。

四、有兴趣的年轻人才

这是让年轻员工有机会参与的大好机会,他们能够为计划的执行带来新鲜的点子以及充沛的活力。通过参与工作小组的体验,这些年轻人也有机会获得个人成长的机会。工作小组的建立是以各个主题为核心,并且以市场分析的工作作为基础,通过与其他公司的比较来扩大市场分析的视野,并且为目标以及行动做好准备。

要是没有这些关键人物,成功的几率就会大幅降低。这种打破壁垒的执行团队对于以人为本的策略运作而言是非常重要的架构。执行团队的成员当中,有些已经参与过勾勒未来愿景以及市场分析这些初步的阶段。除了这些基本的小组成员之外,还加入了专业人士以及行动领域相关人员。

如何化解团队中的冲突

在团队的内部,成员之间会因为各种原因发生矛盾甚至是争执,这是不可避免的。当团队内出现矛盾甚至闹得不可开交时,团队的领导人员都负有解决矛盾、迅速"熄火"的责任。而最有效的方法是遵循人类心理规律,通过心理疏导,唤起理智感,让矛盾双方自己解决矛盾,并实行自我教育,"化干戈为玉帛",维护团队内部的"人和"环境,理顺成员的情绪、化解各种冲突在执行中是十分重要的。

心理学认为,冲突是人类不可避免的心理体验,是两种目标的互不相容和互相排斥。冲突是一种心理经历,有一个酝酿培植—刺激突发—情绪宣泄—理性控制—复归平衡的过程。为了解决冲突,人们应遵循人类心理规律,通过心理疏导,唤起理智感,让团队成员自己解决矛盾,实行自我教育:摆脱消极情绪对心理趋向的左右,在心理相融的气氛中和平地解决冲突。

索尼公司创造的"五房间熄火法"就是一种饶有趣味的化解冲突之法。当员工间发生矛盾时,闹矛盾的员工需要先后进入五个房间。

1. 房间一:"哈哈镜室"

满脸怒容的员工进入后,先照哈哈镜,看到哈哈镜中扭曲变形而又怪模怪样的自我,他会忍不住笑起来,一笑解千愁,在笑声中他们自然消了些气,脸色开始有所缓和。

2. 房间二:"傲慢像室"

里面有一个橡皮造的塑像斜看着你,表示蔑视和看不起你。这时工作人员让闹意见的员工拿橡皮榔头去打那个傲慢像。尽情宣泄还未消尽的气,以达到心理的平衡。

3. 房间三:"弹力球室"

墙上绑着一个球体,连着强力橡皮筋。先让闹意见者使劲拉开球后放开,球打在墙上马上发弹回来,击中闹意见者的身体,旁边工作人员会问:"你痛不痛?""为什么会痛?"然后告诉闹矛盾者,这叫"牛顿定律",有作用力就有反作用力,你去惹人家,人家就会报复你。让员工冷静想一想这其中的道理。

4. 房间四:"劳资-劳工"关系展览室

让闹意见者认真观看过去资方怎样关心员工以及员工之间怎样互相友爱的实例,以加强对闹意见员工心理的触动,引导他们反思自己的言行。经过上述四个房间后,经理在第五个房间等候。

5. 房间五:"思想恳谈室"

管理人员征求闹意见者双方的意见,看矛盾如何解决。经历了四个房间的员工,这时大多已冷静下来,双方一般情况下自然会主动解决矛盾,心平气和地接受批评和做自我批评。妥善解决了员工之间的矛盾后,管理人员对

两人还要勉励一番，并给予物质奖励。

上述这些措施，无非是为了维护团队的和睦，不仅发挥出每个成员的力量，而且凝聚这些力量。在执行过程中，如果发生内讧，必将极大地削弱执行的力量，很难保证执行的效果。"攘外必先安内"是很有实际意义的。维护执行团队的"人和"环境，化解各种冲突和矛盾，让每个成员的力量得到有效的发挥，凝聚所有人员的力量，保证执行的有效进行。

构建优秀团队的指导思想和行事技巧

一个团队的成功与否、执行的有效与否很大程度上取决于构建团队的指导思想和行事技巧，看看这些在你的执行团队构建中是否充分领略并实施了。

一、更多参与

让人人参与并不是从相邻的隔间或办公室里哪个人开始的，它就是从你开始的。告诉你的上司，你愿意帮助他达到他的目标，问问你能做些什么。

保证让每个人都觉得可以自由表达意见：为了吸纳每个人的智慧，必须让团队里的所有成员都感觉到，可以很舒服地大声讲出自己的见解。

建议召开一个非正式的集思广益的会议。建议大家一起吃一顿自带饭菜的午餐，告诉他们来的时候至少准备一个改进企业工作方式的构想。

二、容人，容可容之人

为了能够更容易地捕获食物，野驴和狮子缔结了互助条约，野驴跑得快，负责寻找食物，狮子有力量，负责捕捉食物，两者结合在一起共同发挥作用。果然，它们很快就捕到了一份肥美的食物，由狮子来实施分配方案，它将食物分成三份，说："我拿第一份，因为我是百兽之王；第二份也应该归我，因为这是我们合作中我所应得的，至于第三份嘛，我们可以公平竞争，不过你要是不赶紧滚开，把它让给我，你恐怕就要大祸临头，成为我的第四份美味了。"结果狮子把野驴赶跑了，以后它再也没找到肥美的食物了。

狮子和野驴的团队应该说是具有强大的力量的，如果狮子不是那么贪得无厌，能够容忍野驴从战利品中分一杯羹的话，那么它们的合作还可以继续。否则，团队必然土崩瓦解。

三、因事设人

执行团队是一个整体，是一盘棋，上上下下都是棋子，如何让这些棋子都能起到自己的作用，这是执行的领导人员、指挥人员指挥方略中的重点。要想把每个棋子激活，就要让每个人都肩负着使命，这就必然做到因事设人。因事设人的具体做法如下：

（1）各就其位。事业为本，人才为重，人事两宜是用人的重要原则。人事两宜有两个含义，一是按照需要量才使用，二是要了解人，而且要彻底地了解，量才适用，适才所用。

（2）尽其所长。高明的管理人，总是根据人才的潜能、特长和品德合理地使用它们，分配给人才使用的权力必须足够使其发挥作用。

（3）因人而异。用人需要根据人才的条件进行安排，人才发挥作用，建功立业也同样需要有客观条件，条件不具备时，人才就是再有才能也是英雄无用武之地。

四、提供成长的机会

如果你交付一项任务，先确定接手的下属会相互信任且彼此尊重。信任会产生有效率的集体行动，朝向一致的目标。要追踪团队成员彼此的关系，使团队反馈对扮演决定性角色的人员的看法。

"在高盛，团队就是一切，"全球5大会计师事务所之一的高盛公司前CEO费弗这样说，"所以每个人必须了解朝夕相处的同事的观点。"为了促进了解，高盛采取一套同事评鉴系统，让每位资深主管知道同事如何看待自己。

团队合作的想法不是对每个执行团队都很容易。飞利浦董事长提默认为这应该归责于领导者。

"我们需要学习在团队中工作，越来越多新一代的年轻人很容易习惯一起工作，他们较少顾虑权力与职位，想要实际投入，反而是老板把他们往回拉。"根据提默的说法："我们需要学习给他们更多的空间。"

柏西迪也同意提默的判断。他曾说："多数年长的主管因为称职地完成任务而爬上现在的职位。美国公司的层级严明，有才华的独行侠可在组织中拾级而上。"尽管许多执行的领导人员感叹高处不胜寒，但他们的确喜欢这样的结构，柏西迪说因为这套体系使他们能够凭借头脑和辛勤工作来出人头地。但他强调这样的组织是过时的。事实上，他断然拒绝这类独行侠行径，因为它有害执行的有效进行，而且不再值得奖励，"无论它完成了多么令人印象深刻的任务"。

五、珍惜多样化的观点

团队成员的多样化背景与专长是无比珍贵的。当领导者提出一个问题，要设法确定有一个多元化的团队来评估新计划并讨论提案。麦肯锡咨询公司的管理顾问约翰·诺德史卓姆建议："倾听，倾听，再倾听。"领导者要了解其他执行人员根据不同经验与认知所产生的观点，同时"尽可能地了解并信任他们"。

还有，要鼓励公开讨论，"我痛苦地发觉，如果某人有问题未解决，或许有适当的理由，"诺德史卓姆说，"我想要了解他的想法来自何处。一旦我明白了，我或许会不同意并说：'我们不打算这么做。'但至少原来未说出口的问题摊到了桌面上。"

诺德史卓姆指出："这些人知道他们在做些什么，即使他们看起来好像在做疯狂的事情。我让他们放手处理，事后发现，他们通常是对的。"

六、选择对的人

提默相信团队成员必须被鼓励积极行事、勇于冒险并承担责任。他同时认为领导者必须支持每个执行人员，即使他们犯了错误，毕竟每个人都会犯错。

当你交付一项任务，你要确定执行的人员了解你想要他们做出最佳的处理方式，就算是与现存政策相反，或比平常冒更大风险。如果执行中惩罚冒险并奖励规矩的表现，团队成员只会继续逃避责任，不会达到最佳状态。最重要的是，每个成员要能得到机会以发挥他们的技巧和知识。领导者也要鼓励团队成员解决问题的好奇心，激励第一线执行人员独立思考与行动。

如果你真的对员工吹毛求疵，执行速度就会迅速减慢。如果团队的成员会因提出建议而被批评得遍体鳞伤，他们恐怕不会给你任何改变的机会。每个成员需要感觉底下有个安全网，才会往外探测。领导者必须容许他们犯错并从中学习，继续为执行作"最佳个人表现"。毕竟，有错误才会有进步。这并不是说团队成员可以不顾后果而乱作决定。当某个成员的态度轻忽草率，领导者必须决定是否停止这种恶性循环，领导者必须明白指出，拒绝承担责任的人是在糟蹋自己的事业前途。领导者显然是走在支持团队成员与维持秩序之间的细微界限上。领导者也许想帮某个成员增强信心，为他提供独立做事的空间，支持他冒险，却发现很难打破传统保守的价值观。许多执行团队仍存在着旧有的阶层型、命令与控制型、躲避风险的环境；没有领导者鼓励责任感，也就没有人会去承担责任。

在这种情况下，换血或许是唯一的解决之道。费弗直言："要清掉枯枝，雇用你认为比自己更好的人，训练他们并给他们回馈。确定你的评估和升迁标准符合你定出的道德和价值观。"麦肯锡总经理山森也说："我们需要雇用那些不需要权威就能领导的人。团队成员会失败，是因为我们用错了人。更糟的是，一个不胜任的领导者会使四项计划的工作效率降低28%。"

第6章
以人为本知人善任，用活人才带活团队
——识人用人心理学

用人，顾名思义，即任用人才之意。世界上的人才成千上万，有全才，有偏才；有鬼才，有怪才；有雄才，有奸才。但无论什么样的人才，都各有其用，关键在于领导者如何任用。任用正确，则坐拥天下，一切尽在掌握之中；任用不当，则危机四伏，大局不定，可谓"搬起石头砸自己的脚"。善于用人的领导，适时升降，恰到好处，觉得人杰雄才遍地有；拙于任人的领导，乱用一气，适得其反，直叹人才实在难寻找。可见，用人也须讲究方法与艺术，并非随心所欲，胡乱招来。

选用人才应持有的正确观念

在领导选用人才过程中,应当清楚地认识到能力、人格等方面的因素。这在某些时候比专业知识和学历更为重要,因此要想招聘到理想的人才还需要灵活把握选人的标准。

以适用为原则

早在20世纪50年代,松下幸之助就认识到,公司应招聘适用的人才,程度过高,不见得就合用。各公司的情况有所不同,"适用"这两个字是很要紧的。

20世纪60年代,盛田昭夫的《让学历见鬼去吧》可谓一鸣惊人。因为,当时的日本还沉浸在一种过于重视文凭的氛围中,盛田昭夫的这一创新使得索尼人才济济。

索尼公司不仅拥有众多的科技人才,同时,还特别重视选拔和配备具有高度创新精神的经理班子。在选拔高级领导人员这个问题上,索尼从不录用那些仅仅能胜任某一个具体职位的人,而是乐于起用那些拥有多种不同经历、喜欢标新立异的实干家。索尼公司也从不把人固定在一个岗位上,而是让他们不断地合理流动,为他们能够最大限度地发挥个人的聪明才智提供机会。在这样的环境中,索尼公司的员工特别乐于承担那些具有挑战性的工作,人人积极进取,人人奋勇争先,整个企业始终充满了生机和活力。几十年来的辉煌历程清晰地表明,索尼之所以取得巨大成功,正是源于索尼的用人原则。

能力比知识更重要

汽车大王亨利·福特曾经说过这么一句话:"越好的技术人员,越不敢活用知识。"福特是在企业经营上屡次发明增产方法的人。他为了增产的事和他的技术人员研商时,他的技师往往会说:"董事长,那太难了,没有办法的,从理论上讲,也是行不通的。"

技术越好的人,越有这种消极的个性。经常令福特大伤脑筋。

在面对一个工作时,一个人如果对有关知识了解不深,他会说:"做做看。"于是着手埋头苦干,拼命地下工夫,结果往往能完成相当困难的工作。但是有知识的人,常会一开头就说:"这是困难的,看起来无法做。"这实在是画地自限且不能自拔的现象。

今天的年轻人,很多受过高等教育,所以有相当的学问和知识。由于现代社会的变迁,分工很细,新知识、新技术层出不穷,年轻人在学校中所学的知识、技能远远满足不了实际工作的需要,这就要求在平时的实践中不断积累经验和新知识,掌握新技能。尤其是刚从学校毕业的年轻人,最容易被知识所限制,所以要十分留心这一点,尽可能将所学知识充分发挥出来。

在实际工作中常常可以发现,一些工程技术人员虽然学历不高,却往往具有较深的专业知识和较强的实际工作能力,相反,一些高学历人员,虽然各方面都表现不错,却没有突出的特点,与他们谈话留下的印象不深。一个人实际工作能力的高低,并不能单从学历或应聘时获得的笔试、面试成绩,就可以看得出来的。具有了实际工作经验,也不见得能力就强,创造性就高。20世纪90年代初,日本在人员招聘中提出要注重实际能力,特别是选拔事业开发型人才时主要看他的综合基础能力,就像挑选运动员苗子一样,关键看他是不是一块好材料,有没有发展潜力。所以,高学历不等于高能力。

在招聘过程中更应注重招聘那些高能力的人才。

不可忽视心理素质和工作态度

现代经济社会的竞争是激烈与残酷的，而这势必给每一个企业每一个员工造成强大的压力。企业是否能顶着压力前行，是否能在竞争中脱颖而出，不仅看员工的技术水平和工作能力，还要看其是否具备良好的心理素质。

在招聘新员工时，我们是否考虑过这些问题：

新招进来的员工是否具有创造才能和创造精神？是否能领导和训练他人？他是否能在团队中工作？他是否能随机应变并善于学习？他是否具有工作热情和紧迫感？他在重压之下能否履行职责……

在一些发达国家或地区，如美国、日本、英国等越来越重视对员工心理素质的考察，并通过一系列心理素质测定来判定招聘对象心理素质的高低。他们认为，这是一个可以减少冒险，促进作出完美决定的过程。其实，目的只有一个：就是要找到心理素质较好的人才。

一个真正意义上的人才应是德才兼备的。才，无可置疑，就是反映在工作能力和心理素质上；而德，一般来说就是从工作态度中体现出来。良好的工作态度，往往能为本人带来工作激情和动力，从而提高工作效率。当然我们不能将工作态度简单地和工作绩效联系在一起，还必须考虑到企业环境的各种具体条件的影响，这是企业在日常经营领导时所应该考虑和处理好的客观因素，而在进行人员招聘时，应聘者所持有的工作态度，却是我们不得不考虑的主要因素。由此为本企业选拔到具有良好工作态度的人才，必将能使以后的经营领导工作事半功倍。

识别人才中的心理法则

只有长时间的观察，才能真正了解下属的心

用人先要学会观察人。善于观察你的下属这是很有必要的，这能够促使管理者洞悉下属的心理、想法、欲求，能够真正发现下属潜在的特质，抓住这一点，就能够比较好地用好下属。因此，观察下属是管理者给下属定位的方法之一，不可疏忽。

当你在管理岗位上超过两年或以上，如果仍未看清下属的本领，你这管理者就算是白当了。

不要以为身为管理阶层，就以为下属便要看你的脸色行事。事实上，许多人拥有优厚的潜能，只是性格上有些缺点。如果身为上司的你能适当地安排，使他的缺点变成优点，就可以充分发挥他的潜能。

忽略下属的性格，勉强他们做不适合的差事，结果受挫折的将是管理者。有些人以为定下的原则，如钢铁般不容下属破坏，更不容许他们以任何理由拒绝。这实属呆板的做法，因为原则是死的，人是活的。

许多老一辈的管理阶层不易被下属接受，多是因为那些上司喜欢被下属奉承，却永不去了解下属，以致出现一面倒的情况。

你的下属每天均留意你的表现。你的笑容、严肃、皱眉，都显示你当天的情绪。你必须进行双轨沟通法，意思是你被下属了解的同时，也要对下属们进行长时间的观察和了解。

要学会观察人。有些人的自尊心特强，一部分是源于潜意识的自卑感。这种复杂的情绪构成反叛性格，面对上司时，依然摆出一副"不易屈服"的态度。如果上司与下属各持本身性格，不愿稍作迁就，结果造成双方关系僵

持。这对于身处高位的管理阶层绝非好事,这只是显示出管理方法失败。

那么该如何观察下属呢?请先看这样一个故事。

大多数的同事都很兴奋,因为单位里调来了一位新主管,据说是个能人,专门被派来整顿业务。可是,日子一天天过去,新主管却毫无作为,每天进办公室后,便在里面难得出门。那些紧张得要死的坏分子,现在反而更猖獗了,认为他哪里是个能人,根本就是个老好人,比以前的主管更容易唬。

4个月过去了,新主管却发威了,坏分子一律被开除,能者则获得提升。下手之快,断事之准,与4个月前表现保守的他,简直是换了一个人。年终聚餐时,新主管在酒后致辞:相信大家对我新上任后的表现和后来的大刀阔斧,一定感到不解。现在听我说个故事,各位就明白了。

我有位朋友,买了栋带着院子的房子,他一搬进去,就对院子全面整顿,杂草杂树一律清除,改种自己新买的花卉。某日,原先的房主回访,进门大吃一惊地问,那株名贵的牡丹哪里去了?我这位朋友才发现,他居然把牡丹当草给割了。后来他又买了一栋房子,虽然院子更是杂乱,他却是按兵不动,果然在冬天以为是杂树的植物,春天里繁花似锦;春天以为是野草的,夏天却是锦簇;半年都没有动静的小树,秋天居然红了叶。直到暮秋,他才认清哪些是无用的植物而大力铲除,使所有珍贵的草木得以保存。

说到这儿,主管举起杯来说,"让我敬在座的每一位!如果这个办公室是个花园,你们就是其间的珍木,珍木不可能一年到头开花结果,只有经过长期的观察才认得出啊。"

"路遥知马力,日久见人心",一个员工的价值高低绝不能凭我们管理者一时的观察或是只看他表面的现象。要真正了解一个人,需要长时间的、持续的观察。只有通过了细致彻底的观察,才能正确评估出一个人的价值并给他合适的工作。

花匠总是勤于给花草施肥浇水,如果它们茁壮成长,就会有一个美丽的花园,如果它们不成材,则把它们剪掉。

不经意的小事往往是人的心理体现

水滴虽小,却能折射出太阳的光辉。谚语说见一叶落而知秋之将至也,因为从一叶飘落这一小的现象就可以知道大的事件——秋天快到了,识人也是如此。一个人的品性、志向和好恶都体现在平时生活中的小事中,只要仔细观察就可发现许多有用的东西。

看过《世说新语》的人都知道管宁与华歆的故事,本来他们算是不错的一对好朋友。后来管宁与华歆割席分坐,断绝来往,不过是因两件小事。一件是在两人锄地的时候,一块金子光灿灿地从地里露出来,管宁视如瓦石,挥锄如故;华歆却乐得心花怒放,拿着金子舍不得放下。另外一件事发生在他们读书时,一位高官的车队威风凛凛地从门外经过,管宁充耳不闻,华歆却撂下书带着几分贪恋跑去看热闹了。待他看后回来,管宁已把席子一分为二了。

察人于微,从小事上看出华歆的人生取向来,管宁的眼光确实了得,后人把管宁割席载之于书,说明是赞成其做法的。

无独有偶,美国的一位管理学家曾受聘于一个大老板,在几次用餐时,他发现老板盛饭不是多了吃不下,就是盛少了不够吃。他想,一个连自己吃多少东西都把握不准的人,值得再为他效力吗?便辞了职。果不其然,那个老板的公司后来因决策失误真的倒闭了。

基辛格在外交上的盖世才华是举世公认的。在他初入哈佛大学拜访学界泰斗艾略特的时候,艾略特并不热情,碍于情面,他只是给基辛格开了一张书目,那上面列了25本必读书的篇名,让基辛格通读之后写出一篇读书报告，比较一下德国哲学家康德的两本专著《纯粹理性批判》和《实践理性批判》。艾略特嘱咐基辛格在完成读书报告前不要再来找他。三个月后，基辛格把读书报告交给了艾略特，当天下午艾略特把电话打到了学生宿舍，要基辛格去见他。

作为一名学者，艾略特的目光是很挑剔的。但读过基辛格的读书报告，他得出的是这两点：在基辛格之前，从来没有一名学生真正认真读完这25本书；也没有人写出过条理这样清楚的读书报告。对一名导师来说，要了解一名学生，看过学生的一篇读书报告就足够了。

蚁孔虽小，却能使黄河决堤、一溃千里。可见，小处虽小，但却能见大。一个大的灾害并不全是偶然而降的，它多是因为平时的毛病未被人知晓而一点一滴的积累而来；而成功也并不是一日之功，同样是平时注意自己言行从而得到的。故要找失败的原因，应多看看自己平时的所为；要成功，就应时时注意，从生活中的点点滴滴做起。那么，要识人以促成自己事业的成功，就应从小处识人，从人的小的言行之中看到他大的方面。

这就如同从蛛丝马迹中发现一个大的阴谋或是知道一个宝藏的所在。有一位母亲的话对我们应有启示，她告诫自己的儿子说："如果有一个女孩跟你去吃西餐，点了'全餐'，起初上来的开胃菜、面包、汤、沙拉，她全都吃光了，等到后面的主菜和甜点，已经撑不下去，你可别怪她。她绝不是浪费，只是不会点西餐，甚至可能没吃过'全餐'。但你要是哪天遇见一位小姐点了全餐，而且从头到尾，每道菜只碰一点点，可就应小心了。那真是太浪费，只怕你将来养不起。"这位母亲的话可谓真有见地。人生的经验使她学会了从小处识人，而小伙子们生性豁达又被罩于情网之中，哪能想得那么深那么远呢！这点又不得不使人联想起"当局者迷，旁观者清"这句名言来。

国外一位著名银行家的经历应该对我们识才有所认识。他早年工作极不顺利，好几次都没有应聘成功，当他带着一颗受伤的心走进一家银行，不幸的是，他又被拒绝。默默地，他走向了大厅的出口，不经意间，他发现地上有一枚闪亮的图钉，就蹲下身去把他拾了起来。这时银行的董事长恰巧从这儿经过，看到了这细小而又平常的一幕，但董事长却别具慧眼，认为这种人正是银行所需的，任用他的话一定会把银行的事办好。第二天，他就接到了银行的聘任书。此后，他努力工作，并把银行管理得井井有条，董事长死后由他接任，最后成为世界著名的银行大王。这位银行大王的产生得益于那位董事长慧眼识人。如果董事长稍微粗心一点，或者是虽然看到这感人的一幕却没有思考一番，那么这粒闪亮的"金子"还会继续埋在沙堆里。

用人是领导成功的关键，而用人之前提是要识人。领导者能以小识人，可见其与众不同。

言语、举止是心理的根本反映

一个人的才能志向往往在不加留心的细节之中，这细节不时地反映在一个人言行举止当中。

男人们爱说女人的美丽动人之处常在不经意的一瞥之中，这话不无道理。如果借用到识人上，就可以说一个人的才能志向往往在不加留心的细节之中，这细节不时地反映在一个人的言行举止当中。知人言行而后识人是管理者识人的一个重要手段。

清朝的曾国藩具有异乎寻常的识人术，尤擅长于通过人的身体语言来判断对方的品质、性格、情绪、经历，并对其前途做出准确的预言。

某天，有新来的三位幕僚来拜见曾国藩，见面寒暄之后退出大帐。有人问曾国藩对此三人的看法。

曾国藩说："第一人，态度温顺，目光低垂，拘谨有余，小心翼翼，乃一小心谨慎之人，是适于做文书工作的。第二人，能言善辩，目光灵动，但说话时左顾右盼，神色不端，乃属机巧狡诈之辈，不可重用。唯有这第三人，气宇轩昂，声若洪钟，目光凛然，有不可侵犯之气，乃一忠直勇毅的君子，有大将的风度，其将来的成就不可限量，只是性格过于刚直，有偏激暴躁的倾向，如不注意，可能会在战场上遭到不测的命运。"

这第三者便是日后立下赫赫战功的大将罗泽南，后来他果然在一次战斗中中弹而亡。

曾国藩任两江总督时，有人向幕府推荐了陈兰彬、刘锡鸿两人。他们都颇富文采，下笔千言，善谈天下事，并负盛名。接见后，曾国藩对陈，刘二人作了评价："刘生满腔不平之气，恐不保令终。陈生沉实一点，官可至三四名，但不会有大作为。"

不久，刘锡鸿作为副使，随郭嵩焘出使西洋，两人意见不合，常常闹出笑话。刘写信给清政府，说郭嵩焘带妾出国，与外国人往来密切，"辱国实甚"。郭嵩焘也写信说刘锡鸿偷了外国人的手表。当时主政的是李鸿章，倾向于郭嵩焘，将刘撤回，以后不再设副使。刘对此十分怨恨，上疏列举李鸿章有十大可杀之罪。当时清政府倚重李鸿章办外交，上疏留中不发。刘锡鸿气愤难平，常常出语不逊，同乡皆敬而远之。刘锡鸿设席请客，无一人赴宴，不久他忧郁而卒。

陈兰彬于同治八年（1869年）经许振炜推荐，进入曾国藩幕府，并出使各国。其为人不肯随俗浮沉，志端而气不勇，终无大建树。

因此，在企业用人中，高明的管理者要懂得从下属的言行举止间识别一个人的才干和品行。

工作表现是心理状态的直接体现

作为上司，也许你眼中的下属仍旧都和往日一样神采奕奕，笑容满面，工作起来也格外地投入。但你要意识到这可能是一种虚假状态，也许其中有人正在努力保持自己的笑容，但他们并不是以最佳状态进行工作。如果你能经过仔细观察，对处于生命状态低谷的下属给予理解和爱护，那么对方今后会以十二分努力来回报。

许多国家的生命科学家都对人的机理状态进行研究，认为人的精神状态周期大多是一个月。这就是说如果你觉得今天的情绪非常糟，即使没有纷繁复杂的工作来打扰。你要仔细对待一个月的这几天。

有效的管理的关键是应该根据下属不同的状态，被称为员工准备度，及时地确定或改变自己的管理风格，来适应下属的状态。

下属的状态取决于其在某一特定工作或活动上的知识、技能与经验，能否支持其干好某项工作，表现为下属对自己的直接行为负责任的能力与意愿，它包括能力准备度和意愿准备度。

1. 不能／不愿意或不能／无把握

如果下属在工作时表现为毫无相关知识与技能，而且没有兴趣学习。在现实中，他们原本是很称职的员工，但因为变化，使得他们与组织格格不入，变得消极，或缺乏信心。

管理者在这一阶段应采取"指令式的管理风格"，通过命令和严格的监督来引导并指示下属。

2. 不能／但愿意或不能／有信心

如果下属的技能仍不能达到要求，但因为已经有了第一阶段的工作经历，具备了一定的自信，有信心和渴望学习，或者想学并相信自己有能力学好。

管理者在这一阶段应采取"教练式的管理风格"，指导、支持和激励下属尽快地提高技能与知识。

3. 有能力／不愿意或有能力／无把握

在管理者的指导帮助下，下属的技能与知识已足以完成工作，但如果他们面临更具挑战性的工作，有可能在自信上再次出现问题，不愿意或者因为某种原因而缺乏内在驱动力。

管理者在这一阶段应采取"团队式的管理风格"，来激励下属并帮助员工解决问题。

4. 有能力／愿意或有能力／有信心

下属在管理者的激励、指导和开发下，一步步走向成熟，在能力和意愿方面都能够适应工作。

管理者在这一阶段应采取"授权式的管理风格"，将工作交给下属，管理者只需做监控和考察的工作。

在不同的阶段，下属的状态是不同的，即使是在相同的阶段，下属因不同的工作，其状态也使不同的。一个成功的管理者，当你面对下属时，你要了解他们，管理他们，与他们一起成功。一个成功的管理者，要学会转身，准确地把握下属的状态，及时地确定与改变自己的管理风格。

任用人才的一般原则

做分配工作的内行

上司如果能干，定能将员工之工作分配得极为妥当，引发员工的工作意念，否则员工会有反抗的心理。

所谓善于分配工作的好上司如下列所述：

第一，经常检讨个人负责的工作内容，适当地估计工作的质与量，以求分配平均。

第二，考虑到某份工作量所需完成的时间。

第三，若派予其他员工，会先由员工本身工作进行的状况而定。

工作分配如果不妥当，就易造成不满的情绪。分配工作虽是小事，却与从业人员的士气大有关系，千万不可忽略。

才能与职位要相称

管子曰："君之所审者三，一曰德不当其位，二曰功不当其禄，三曰能不当其官，此三本者，治乱之原也。"可见，能当其位是任人的重要原则，是判断领导者任人是否正确的首要标准。

在任人时，领导者对人才一定要量体裁衣，既不能让统御千军的将帅之才去做伙头军，也不能让县衙之才去当宰相；既不能让温文尔雅坐谈天下大事的文官去战场上驰骋，也不能让叱咤风云金戈铁马的武将成天待在官廷内议事。而应该辨清各自的特长，派其到相符的地方或授予其相应的职位。

不当其位，大材小用或者小材大用都是任人失败之处。不当其位，当然就无法发挥人才的长处，空得满腹经纶却无处施展；大材小用造成人才的极大浪费，必挫伤人才的积极性，使其远走高飞，另谋高就；小材大用只会把原来的局面越弄越糟，成为专业发展路上的绊脚石。"用人必考其终，授任必求其当"，古人已经给现代领导们做出了榜样。

狄仁杰就是一位善于任人的官吏。有一天，武则天问狄仁杰："朕欲得一贤士，你看谁能行呢？"狄仁杰说："不知陛下欲要什么样的人才？"武则天说："朕欲用将相之才。"狄说："文学之士，有苏味道、李峤，都可以选用；如果要选用卓异奇才，荆州长史张柬之是大才，可以任用。"武则天于是擢升张柬之为洛州司马。过了几天，武则天又问贤，狄说："臣已推荐张柬之，怎么没任用？"武则天说："朕已提拔他做洛州司马。"狄仁杰说："臣向陛下推荐的是宰相之才，而非司马之才！"武则天于是又把张柬之升迁为侍郎,后来又任他为宰相。事实证明,张柬之没有辜负重任。可见狄仁杰多么懂得任人应当其位的道理!

在考虑能当其位的过程中,领导不能仅仅以人才能力的高下来衡量,还得考虑人才的性格、品行。如果此人性格懦弱、不善言辞,则不宜让他担任公关和推销方面的任务;如果他处事较随意,且常出一些小错,不拘小节,就不应任用他做财务方面的工作;如果品行不太端正,爱占小便宜,且比较自私,对这种人尤其要小心任用,最好不要委以重任或实权,使其处于众人的监督之下,不至于危害大局,一旦发现其恶劣行为,立即严惩不贷,绝不心慈手软,以防"一颗老鼠屎搅坏一锅汤"。所以,作为领导,在任时一定要就人才的能力、性格和品行等方面综合考虑,再授予其一个适当的位置。

此外,领导者还需考虑一个重要因素,即年龄。一些工作岗位可能有两人可以胜任,一个年轻,一个年长。对此,领导者就应该考虑年轻人和中老年人在性格上的差异:年轻人热情奔放,充满活力,且敢拼敢闯,创造力强;中老年人沉稳、冷静、忍耐力强且经验丰富、老到。年轻人缺乏的是经验,中年人缺乏的是闯劲。了解到这些,领导就可以根据该项工作的特征确定合适的人选。

同时,领导还不能忽视年龄层次问题,机关部门、事业单位的年龄层次可以适当偏大一些,姜毕竟还是老的辣。而企业的年龄层次宜年轻化一些。对企业领导,如果发现有几人都能胜任某一项工作时,可尽量任用年轻人,因为年轻人精力充沛、后劲十足,工作年限还很长,而年纪较大的人可能即将离任。这样就避免公司出现人才断层,有利于公司持续快速发展。

正确处理统与分的关系

领导用人,其目的就是让人才为我所用,食我之禄,为我分忧。因此在具体实践中,领导者应注意统一领导与分工授权的关系。

统一领导经常表现为一种集权,使领导者陷入事无巨细、事必躬亲的误区。但统一领导又是不可或缺的,只有实现统一的领导,才能有统一的意志、目标、方向、步调,才能朝统一的目标迈进。为了解决统一领导中这一暗含的矛盾,就必须实现分工授权。

分工授权又可称为分层领导、分级领导,是指按照一定的规化和程序,将领导纵向分为若干层次,分级排列,下级向其上级逐级负责,其管辖范围随级别下降而缩小,形成上下对应的领导与被领导的从属关系,一级抓一级,一级管一级,使组织成为朝着共同目标前进的统一整体。

能否实现有效的领导,其要素之一就要看他会不会实现层次分级领导。不进行统分结合的领导,是不可能取得成功的领导的。过细的领导,只能使其被一些琐事包围,一叶障目而不见泰山,成了小事清楚,大事糊涂。正确的领导方式应当是在统一领导的大方向下,实现有效的分工授权,做到小事糊涂,大事不糊涂。三国时代蜀相诸葛亮,虽然是一代名相,但由于忽视层次领导,事必躬亲,结果积劳成疾,英年早逝,给人留下"出师未捷身先死,长使英雄泪满襟"之憾。

据史书记载,他在军中事无巨细,都要亲自过问,甚至连粮草消耗这种小事都要亲自操劳。显然,他那种鞠躬尽瘁死而后已的精神是值得后人弘扬的,但他那事无巨细、事必躬亲、越俎代庖的工作方法并不足取。

现在有些领导人,头脑中也缺乏这种分工授权的观念,在工作中分工不授权,反而大包大揽,弄得单位里形成了"领导忙得团团转,下属悠闲没事干"的反常局面。领导怨天尤人,埋怨下属没有积极性,不能替自己排忧解难。岂不知,之所以造成这种局面,就是由于领导者不懂得分工授权而一手造成的。

领导干部要干领导的事,要围绕着提高领导干部效能,集中精力干那些必须由领导人亲自去干的重要工作。无论何时何地,都不能忘记自己的身份和职责,不能颠倒工作的主次,尤其注意不能搞包办代替,不随意越权代理下属的工作。要保证使分工负责每项工作的人都有职、有权、有责,以防止分工负责的人难以行使职权,造成不应有的混乱。

坚持宁缺毋滥的原则

宁缺勿滥要求领导者在任人时选用精兵良将,不多用一人,也不闲置一人,使人事保持相对稳定,不闲则已,闲则必责。如果在当时没有找到合适的人选,宁可让职位空缺,也不滥竽充数。

一、"官不必备"

古人曰:"官不必备,唯其人。"用人之多少,应根据工作需要而定。在确保工作质量的情况下,再合理安排职位和人数,然后再根据一人一职的原则任用人员,既不可备位,也不可备人,更不能在找不到合格人选的情况下随便以人顶替。否则,就会影响整体效率和质量。

古人对任人时宁缺毋滥的原则也早有认识,并采取过不少有力措施加以防范,制止这种情况的发生。唐太宗就提出"官在得人,不在员多",李德裕曾强调"省事不如省官"。西魏苏绰在其《六条诏书·擢贤良》中极力主张裁减官吏以避免人浮于事的弊端,他说:"官省,则善人易充,则事无不理;官烦,则必杂不善之人,杂不善之人,则政必有得失。"北宋包拯坚持用"勤",不用"冗"。他针对北宋冗员众多的情况,向仁宗皇帝指出:"欲救其弊,当治其源,在乎减冗杂而节用度。"他主张"留神省察",对于占着位子又无所事事的官员坚决予以清除。他在知谏院时,曾经上书弹劾做了七年宰相而又毫无建树的宋庠,并且连续三次弹劾罢免了皇帝宠妃的伯父张尧佐的"三司使"的要职。可见,"官不必备,唯其人"古往今来就是用人任人的一条重要准则。这对今天的领导者们仍有重要的借鉴价值。

二、任人以专

一个人能力再高，在短时期内都是难以作出重大成绩的。人才聪明才智的发挥需要一定的时间，因此其能力和功绩须在较长时间内才能体现出来。领导者在任人时一定不能急功近利，急于求成；经常更换人事，这样做会适得其反，离自己所要求的目标越来越远。正确的做法应该是一旦确定了人选，就给予其充足的时间，让其潜心研究，放手施为，反而容易做出显著成绩。举个例子，美国科学家的科研水平乃世界一流，但如果美国政府要求他们在短期内便将人类送上月球并在上边正常生活显然是不可能的。如果美国政府因此而将科学家们撤职查办，那岂不成了天大的笑话。再如一家企业久病成瘵，历年来亏损负债上亿元，企业领导任命一名新总经理，令其一年半载扭亏为盈，否则就再次换人，这能证明的仅仅是该领导水平低下，不懂任人以专的基本常识，而丝毫不能证明新任总经理能力低下。可见，任人以专的效果明显地比经常更换好。

北宋王安石曾特别强调任人必须"任人以专"、"久于其任"。他主张一旦确定合适的人选，就让其多干几年，予其充分展示才华的时间，则"智能才力之士，则得尽其智以赴功，而不患其事之不终、其功之不就也"。古人尚且如此，今天的领导们更应理解其内涵。经常更换人事不仅对事情本身于事无补，而且常弄得人心惶惶，纪律涣散。

法国经济学家亨利·法约尔对人员任期问题有一段深刻的解释。他说，人员任期稳定是一个均衡问题。雇员适应新的工作和很好地完成工作任务都需要时间，即使是假设他有相应的能力。如果在他已经适应工作或在适应之前又被调离，那么他将没有时间提供良好的服务。如果这种情况无休止地重复下去，那么工作就永远无法圆满完成。……因此，人们常常发现，一个能力一般但留下来的管理人比一个刚来就是杰出的管理人更受欢迎。这段话虽然是针对企业而发的,但同样适用于其他组织和机构。它深刻地告诉领导者们任人以专的重要意义。

当然,任人以专并不是任期越长越好,它并不排斥工作人员的正常变动,只是强调要给人以充分展示才华和成绩的时间,同时保持人员的相对稳定,以利于事业的发展。

因事用人

在一些企业和单位里,人多而杂,加上效率低下,于是一些人更无事可干,但他们又担心这样赋闲下去会被领导解职,于是就要求领导给他们安排事情,以显示他们还能干,还在努力工作。在此过程中,一些领导可谓大感头痛,本来没什么事干,却要找事干,于是便挖空心思列出一些毫无实际意义的工作,让每个人都占据一个位置或挂上一个头衔。而这些虚假的、徒劳无益的工作对公司或单位一点好处都没有,反而造成人员繁多,机构臃肿,既增了负担,又降低了效率,还浪费了人才,有百弊而无一利。

之所以出现这种情况,就在于领导者在任人时因人设事的做法。这种任人方法的意思是有什么人,就去办什么事,即使没事可干了,但如果还剩有人,就凭空造出一些事情,把剩余的人员安排好,其弊端前已阐述。这样的任人方法根本无法适应市场经济条件下的领导者们,现在需要的是因事设人的方法,即领导者根据工作需要,有什么事要办,就安排什么人去办,有什么职位安排什么人,一切以促进公司的发展,提高效率为出发点,绝不能因人设事,没事找事,做一些无用的工作。对于剩余的人员,领导者应果断地下岗分流。

因事用人除了考虑人员的数量与工作需要的关系之外,还要考虑人员素质与工作要求的关系。如公司因管理和技术工作要求,就招一批知识水平较高的人去担当此任。若公司需要一些文秘、财会人员，领导就不能招体力劳动者顶替。概括地说，一切因事而异。事情多，就多安排人数；事情少，就相应减少人数。事情难办，文化要提高，就提高人员的素质；反之，就可以适当降低要求，用普通人员即可。

坚持平等的原则

某些单位领导人不屑于与部下平起平坐，把等级观念看得很重，认为决策权是自己地位的象征，不想与部下共同决策，这种带封建色彩的管理思想早就过时了。

也有的领导者认为自己了解的情况比部下全面，自己的能力、水平也比部下强，部下提不出比自己更高明的计策来。这是许多领导共同的误区。应该承认，这些人成为单位最高领导人，的确是因为有过人的才干，但往往正是这些能力强的领导者。自恃才高，不愿听部下看似愚蠢的意见，独断专行。有人说：精英管理是独裁管理，道理也就在这里。

其实，领导者的想法再高明，部下不接受，那也是一厢情愿、废纸一张。领导者要想办法使自己的决策，变成是部下的想法。能诱导部下自己提出来，让他们认为这是他们自己提出来的，这样的领导者才是最高明的。

当然，参与决策的人越多，单位机密被泄露的可能性也越大。而且，参与的人越多，所花费的时间也越长，决策的执行也可能因此而受到延误。

尽管有这些不利因素，但下这个赌注是值得的，因为让人们参与决策对他们有影响的变革是非常重要的。如果领导者要得到部下全力以赴的支持，就必须让他们共同参与行动，而且越快这样做越好。

一旦在相同的目的之下，充分发挥相辅相成的作用和机能：急躁的上司配以稳重的部下，胆大的领导配以心细的员工……任何成就的造就都会变得容易、迅速得多。

有一次，美国玛丽·凯公司的竞争对手的助理副总裁向玛丽·凯求职。他很伤心地对她说："我已经无路可走了，我们公司已经无法再继续发展，再待下去我实在也没有前途可言。"

他们谈了一会之后，玛丽·凯发现了他抱怨该公司的真正理由。那家公司正在修订行销策略，而这位助理副总裁没有被列入策略修改委员会的一员，而正如他所说的，凡是这个委员会的成员都被视为"高级干部"。因此，他对该委员会提出的任何改革政策都极力反对。所以，玛丽·凯不得不下这个结论：假如他也成为委员会的一员，他就会采取支持的态度。他是一位聪明的年轻人，如果能参与这项工作，一定能对该公司有所贡献；相反的，正因为他无法参与，他的反对态度甚至促使他辞职而去。归结来说，就是一个优秀的工作人员的自尊心受到了伤害。

只有合理分工才能使下属心情舒畅

知人善任，对下属进行合理分工，可以使下属心情舒畅，充分发挥积极性和创造性。作为上司，其主要精力应该花在计划、组织和监督、指导上面。如果事必躬亲，必将因小失大，一方面，自己的时间和精力大部分被琐碎的事务占去，势必影响宏观调控的功能；而另一方面，又会使下属束手束脚、觉得无事可干，丧失工作的积极性和创造性，不能人尽其用、人尽其才。这样即使你干得筋疲力尽，也难取得优越的成绩。

管理者必须根据发展状况和实际需要，认真研究企业对人才的需求，什么岗位要什么样的人才，要做到心中有数。同时要清楚了解员工的能力与特长情况，尤其要善于发现那些默默无闻的人才。要根据人才的专长，扬长避短,合理使用人才,千万不要将有能力的人才闲置。管理者在用人的过程中必须牢牢记住一点:用人不疑。

公元1683年6月,施琅奉康熙帝的命令率水师两万余人,战船两百余艘,自铜山出发,进击台湾,经过几天奋战大败澎湖守军。守军主力悉数被歼,结果军心涣散。施琅占据澎湖,居高临下,对郑军进行招抚。郑氏统治者见大势已去,遂同意归附清廷,实现和平统一。台湾和祖国大陆和平统一在清初是一件大事,施琅为此立了大功。在统一的过程中,施琅固然功不可没,但是如果没有康熙帝的用人不疑,施琅恐怕也很难施展抱负。正当施琅雄心勃勃希望以武力征服台湾时,主抚派在当时占了上风,部分朝臣对施琅不信任。因为他不仅是明朝的降将,而且在1664年前后两次率兵征台未果。最后康熙帝仍然果断地任用施琅,终于使台湾得以统一。

管理者一定要有正确的用人态度,要有清醒的用人意识,要有坚定的用人信心。企业可以有各种监督、考核手段,但并不是在其职权范围内横加干涉。要表里如一,让员工安心工作,而不必花费精力来对付管理者。通过建立科学的选拔和用人机制,创新人才才会脱颖而出。

作为上司,在对下属进行任务分工时也应根据下属的能力和特长进行合理分配,而不能"乱点鸳鸯谱",否则会造成下属的不满情绪,影响上下级之间的交往,不利于工作的完成。

中国有句俗话:用人不疑,疑人不用。这也是知人善任的一项原则。你应该对你的下属毫无猜疑地信任,这样才能使他们忠实真诚地为你效力,才能使他们负起应负的责任。

要做到信任下属,还应该多听取他们的建议,让他们知道,他们也在参与管理,而不仅仅是被管理者。要记住:请教别人或征求他们的意见,总会使他们感到高兴的。

人只有做符合自己秉性的事才会更积极

管理的任务简单地说,就是找到合适的人,摆在合适的地方做一件事,然后鼓励他们用自己的创意完成手上的工作。管理者要想说服下属,让他们依照你的意思行事,就必须摸清下属的性格,对不同的人采用不同的方法,既不能千篇一律,也不能"牛不吃草强按头"。摸透下属的秉性,必须对下属有全面、细致的了解,对下属的情况知道得越多,越能理解他们的观点和存在的问题。作为管理者,应该尽一切力量去认识和理解一个人的全部情况。下属们的工作态度、习惯不只影响其自身的工作效率,也会影响到其他下属的士气和工作效率。身为领导不能忽视下属的性格问题,只有了解了他们的性格,才能采取正确的对策,以理服人。

三国时期,诸葛亮作为领导,对下属的性格可谓了解得极其透彻,他能针对不同的下属而采取不同的对策,所以能让所有下属都心服口服。关羽自傲自大,诸葛亮在华容道之战前,利用他的自大、自傲,使其立下军令状。其后,关羽果然是如诸葛亮所料,放走了曹操。他也从此对军师诸葛亮更加信服。

而张飞,性格鲁莽、脾气暴躁。诸葛亮对这一莽汉则采取激将的办法,往往激得张飞不惜生命南征北战,从而取得胜利。事后,张飞对诸葛亮也是心服口服。孟获有少数民族的特点,他淳朴但又奇猛无比。对待这样的人,诸葛亮则采用了攻心战术。七擒孟获,使孟获由衷地佩服诸葛亮,并从此对诸葛亮、对蜀国死心塌地。

对于不同的下属,你一定要先把握他们的性格,才能够据此采取不同的对策,让他们信服。

对于那些事事悲观,对新观念不抱希望的下属,他们的这种性格使他们不想面对现实，阻碍了整体的前进。对于有这种性格的下属，在他们面前一定要保持一种乐观进取的态度，让他们有所放松，并多多鼓励他们积极进取。

对于那些脾气暴躁的下属，他们的性格或许会令单位永无宁日。对待这些下属，应当在他们心平气和时，让他们知道乱发脾气是不恰当的。并强调单位是个整体，不容许个别人破坏纪律，也不会姑息乱发脾气的行为。当他们情绪激动的时候，最好先不要发言。听他们诉说心中的不平。一个愤怒的人，通常会有很复杂的情绪，细心地聆听可以令他感觉到你在注意他，并会对你慢慢地有好感。

对于一些个性极强的下属，则不能放任自流，要及时地制止他们的行为，让他明白不能无视单位的纪律，以直接劝告来达到说服他的目的。

作为管理者，面对有着不同秉性的下属，要懂得去了解他们的性格，把不同性格和具有不同特长的下属放在不同的位置上以充分发挥他们的才能。

用人与信任——用人不疑，疑人不用

企业的成功不是来自于组织的正式系统，而是来自于支撑这个组织的"精神"。很多管理者会把自己放在首位，放在组织需要和其他员工最大利益之上。他们其中一些人会过分地留心员工的言行，过分地调查公司内的传言。这种心态使得他们无法做到充分信任下属，表现在三方面。

表现之一：一位下属抱怨说："有些事情是不需要经过那些官僚程序、分析和一道道关卡的，我常常觉得主管刻意想制造一些障碍，不得不和他坐在一起仔细地研究每个细节。"

还有下属说："这位主管总是在我面前不断地提出不客气的批评，对已经进行的工作叫停,对细节吹毛求疵,他影响到了我的工作。有几次计划已经完成,执行主任也批准了,这位主管还提出一大堆建议,坚持要我们照要着他的方式去做。我的计划被迫停止。"

表现之二:"我和主管相处往往很不愉快,因为他对我的工作无论大小事情都要管理。他很难想象设计小组的每个成员对自己的专业领域比他懂得更多。他不断对我们的工作放'马后炮'。"一位员工如此报怨。

表现之三:另一位员工说:"我的主管希望我随侍在侧,好像我是他的连体婴儿似的。他接了一个电话后,会马上跑出来问我说某某文件放在哪里了,或者是他现在要去哪儿哪儿,马上就要这个或那个。我根本没有时间做自己的工作,因为我的主管寸步不离地紧盯着我。"

所有这些不信任的表现都将影响组织的效益,更为重要的是,这样的不信任将严重影响组织目标的实现。只有信任员工,并且让员工觉得你信任他,从而对你产生信任感。

我们常常见到的是上级不能充分信任下级,但是过度信任下属的情形也并不是没有。与上面的几种表现相反的是,他们过于相信下属,因此走进了另一个极端——放任。

从某个角度讲,信任下属,是管理者对下属品质、能力的充分肯定。但这绝不意味着让那些不具备良好品质和突出能力的下属任意所为,以至于破坏企业形象。因此,信任是一种理解和信赖,放任则是一种散漫和纵容。作为管理者,你应当记住这一点,切忌混淆两者的关系。信任下属是必要的,但不要过分,以致走上另一个极端——放任。

信任不是放任,信任是把事情做好,放任则能把事情毁坏。作为管理者一定要明白这一点。否则,你只能自惭形秽地面对责任和良心,失去管理者的形象。

真正的信任是,你相信你的下属会把事情办得再完美不过,同时你也相信他们会遵循你的原则。

在你着手建立合作和信任时，要牢记的是：鲍雷夫法则。即在我们的语言中：

最重要的八个字是：我承认我犯过错误；

最重要的七个字是：你干了一件好事；

最重要的六个字是：你的看法如何；

最重要的五个字是：我们一起干；

最重要的四个字是：不妨试试；

最重要的三个字是：谢谢您；

最重要的二个字是：我们；

最重要的一个字是：您。

产生信任是管理者的重要特质，管理者必须正确地传达他们所关心的事物，他们必须被认为是值得信任的人。信任员工，在很大程度上是指信任员工会尽力做事，也会正确地做完，通常员工们是不会辜负管理者的期望的。但是，在处在指挥、控制、监视的工作环境里，是不太可能激发信任和尊重的。

不信任下属是最不实际、最没有效率、最浪费时间的管理方式。在正常的情况下，管理是将工作目标划分成适当的责任范围，使得员工能发挥最大的潜力。但是，许多管理者狂妄自大，他们以为只有自己有能力完成工作，从不信任他人，又对自己有效管理他们的能力没有信心。他们总是事必躬亲，三番五次地检查、做改动，这对生产力大大不利。结果，这种管理作风让他们自食恶果。

如果你对信任员工这种理论还是有点糊涂的话，请看看下面这个实例。

克里斯公司的管理层因为信任员工而深受员工尊重。在他们新买下一家商店后，管理层决定拿掉店中的打卡钟。管理层以为：我们何必用打卡钟来贬低他们呢？他们是成年人，他们知道什么时候应该上班，他们知道自己应该尽到的本分。管理层以实际行动表明他们相信和自己共事的人是值得信赖的，而且是有重要地位的。依照克里斯公司的说法，是把人当人看，日子会好过些。

克里斯公司里的员工餐厅完全以荣誉制来经营，他们的贩卖机不上锁，也没有收银机。员工付账时，自行将钱放入一个敞开的钱箱里。克里斯公司认为："你要么信任员工，要么不要信任。你若信任他们，就不需要上锁的收银机、打卡钟，外加几十个管理员。你若不信任员工，那就不要录用他们。"

还有一点我们须知道就是，员工不愿做一个看起来无能的人的下属。信任来源于公正大方，但要想长久维系信任，只有依赖于人们对有能力的上司的崇拜和尊重。

要值得信任，管理者还必须做到公平、公正，偏袒、虚伪、错误的观念和行为、不道德的举止，这些会极大地破坏信任。

有失公平的用人心理

出于公心选人留人用人，是管理者必须具备的重要心理素质之一。只有这样的管理者才能任用贤人，不任人唯亲，不拉帮结派；才会用人所长而不浪费人才；才能真心为组织谋良才。管理组织的职位设置和管理的职权有限，而组织内有才华、有能力的人很多，管理者用什么样的人，用谁，是非常棘手的问题。如果不加选择而贸然行事，必将引起方方面面的矛盾，不利于团结和工作。因此，现代企业管理者的用人，要有一个正确的出发点，那就是要出以公心。要以有利于管理组织发展和组织成员积极性的调动为出发点,不讲私情,不搞妥协,不回避矛盾。真正将愿为管理组织作贡献而又有真才实学者提拔任用到各级管理岗位上,以推动组织目标的高效实现。管理者用人,不可能使各个方面和每个人都满意,只要是出以公心,出于事业发展所需,最终会赢得尊重,赢得人心。因此,管理者在培养用人的公心的过程中必须要善于克服以下几种不良的用人心理。

一、任人唯亲心理

任人唯亲心理指的是用人者不管德才如何,只是选择那些和自己感情好、关系密切的人,或者任用自己的亲属等。表现在以下四方面:

一是"以我划线"。谁拥护自己、吹捧自己,就提拔谁。把自己管理的部门搞成"一人得道,鸡犬升天"的"封地"。

二是"唯派是亲"。凡是帮朋派友,不管是否有德有才,都优先加以考虑。

三是"关系至上"。有"关系"的人起用,没"关系"的人靠边。

四是以血缘关系作为用人的标准。致使组织呈现家族化的倾向。人事上的近亲繁殖,扭曲了用人标准,压抑了他人成长和能量的释放。

这从王安公司的失败中可窥一斑。王安公司曾经实力雄厚,在1984年,有21亿美元营业额,雇用24800员工。王安失败的一个重要原因就是缺乏员工之间凝固的社会基础。王安本人受中国传统文化的影响,对本家族外的高层主管不放心,也不信任。当外部环境发生变化,公司经营遇到困难时,他把公司大权交给自己的儿子,本应继任的美国经理却遭到冷落,导致许多有才华的经营主管在关键时刻离开公司,公司业绩一败涂地。

任人唯亲会严重危害企业的发展。表现在四方面:

(1)阻止了优秀人才的加盟,不利于企业素质的提高。

(2)使经营者大权独揽,独断专行,顾此失彼。

(3)导致员工不思进取,缺乏创新和忧患意识。

（4）导致企业内部争权夺利，缺乏凝聚力。

我国许多企业，包括一些国有企业、私人企业，长期以来发展缓慢，打不出名牌，实现不了竞争规模的重要原因之一就是缺乏使企业发展壮大的社会资本，缺乏对人的信任程度和合作精神。很多私人企业的老板管理手段简单粗暴，武断专横。公司管理结构原始落后，用人方式任人唯亲。企业高层管理者对亲朋好友重点提拔，而对圈外人则另眼相看，不予重任，生怕自己的位置被人剥夺。这样的企业怎能招聘人才，留住人才。入世之后中国的职业管理者要意识到信任的基础不能建立在"血缘"、"地域"上，而应该建立在专业化知识与表现上。不管是大鼻子还是小鼻子、黑头发还是黄头发，企业需要的是专业化程度高、热情与激情兼备的职业管理者。

二、论资排辈心理

这种心理是指管理者把资历深浅、年龄大小和辈分高低作为提升和使用人才的主要依据。提拔干部时，不管他有多大才干，机械地按年龄资历从上往下排座次。虽然资历是历史的记录，在一定程度上反映人们的实践经验，但我们不能把它绝对化，既不能把资历与能力画等号，也不能把资历与水平画等号。人的才能高低与工龄长短、资历深浅有着一定的联系，但资历并不完全与实际才能成正比，成反比的现象也并不罕见。管理者用人论资排辈会给组织带来如下危害：

（1）阻碍了大批中青年人才的成长，与现代科学文化发展规律是背道而驰的。

（2）阻碍了人才竞争，挫伤人才的积极性和创造性，使真才实学的人被压抑、埋没，有才难展，有志难酬。

（3）易使资历深、辈分大一些的人滋长居功自傲心理。

人才使用有一个时效问题，一个人的才能不是一成不变的，而是一个抛物线的过程，从才能显现，到炉火纯青，再到才能衰减。一般认为，管理工作的年龄曲线在50岁为峰值年龄；技术工作的年龄曲线在45岁为峰值年龄；科学研究工作的年龄曲线在37岁为峰值年龄。这就要求我们破除论资排辈的旧观念，抓住各类人才的最佳年龄阶段，不拘一格选拔使用人才。

为人才创造一个公平竞争的环境，同时要大胆提拔、破格使用，在使用中帮助他们克服缺点，这样有助于人才的发挥，有助于组织事业的发展。

三、信谗心理

在相当多的组织中，总是有那么一些心术不正的人，为达到卑鄙的目的，采用不正当手法，散布流言蜚语，干扰决策者用人决心和意图。使决策难辨真伪，产生偏信谗言的心理状态。造成的恶劣后果是：

（1）压抑优秀人才，良莠不分。对于兢兢业业、埋头苦干、忠厚老实、不愿逾矩的人予以伤害；对于有魄力、有能力、敢于冲破阻力，开拓进取的人予以伤害。

（2）使组织氛围恶化，抑正纵邪、是非不分、忠奸倒置，好人受气、受屈，心术不正之辈弹冠相庆，使组织舆论导向、价值导向偏离正常组织目标。

（3）损害决策者威信。由于信、纵谗言，导致人际圈子越来越小。

有的企业的决策者就是由于嫉妒心理和信谗心理，把好端端的企业搞垮了，人才大量流失，信誉下降，产品销售不出去，最后只得倒闭。

四、怕担风险心理

在一些人眼里，年轻人办事不牢，个性强的人容易捅娄子，这两种人被提拔进管理班子总是不那么容易通过。尤其在一些国有企业里，年轻人即使进了班子也是往后排，个性较强的"野马"进班子也就更难。怕担风险的另一表现是用人不讲时效。研究证明，很多脑力劳动者，其工作早期是最富有效率的年代，这些人到40岁以后，年龄和成就之间往往出现了反比关系。遗憾的是，这些研究成果并未引起用人单位的足够重视，在一些人的眼里，30

岁属"嘴上无毛"之列，40岁还是"嫩扁担"一根，硬是要等到人家"老"了、"成熟"了以后才给提拔。可悲！

以上几种不良心理状态是管理者在用人过程中很容易出现的，管理者要克服种种不良的心理状态，牢记用人以公，选拔人才使用人才都要出以公心，为了组织的长远利益和发展，而不是为了自己或小团体的利益，这样才能为组织发展储备丰富的人才资源。

玩弄权术是用人的忌讳

管理之道，唯在用人。人才是事业的根本。杰出的管理者应善于识别和运用人才。只有做到唯贤是举，唯才是用，用人以诚才能在激烈的社会竞争中战无不胜。

管理者在用人过程中要讲究谋略，但是讲究谋略并不等于玩弄权术。对人才玩弄权术是对人才的最大伤害和不尊重，是对人才的浪费，长期这样迟早会使管理者人心背离，给组织发展带来损害。对人才玩弄权术主要表现在以下8个方面：

（1）明升暗降，利用手中权力巧妙地夺取实权。

（2）以邻为壑，向下级转嫁困难和灾祸。

（3）声东击西，假意威胁某甲的职位，实则夺取某乙的职位。

（4）浑水摸鱼，局势混乱趁机扩充自己的实力。

（5）收买人心，用不正当手段骗取大家的信任。

（6）以怨报德，借用优秀人才的力量发迹，然后再整倒人才。

（7）以利诱人，用不正当手段拉拢下属，诈骗他为自己效劳。

（8）为所欲为，不择手段地达到自我欲望的满足。

上司对下属使用以上这些权术都会极大地伤害人才的自尊心和自信心，同时其他的下属也会因此而鄙视或者害怕你、在以后的工作中事事防范你，一旦下属对你的人品产生怀疑，你的威信也会大大降低。

用人以长，容人之短

任何一个组织都是众人的集合，有才华出众者，有泛泛如众者，有八面玲珑者，有谨小慎微者，等等。真可谓各色人等，长短不一。用人问题的关键在于，要用人之长，这是管理者用人的眼光和魄力之所在。现代管理科学的管理理念是，一个人的短处是相对存在的，只要善于激活他某一方面的长处，那么这个人则可能修正自我，爆发出惊人的工作潜能。

其实在高明的管理者眼里，没有废人，正如武功高手，不需名贵宝剑，摘花飞叶即可伤人，关键看如何运用。

在一次宴会上，唐太宗对王珪说："你善于鉴别人才，尤其善于评论。你不妨从房玄龄等人开始，都一一做些评论，评一下他们的优缺点，同时和他们互相比较一下，你在哪些方面比他们优秀？"王珪回答说："孜孜不倦地办公，一心为国操劳，凡所知道的事没有不尽心尽力去做，在这方面我比不上房玄龄。常常留心于向皇上直言建议，认为皇上能力德行比不上尧舜很丢面子，这方面我比不上魏征。文武全才，既可以在外带兵打仗做将军，又可以进入朝廷搞管理担任宰相，在这方面，我比不上李靖。向皇上报告国家公务，详细明了，宣布皇上的命令或者转达下属官员的汇报，能坚持做到公平公正，在这方面我不如温彦博。处理繁重的事务，解决难题，办事井井有条，这方面我也比不上戴胄。至于批评贪官污吏，表扬清正廉署，疾恶如仇，好善乐施，这方面比起其他几位能人来说，我也有一日之长。"唐太宗非常赞同他的话,而大臣们也认为王珪完全道出了他们的心声,都说这些评论是正确的。

从王珪的评论可以看出唐太宗的团队中,每个人各有所长;但更重要的是唐太宗能将这些人才依其专长运用到最适当的职位,使其能够发挥自己所长,进而让整个国家繁荣强盛。

未来企业的发展是不可能只依靠一种固定组织的形态而运作,必须视企业经营管理的需要而有不同的团队。所以,每一个管理者必须学会如何组织团队,如何掌握及管理团队。管理者应以每个下属的专长为思考点,安排适当的位置,并依照下属的优缺点,做机动性调整,让团队发挥最大的效能。最糟糕的管理者就是漠视下属的短处,随意任用,结果就会使下属不能克服短处而恣意妄为。也就是说,一位不能够明白下属短处的管理者,也不能够明白下属的长处,这是善于洞察下属的管理者力戒的用人误区。如果说,只看到下属的短处而将他抛弃的管理者好比瞎了一只眼睛的盲人,那么只使用下属的短处的管理者则好比瞎了两只眼睛的盲人——成了一个真正的瞎子!

察人所短,因人而用

人之才性,各有长短。宋代司马光总结说:"人之才性,各有所能,或优于德而啬于材,或长于此而短于彼。"用人如器,各取所长。这是现代管理者的最基本的管理才能。假如你是一位企业管理者,对待如下不同类型的下属,应当采取不同的用人之道,使他们克服短处,各有特长,为组织发展增添人力资源:

(1)知识高深的下属,懂得高深的理论,可以用商量的口吻。

(2)文化低浅的下属,听不懂高深的理论,应多举明显的事例。

（3）刚愎自用的下属，不宜循循善诱时，可以用激将法。

（4）爱好夸大的下属，不能用表里如一的话使他接受，不妨用诱兵之计。

（5）脾气急躁的下属，讨厌喋喋不休的长篇说理，用语须简要直接。

（6）性格沉默的下属，要多挑逗他说话，不然你将在五里雾中。

（7）头脑顽固的下属，对他硬攻，容易形成僵局，造成顶牛之势，应看准对方最感兴趣之点，进行转化。

在这里，实际上提出了"管理者用人的前提是如何察人"的问题，做到既要察人所长，用人之长，又要察人所短，因人而用。

对一个人才来说，性情为人也许是天生的。但作为管理者却能够"巧夺天工"地运用他，使之能够既显其能，又避其短。以下是10条用人的经验之谈：

（1）性格刚强却粗心的下属，不能深入细致地探求道理，因此他在论述大道理时，就显得广博高远，但在分辨细微的道理时就失之于粗略疏忽。此种人可委托其做大事。

（2）性格倔强的下属，不能屈服退让，谈论法规与职责时，他能约束自己并做到公正，但说到变通，他就显得乖张顽固，与他人格格不入。此种人可委托其立规章。

（3）性格坚定又有韧劲儿的下属，喜欢实事求是，因此他能把细微的道理揭示得明白透彻，但设计到大道理时，他的论述就过于直露单薄。此种人可让他办具体事。

（4）能言善辩的下属，辞令丰富、反应敏锐，在推究人事情况时，见解精妙而深刻，但一涉及根本问题，他就说不周全容易遗漏。此种人可让做谋略之事。

（5）随波逐流的下属不善于深思，当他安排关系的亲疏远近时，能做到有豁达博大的情怀，但是要他归纳事情的要点时，他的观点就疏于散漫，说不清楚问题的关键所在。这种人可让他做低层次的管理工作。

（6）见解浅薄的下属，不能提出深刻的问题，当听别人论辩时，由于思考的深度有限，他很容易满足，但是要他去核实精微的道理，他却反复犹豫没有把握。这种人不可大用。

（7）宽宏大量的下属思维不敏捷，谈论精神道德时，他的知识广博，谈吐文雅，仪态悠闲，但要他去紧跟形势，他就会因为行动迟缓而跟不上。这种人可用他去带动下属的行为举止。

（8）温柔和顺的下属缺乏强盛的气势，他去体会和研究道理就会非常顺利通畅，但要他去分析疑难问题，他就拖泥带水，一点也不干净利索。这种人可委托他执行上级意图办事。

（9）喜欢标新立异的下属潇洒超脱，喜欢追求新奇的东西，在制定锦囊妙计时，他卓越的能力就显露出来了，但要他清静无为，却会发现他办事不合常理又容易遗漏。这种人可从事开创性工作。

（10）性格正直的下属缺点在于好斥责别人而不留情面；性格刚强的人缺点在于过分严厉；性格温和的人缺点在于过分软弱；性格耿直的人缺点在于过分拘谨。这三种人的性格特点都应主动加以克服。所以可将他们安排在一起，借以取长补短。

金无足赤，管理者对人才不可苛求完美，任何人都难免有些小毛病，只要无伤大雅，何必过分计较呢？最重要的是发现他最大的优点，能够为企业带来怎样的利益。

现代管理学主张对人实行功能分析："能"，是指一个人能力的强弱，长处短处的综合；"功"，是指这些能力是否可转化为工作成果。宁可使用有缺点的能人，也不用没有缺点的平庸的"完人"。

人心各异，方法有别

所谓性格，是指人对客观现实的稳固态度以及与之相适应的惯常的行为方式中表现出的个性心理特征。性格是一个人个性的核心，它直接影响到人的行为方式，进而影响到人际关系及工作效率。因此，在管理过程中，根据人的不同性格采用不同的管理方式是提高管理水平的重要手段。俗话说，"人心不同，各如其面"。人与人之间性格差异很大。一般来说，有几类人的性格较为突出，也比较难管理，下面分别做出介绍，为管理者提供借鉴。

一、脾气暴躁、常与人结怨者

某君自卑感很重。他在工作中表现很认真，也很执著，但不顺利时，他总认为是其他人故意刁难他，为此经常大发雷霆，甚至到领导那里"投诉"，造成办公室火药味浓重，人际关系紧张，直接影响了其他人的工作情绪。

当这类情绪激动、怒气冲冲的员工跑到你办公室"投诉"时，你首先应让他们坐下来，然后仔细聆听他们的谈话，不要发言，因为他们在激动时所说的话往往是杂乱无章的、未经组织的，让他们把事情的经过说完，或者在一定程度上说，是让他们宣泄完愤怒的情绪，相对冷静下来之后，再来表示你的处理方法。你不必试图改变一个脾气暴躁的人，也不要敷衍他们，更不能从中转换话题。虽然任何一个公司的纪律都不会要求改变员工的不良性格，但你必须告诉他们，动辄发脾气的人感情上通常不够成熟，要教会他们学习控制自己的情绪，并强调公司不赞成以乱发脾气的方式来解决问题。也可以尝试着给他们安排一些多见文件少见人的工作，鼓励他们多参与同事们的活动，让他们知道他们是跟大伙儿同一阵线的，没人愿意也没有人能阻碍他的工作。

二、自尊心极重、感情脆弱者

这类人多是一些职位较低的年轻女性,她们大部分刚踏出校门,对纷繁复杂、竞争激烈的社会不太适应。管理者几句提醒她们的话,听在她们耳中,就像被老师当众责骂,心中极为不安,无形中产生了一股压力,对工作丧失信心和兴趣,甚至产生跳槽的念头和行动。

具有这类性格的员工,一般表现比较拘谨,她们总喜欢绷着脸,紧张地工作,遇到困难时诚惶诚恐,对上级说话时语调总是战战兢兢。对待此类员工,说话时措辞要小心谨慎,尽量避免从个人角度出发,多强调"我们"和"公司"。在批评她们工作中的问题时,必须多顾及她们的自尊心。一丝温和的笑容,一句关切的问候,都会增加她们的安全感和自信心。在平时例行的工作中,不妨把握机会称赞她们的表现。再三的鼓励或许让你都感到自己唠叨,但对她们来说却是很受用的,而且有种被重视的感觉。同时,应该让她们明白,在工作中发生错误时,可能是多种原因造成的,不一定与个人能力有关。因此,不必为此感到沮丧和丧失信心。

三、消极悲观、缺乏自信者

公司召开会议、讨论某项新建议时,有人提出反对是正常的。但你可能会发现,在你的公司里有这样一类人,他们不管提出的建议是什么,从不进行深入的思考,总是一味地阻挠和反对,这不仅会阻碍公司的变革,而且破坏了公司创新的氛围。因此,你必须深入分析他们反对的真正原因。有些人只是因为他们消极悲观,缺乏信心,担心失败。如果你发现某位员工一贯努力工作,对公司忠心耿耿,而且还颇有业绩,只是有些缺乏信心,你可以给他机会,培养他的自信心。例如,你可以找他谈谈你的新计划,让他负责实施。起初,他可能犹犹豫豫,面露难色。此时,你可以请他不要对任何事都采取否定的态度,应该提出积极而且有建设性的意见。如果他怀疑该项计划的可行性时,你就鼓励他找出可行的方法,并且全力帮助他实施,让他体验变革的乐趣及由此获得的成就感。当然，你不要企图使消极、悲观的人一下子变得积极、乐观。你只能让他了解你是个乐观进取、凡事采取积极态度的人，尤其是接洽一项艰巨的工作时，更应以肯定且乐观的态度对待。如果他一向尊重你，多少也会被你感染而产生信心。

四、溜须拍马、阿谀奉承者

在许多地方，常可见到溜须拍马、阿谀奉承者，他们经常称赞你，且附和你所说的每一句话。如果有这种员工，就必然有爱戴高帽子的上司。尽管各位管理者都会表白自己明智、有自知之明和不介意下属批评，但人们总是喜欢被表扬。有些管理者认为，只要自己不为他们的吹捧而迷惑，他们的表现也不差，就可以任由他们继续奉承下去。但事实上，你的态度，会使他们感觉你默认了这种吹捧，不仅会强化他们的这种行为，还会使他们轻视你，降低了对你的尊重。对待这种下属，在与他们沟通时，无须太严肃地拒绝他们的奉承，也不要任由他们随意夸张。当他们向你卖弄奉承的本领时，你可以说："你最好给自己留一点时间，考虑新的计划和建议，下次开会每个人都要谈自己的意见。"

五、善于表现、急功近利者

下属中，总不乏雄心万丈、积极进取之人，甚至你能感觉到下属的目标直指你的职位，许多管理者因此而忌才。但是，对待这些急功近利者却不能忽视。因为这种人往往为了个人利益不择手段，影响其他员工的工作情绪和进度，造成人际关系紧张。与急于表现自己的下属沟通，切忌使用单刀直入式，免得让他产生你忌才的错觉，而不接受你提出的任何建议。你可以认真聆听他的建议，适当称赞他的表现，表示你对他有某种程度的赞赏。得到你的称赞，他一定会进一步表现自己，那时你可以漫不经心地告诉他："凡事都得按部就班，这样才会对其他员工比较公平，如果其他人比你更急时，你能否容忍他像你现在这样牵着别人鼻子走吗？"你的语调要像平常说笑般轻松，既不伤害他的自尊心，也让他设身处地为其他人想一想。

六、郁郁寡欢、以为怀才不遇者

这种下属常为自己的才华不能受到重视而终日叹息，缺乏工作热情和积极性。对待这种员工，千万别用类似的打击性语言："你有多少才能呢？像你这样的人，随便可以找到。"这种语言会使他们感到被轻视，变得更加郁郁寡欢。平日对他们要热情，这样会使他们有被尊重、重视的感觉。交代给他们的任务，事后一定要认真过问，如果做得好，别忘记称赞两句。尽管他们在公司里只不过是些小角色，但也可以偶尔邀请他们参加重大会议，鼓励他们勇于发言，并经常给他们提供参与的机会。如果他们同时感觉到机会面前人人均等，他们会更加努力工作的。

总之，虽与有"问题"的下属在沟通和相处方面都会有困难，但作为管理者，必须在可能的范围内，尝试了解他们的性格，并进行因人而异的管理，而且要牢记这项工作是非常需要时间和讲究方法的，不可操之过急，否则，将会适得其反。

放手让下属去干，会有意想不到的成就

《吕氏春秋》记载，孔子的弟子宓子贱，奉鲁国君主之命要到亶父去做地方官。但是，宓子贱担心鲁君听信小人谗言，从上面干预，使自己难以放开手脚工作，充分行使职权，发挥才干。于是，在临行前，主动要求鲁君派两个身边近臣随他一起去亶父上任。

到任后，宓子贱命令那两个近臣写报告，他自己却在旁边不时去摇动二人的胳膊肘，捣他们的乱，使得整个字体写得不工整。于是，宓子贱就对他们发火，二人又恼又怕，请求回去。

二人回去之后，向鲁君抱怨无法为宓子贱做事。鲁君问为什么，二人说："他叫我们写字，又不停地摇晃我们的胳膊。字写坏了，他却怪罪我们，大发雷霆。我们没法再干下去了，只好回来。"

鲁君听后长叹道："这是宓子贱劝诫我不要扰乱他的正常工作，使他无法施展聪明才干呀。"于是，鲁君就派他最信任的人到亶父对宓子贱传达他的旨意：从今以后，凡是有利于亶父的事，你就自决自为吧。五年以后，再向我报告要点。宓子贱郑重受命，从此得以正常行使职权，发挥才干，亶父得到了良好的治理。这就是著名的"掣肘"典故。古人对此事赞许道："此鲁君之贤也。"

古今道理一样。管理者在用人时，要做到既然给了下属职务，就应该同时给予与其职务相称的权力，不能大搞"扶上马，不撒缰"，处处干预，只给职位不给权力。

在这方面做得最出色的是齐桓公的"凡事问管仲"。

有一次，晋国派使者晋见齐桓公，负责接待的官员向齐桓公请示接待的规格。

齐桓公只说了一句话："问管仲。"

接着，又来一位官员向齐桓公请示政务，他还是那句话："问管仲。"

在一旁侍候的人看到这种情形，笑着说："凡事都去问管仲，照这么看来，当君主蛮轻松的吗？"

齐桓公说："像你这样的小人物懂什么呢？当君主的辛辛苦苦网罗人才，就是为了运用人才。如果凡事都由君主一个人亲自去做，一则不可能做得了，再则就糟蹋了苦心找来的人才了。"

"我花那么多的心血找到的人才，"齐桓公接着说，"让管仲当我的臣下。既然交付给他处理，齐国就安泰，我就不应该随便插手。"

网罗人才是一件很辛苦又费力的事，得到真正的人才不易。一旦得到贤良而忠心的人才辅佐，国家就会兴旺安泰。要放手让人才去发挥自己的才干，身为管理者，就不要随便插手干预。正是因为齐桓公的贤明，再加上管仲的大力辅佐，不久之后，齐国就跃居春秋五霸之首。

无论是鲁君，还是齐桓公，他们的话都很值得细细品味。管理者用人只给职不给权，事无巨细都由自己定调、拍板，实际上是对下属的不尊重、不信任。这样，不仅使下属失去独立负责的责任心，还会严重挫伤他们的积极性，难以使其尽职尽力，到头来工作搞不好的责任还得由管理者来承担。

所以，放手让你的下属去施展才华吧，只有当他确实违背了工作的主旨时，你再出手干预，将他引上正轨。只有将下属的积极性全部调动起来，你的事业才能迅速地获得成功。

激起下属的好斗心，才能使他有更大的决心

"间之以是非而观其志"，这是诸葛亮提出的了解、识别人的方法之一。了解、识别人的方法很多，采用通过拨弄是非挑拨离间来了解其立场这种方法，与我们平常所说的无事生非，无中生有，在张三面前说李四的不是，在李四的面前说张三的不是一样，是一种激将法。什么是激将法？简单地说，就是从心理学角度出发，用反面的话激励别人，使之决心做什么事的一种语言表达方式。

一般来说，激将法有如下几种。

一、"明激法"

就是针对对方的心理状态，直截了当给以贬低，用否定的语言刺激，刺痛之、激怒之，使之"跳起来"，从这激将的过程来观察识别对象的真正的志气和志向。

《三国演义》中，周瑜企图假借曹操之手杀掉孔明的时候，孔明采用激将法，揭穿周瑜的诡计。当孔明欣然同意接受断曹操粮草命令时，对鲁肃说："吾水战、步战、马战、车战，各尽其妙，何愁功绩不成，非比江东公与周郎辈止一能……公等于陆地但能伏路把关；周公瑾但堪水战，不能陆战耳。"鲁肃将此言告知周瑜，周瑜愤怒地说："何欺我不能陆战耶！不用他去！我自引一万马军，往聚铁山断操粮道。"肃又将此言告知孔明，孔明将问题挑明，并从抗曹大局出发，笑对鲁肃说："公瑾令吾断粮者，实欲使曹操杀吾耳。"这时孔明正是利用周瑜的自尊心，好胜心强以及不甘落后的虚荣心，故意夸耀自己，贬低周瑜，从而达到自己的目的。

二、"暗激法"

就是不就事论事，而采取隐晦，旁敲侧击的方法去激励下属、刺激下属。

有一次，查尔斯·史考勃手下的一名工厂经理来向他讨教，因为他的员工一直无法完成他们分内的工作。

"像你这样能干的人，"史考勃问，"怎么会无法使工厂员工发挥工作效率？"

"我不知道，"那人回答，"我向那些人说尽好话，我在后面推他们一把，我又发誓又诅咒的，我也曾威胁要把他们开除，但一点效果也没有。他们还是无法达到预定的生产效率。"

当时日班已经结束，夜班正要开始。

"给我一根粉笔，"史考勃说。然后，他转身面对最靠近他的一名工人，问道："你们这一班今天制造了几部暖气机？"

"6部。"

史考勃不说一句话，在地板上用粉笔写下一个大大的阿拉伯数字："6"，然后走开。

夜班工人进来时，他们看到了那个"6"字，就问这是什么意思。

"大老板今天到这儿来了,"那位日班工人说,"他问人们制造了几部暖气机,我们说6部。他就把它写在地板上。"

第二天早上,史考伯又来到工厂。夜班工人已把"6"擦掉,写上一个更大的"7"。

日班工人早上来上班时,当然看到了那个很大的"7"字。

原来夜班工人认为他们比日班工人强,他们当然要向夜班工人挑战。他们加紧工作,那晚他们下班之后,留下一个颇具威胁性的大"10"字。情况显然逐渐好转。

不久之后,这家产量一直落后的工厂,终于比其他的工厂生产得更多。

转变的原因何在?用史考勃他自己的话来说明就是,要使工作能圆满完成,就必须激起竞争,激起超越他人的欲望。

超越他人的欲望!挑战!这是振奋人们精神的一项绝对可靠的方法。

三、"自激法"

就是一味地褒扬对方光荣的过去的状态而不提及其现在,无形中就否定了下属现在的工作,从而激励起对方改变现状的决心。

四、"导激法"

激将法不能只采取简单的否定或贬低,而要"贬中有导",既能激励他的意志,又要指明其奋斗方向。

在用人过程中,采用"间之以是非而观其志",要注意分寸。"反话"容易使人泄气。所以,采用这一识人方法时出发点一定要正确。不是为了整人去挑拨是非,而是为了选拔人才,用是变非,变非是去激被考察者的志向变化,观其在是非曲折中能否承受这样的考验。如果受了一点委屈,被误解就破瓶子破摔,这样的人是成不了大才的。应该有大将风度,不管风吹浪打,胜似闲庭信步。

第7章

人性管理凝聚人心，留住人才带稳团队
——留人心理学

由于多方面的原因，公司或企业中的人才流动已经是司空见惯的现象。员工频繁流动，带来的负面影响是很多的，最主要的是导致人心不安定的局面，队伍松散，人才流失，公司人力资源大量浪费，直接影响到公司的经营和效益。

要想解决人员流动人才流失的问题，首先要留心和观察员工的心理，了解他们要离开公司的各种原因，与员工进行经常性的沟通对话，推行人性化的管理，为员工创造温馨的工作环境，创造亲密无间、互为尊重的人际氛围，使员工产生归宿感、主人翁意识。留住人心才能留住人才，留住人才才能实现公司持久高效的经营。

第7章 人性管理凝聚人心，留住人才带稳团队——留人心理学

多方面的心理抵触导致人才流失

人才流失是令人痛惜的，管理者们在交流的时候，常常抱怨他们在网罗优秀人才的时候是如何的不易，而失去他们却又如同秋风吹落叶一样难以挽回。是同甘共苦之后期权的诱惑突然失效了吗？还是公司的薪资水平已经不再具有市场竞争力？或者公司的管理结构出现了某种可怕的惰性？或者公司的业务方向发生严重偏离以至前景堪忧？当优秀人才提出辞职时，企业领导人既感到突然，又会在脑袋里闪现出很多的问题，但是每个问题都不能确定。优秀人才的流失的确是令人痛惜的，但也促使管理者进行反省。如果能够弄清楚优秀人才出走的真正原因，或许是这种事件发生后的最大收获。优秀人才为什么选择离开？当优秀人才提出辞职后，和他进行一次促膝交心式的会谈，是十分必要和有益的。通过交流，可以了解他们为什么离开以便采取相应对策及时挽留。即使未能留住，也可以帮助管理者发现公司许多隐藏的问题。

优秀人才选择离开，一般可能有以下几种原因。

一、对薪资的心理抵触

对薪资待遇不能满意。对更高水平薪资待遇的追求，是优秀人才跳槽很常见的原因。这种情况的发生一方面可能是由于疏于薪资水平的市场调查，以至公司整体薪资水平失去竞争力。另一方面也可能公司内部人才评核机制出问题，不能有效地根据职员的个人能力及所承担工作的性质做出适应的薪资安排。

二、对工作的心理抵触

对所承担的工作有兴趣是最好的工作动力，具有挑战性并且能够充分发

挥潜力，是众多优秀人才择业时重点考虑的因素之一。相反，一份枯燥乏味的工作，或者与兴趣相左的工作只能桎梏人的创造能力和消磨人的斗志，无论对公司还是对个人都是一种重大损失。如果薪水可观，或许有些人才还能忍受下去，但是大多数人会毫不犹豫地选择离开。

三、对管理方式的心理抵触

对管理方式不满。公司的管理结构和管理方式是公司企业文化的重要组成成分。一个好的管理文化，不应该压制员工的创造性，而应该鼓励员工去做新的尝试；一个好的管理文化，不应该禁止员工自主决策，而应该强调效率；一个好的管理文化，不应该对员工的成绩视而不见，而应该对这种成绩适时给予鼓励。但是大多数企业往往并非如此，它们机构设置复杂，工作人浮于事，官僚习气十足，办事效率低下。在这种环境下，一个优秀的人才是很难有展现才华的机会的，也不能得到经常的肯定。等待晋职的噩梦是如此之长，他们只好选择离开。

四、对企业目标的心理抵触

对公司的目标缺乏认同。良好发展的公司应该具有非常清晰的短期与长期的目标，并且经常安排高层和普通员工参加的聚会，以便通过这种交流，公司上下能够达成一致目标，并且逐渐取得共识，从而拧成一股绳齐头并进。一个商业目标不确定的公司是很难留住人才的，除非它有足够的资金和实力，并且允许优秀人才参与制定公司的发展战略。

五、对个人发展的心理抵触

缺乏个人成就感也是很多优秀员工辞职的原因之一，他们不能容忍总是默默耕耘却没有任何荣誉回报。荣誉对于每一个优秀员工来说，既是必要的酬劳，更是有效的激励，可以使他们以及他们的同事做得更好更出色。个人成就感可以来自很多方面，有晋职上的荣耀，有优越办公条件的气派，也有业务上的开创性和领先性，还有良好的社会反馈以及个人能力的逐步提升。

常年从事单一的工作，或者总是为他人作嫁衣裳，缺乏与外界的交流，这种工作往往会使人们烦躁和情绪低落，从而萌生去意。

让员工产生归宿感是留住人才的根本方法

对于大多数企业管理者来说，留住人才是他们的重要任务之一。但对于员工来说，有时金钱并不是作出选择的唯一条件，工作环境的温馨，工作伙伴的熟悉，工作配合的默契，都对一个人的工作心理状态有影响。其实，每一个人都需要归宿感，让员工拥有归宿感是人的重要原则之一，下面让我们来看看微软、美国西南航空和丰田的做法吧。

美国微软公司是ＩＴ行业的精英人才库，它的成功固然有多方面的经验可以总结，但就其对内部员工的民主化和人性化管理来说，一个不同于其他企业的特色是公司为了方便员工之间以及上下级之间的沟通，专门建立了个四通八达的公司"内部电子邮件系统"，每个员工都有自己独立的电子信箱，上至比尔·盖茨，下到每一个员工的邮箱代码都是公开的，无一例外。

作为微软的员工，无论你在什么地方、什么时间，根本用不着秘书的安排，就可以通过这一"内部电子邮件系统"和在世界任何一个地方的包括比尔·盖茨在内的任何一个成员进行联系与交谈。这个系统使员工深深体验到一种真正的民主氛围。

微软的员工认为，"内部电子邮件系统"是一种最直接、最方便、最迅速、也最能体现尊重人性的工作沟通方式。通过"内部电子邮件系统"，除了上层对下层布置工作任务，员工们彼此之间相互沟通，传递消息外，最重要的是员工可以方便地使用它对公司上层，甚至最高当局提出个人的意见和建议。

微软的"内部电子邮件系统"为公司员工和上下级的交流提供了最大的方便,为消除彼此间的隔阂,保持人际关系的和谐畅通了渠道,为拴住人心、留住人才发挥了极大的作用。

美国西南航空公司在激烈的人才争夺战中,用独树一帜的"最佳雇主品牌形象"吸引和留住了符合企业核心价值观的员工。

"最佳雇主品牌形象"是公司对员工做出的一种价值承诺,一种与客户服务品牌同等重要的内部品牌。在2000年,美国西南航空公司的每一位员工都收到了一份包括保健、财务保障、学习与发展、变革、旅行、联络、工作与休闲、娱乐等八项的自由"个人飞行计划"。该计划将"最佳雇主品牌形象"通过警句的形式传达给广大员工:"西南航空,自由从我开始"。

美国西南航空公司认为每一位员工都是实现自由承诺的要素。他们通过建立"最佳雇主"的内部品牌来激励员工,为员工提供充分的自由,不仅使员工与公司之间产生了强大的亲和力,而且有效地激发了员工创造优质客户服务品牌的热情。该公司员工福利与薪酬总监说:"我们希望通过自由承诺进一步加强优秀人才的敬业精神,'优秀雇主'这一称号使我们在吸引和留用优秀人才方面获得了更大的竞争优势。"

丰田公司的信条是:"雇员总是忠诚于那些忠诚于自己的公司"。为了表明公司命运与员工命运的紧密相系、不可分割,公司以"没有许诺的终身雇用"向员工表明对他们的忠诚。一方面,公司文件和经理的谈话中不断地提到终身雇用。比如团队成员手册中就写道:"终身雇用是我们的目标——你和公司共同努力以确保丰田成功的结果。我们相信工作保障是激励员工积极工作的关键。"

但在事实上,双方并没有签订什么保证书。在团队成员手册中同时清楚地写道:"所有员工同丰田的劳动关系是基于就业自愿原则的。这意味着无论是丰田还是公司雇员,在任何时候,因为任何理由都可以炒对方的鱿鱼。"但是丰田公司的员工都相信他们的工作是有保障的。

有位雇员在接受香港记者采访时说:"公司是永远不会将我们解雇的。即使不景气的时候,我们也将被留在这里,和公司一起渡过难关。"这种自信并非是盲目的。公司总裁多次公开表示,在公司困难的时候,不会裁员,而是将劳动力"重新配置"。"我们将利用这个机会来进一步培训我们的团队成员——我们这样称呼我们的员工。团队成员将利用这个机会来继续提高,而这是他们在繁忙的工作岗位上做不到的。"

丰田公司的一个部门主管说,他已经在这个岗位上干了20多年。他说在这里待这么长时间的主要原因并不是丰厚的酬赏,更为重要的是在这些年的工作时间里,已经建立了自己的威信,确实不想再到别的公司去从头做起了。他感觉他已经在很多情况下对公司做出了影响并且也得到了认可。对他来说,这些事情是比金钱更重要的事情。

他的这段话,真切地反映了人们在基本物质生活得到满足的情况下,将不再把金钱作为主要的工作动机,对大多数人来说,"个人价值的实现"、"受人尊重"远比金钱更重要。

因此,高薪酬并不能买得员工的永久性忠诚,唯有情感的投入才能让员工无法抗拒企业巨大的磁力。

人性化管理,留住员工的心

一个跨国集团撤销了上下班计时用的打卡钟,在公司餐厅里没有专人管理钱物,工厂不设专门的品质监管人员,主管与员工拿同样的生产奖金,还有"出门在外时,生活方式要像在家一样"这样一条不成文的报销规定。

这是许多公司所不能做到的。这个跨国集团就是阿姆斯北,在97年的发展历程中，它由一个几个人的作坊发展到国际性的知名制造商，正是因为始终坚持了人性化的管理风格。它年仅30多岁的新一代领导人大卫深刻地体会到，以命令方式要求别人做事的时代已经过去，他在积极探索建立一个使员工更容易接受新观念的环境。

面对旁人的惊讶，大卫总裁是这样说的："你对员工的态度不是信任就是不信任，如果你要信任他们，就不必将收银机上锁，不需要打卡钟和大批管理员，如果你不信任他们，干脆把他们开除。"

人性化管理风格的实质在于"把人当人看"，企业对员工表示出极大的尊重。任何工作在这种环境中的人都会得到很高程度的心理满足。一个人，哪怕是一个文化水平不高的人，当别人给予他尊重与信任，他难道会自己打破这一现状，证明自己是不值得尊重、不值得信任的吗？

当中国的几乎所有企业为了"节省"费用支出而制定出连篇的出差报销细则，束缚了业务人员的手脚时，阿姆斯北公司既简单又明白的不成文规定伴随着企业的蓬勃发展，这一切都是员工对公司给予信赖的回报。因为既然公司相信员工会自爱，员工就会好好工作而不会把精神花在钻漏洞上。

某公司业务人员绝大多数具有本科以上学历，几乎都出现过由出差引起的不愉快的情况。A（硕士毕业）因公出差，本应周五晚回来，但A周日才回来，是因为A和爱人在出差地会合后又玩了两天。回来报销时，与正常情况唯一不同的是A回程的火车票日期晚了两天。而且A因觉得并没有占公司便宜，把这件事很随意地告诉了部门经理。本以为不是问题，结果是领导谈话、扣工资接踵而来。一提起这件事，他总是显出无可奈何的样子。A不久后离开了公司。

类似的情况在不少公司也有发生。

我们再来看看以下两个事例：

B的爱人是某大使馆的员工，有一次B想带着孩子随爱人一起出差，B

爱人的领导（外国人）当时知道这件事后，不但没有处罚其员工，而且把随行家属的机票也给予报销，甚至特地让他少工作一天来陪随行家属游玩。领导的这一做法使员工和家属十分感动，而且以后该员工就不好意思再带家属出差了，家属也不好意思再跟着了。

C的女友是一家外企的员工。由于她工作非常忙，当两个人准备结婚时，却找不到休婚假的时间。最后两人商定女方单位送她出国培训时，C一起自费出国。当女方单位领导得知这一消息后，主动提出由公司负担男方的往返机票费。这一对新婚夫妇的感觉是可想而知的。

员工成才之时，就是跳槽之日，这个问题困惑着我们很多管理者。对许多企业来说，吸引合适的人才不容易，留住这些至关重要的人才则更不容易。不知我们的管理者是否真正认真地反思过这个问题，难道只是员工对企业不忠诚的结果吗？不要说人心难测，管理者首先要有一颗热诚的心。

不难看出，后两个事例中的员工一定非常热爱自己的企业，珍惜自己的工作岗位，而且这样的企业一定会受到全体员工的拥戴，不管是否有诱人的高薪，企业都将成为吸引优秀人才的强大磁石。

轻易地开除员工只能造成更多人的心理不安

管理者离不开下属。实际上，管理者的业绩往往取决于下属的表现。挑选和培养下属，是优秀管理者的基本技能和责任所在。不过事情总有不遂人愿的时候。那么，在什么样的情形下管理者可以考虑解聘呢？

在员工不能达到期望的时候，不能一味苛责别人或者解雇员工。想一想更有人情味的方法，让下属有机会去学习、去提高、去改变。管理者固然可以按照自己的意愿雇人或者"炒人"，但那些立志成为真正的管理者的管理者，在动用这一重大权力时必须慎之又慎，因为它实在是关乎员工的生活与生计。

一、对偶尔犯错者：多些宽容，开诚布公

管理者解聘员工最常见的原因是某个具体的差错。如果这个差错属于道德败坏问题，解聘就完全理所应当。

然而，优秀的领导人会容忍错误的发生并鼓励下属汲取教训。

20世纪80年代中期，新可口可乐的引入成为曝光度最高的商业失败之一。面对消费者巨大的消极反应，77天之后，传统可口可乐重回市场。尽管大败一场，新可口可乐项目中没有人受到谴责，更没有人被解雇。这个项目的领军人、营销主管齐曼虽然事后离开了公司，但7年之后，他又重回可口可乐，领导全球营销部。公司CEO戈伊木埃塔解释说："不能容忍错误，我们就会丧失竞争力。如果你的出发点就是避免出错，你就走上了无所作为之路。你跌倒，是因为你在前进。"

原谅齐曼的大错，使公司从中汲取教训，是戈伊木埃塔卓越领导力的明证。新可口可乐溃败之后，可口可乐重整营销策略，逐年从百事可乐手中夺回了不少市场份额。

正确对待错误的关键，是要用心良苦地将错误公之于众。如果员工意识到可以对问题进行开诚布公的讨论，他就知道，承认错误、改正错误会得到支持。比起独断、拒斥、惩罚或者解雇，积极的、面对面的交流效果更好。你最终将会看到，业绩、士气和团队精神将因此而大幅提升。

二、对不称职者：教练指导，助其成长

因为整体上不称职而解聘下属的情况很常见。商业上如此，政治上同样如此。

1980年，英国首相撒切尔夫人在组阁之际不得不作出艰难抉择："我让豪威尔和扬从内阁离职。豪威尔作为内阁大臣的缺点在他任职能源部的时候

第7章 人性管理凝聚人心，留住人才带稳团队——留人心理学

就已经显现出来，而他在交通部的表现也证明我的判断没有错。无论是作为反对党还是作为特别委员会主席，他都具有足够的卓越才能，但他缺乏由创造性的政治想象力和实干才能形成的综合素质，这使他不能成为一流的内阁大臣。"

当然，即使下属不称职，一个杰出的领导也应该加以教练和指导，促使他改头换面。进行指导时，尤其要让员工更好地了解他们自身和他们的工作。这可以让他们知道如何改善心态，在面对与业绩相伴而来的焦虑、屈辱和挫折时更讲究方式方法。

如果教练和指导没有达到预期的效果，管理者别无选择，只有裁员。即便如此，管理者本人也要承担部分失败的责任。正像匈奴王阿提拉所说的："首领如果不称职，等级最高的下属也不能接替他。首领失败了，下属也好不到哪去。"

三、对偏离既有模式者：突破教条，鼓励创新

韦尔奇是近20年来最著名的企业领袖。他在职的时候，培养了一大批杰出的管理者人选，密切关注每个人的个人发展，安排他们任职于不同的岗位以获取相关的经验，为他们设定富有挑战性的目标，给他们充分的空间施展才能。据说他还在通用电气设立了一个人才更新系统，让绩效最低的10%的雇员离职。

成功的管理者应该是什么样子，成功的企业应该是什么样子，韦尔奇心知肚明，对于不符合的，则坚决剔除。他因此赢得了"中子弹杰克"的绰号。不管怎么说，杰克也许不能保证你永远不下岗，但他却让你永远有能力上岗。

四、对价值观相异者：协调一致，避免分歧

管理者与下属之间要建立良好关系，保持价值观的协调至关重要。管理者与下属的共同价值观将大体上构成所谓的团队"文化"，也就是这个团体

的处事方式。管理者与下属彼此协调一致的价值观是合理行为产生的基础。如果管理者与下属各自奉为圭臬的信条大相龃龉，必然带来团体的"精神分裂"。

撒切尔夫人因善于塑造和坚持一套毫不动摇的价值观而闻名于世。组建新内阁时，她精心挑选那些与她观念相近的人。决定撤换外交大臣皮姆时，她说："我首先抛下了一个自命为飞行员、但方向感却屡出差错的人。弗朗西斯和我的分歧不仅仅在于政策的导向或者内阁的方针，甚至在于整个的人生观。"

赋予管理者的不光有权力，还有重大的责任。权力之一就是解雇属员。除了少数没心没肺、根本不是什么好领导人的家伙之外，解聘下属总是令人不快和苦恼的。虽然从团体的整体利益来看，解雇一个员工可能合情合理，但也总让人质疑：管理者是否同样应该承担下属工作不力的部分责任。

如果一个管理者是以改革者的身份上任的，他将不得不"炒"掉一批人。然而，做不得不做的事情并不是一个杰出管理者的风范。一个真正杰出的领导人，会带领那些制造了当前困境的同一班人马，突破危局、力挽狂澜。

合适的解雇方法要以保护员工自尊心为基础

27岁那年，格雷格·苏德兰斯被解雇了。刚从大学毕业，他就在芝加哥附近一家卖酒的公司当销售助理。苏德兰斯开着那辆"现代奏鸣曲"汽车整日奔波于74号州际公路，把一箱箱酒卖给酒店，每周工作35个小时，领着约4万美元的年薪。但不管工作多么拼命，他从未完成过定额。终于，在一个寒风刺骨的夜晚，上司把他叫到了后台办公室。苏德兰斯甚至还未坐下，一位上司就开始大叫大喊，责备他妨害了经营利润，还对苏德兰斯的职业道德心存怀疑,并满腹狐疑地问他对于竟然能够保持这份销售工作有何想法,然后说:"你被开除了!"另一名主管自始至终保持沉默,等到同僚说完了,他拍拍苏德兰斯的肩膀,说了几句鼓励的话,然后就叫他走人。根本没有解雇金或是离职面谈。

现年33岁的苏德兰斯说:"我永远不会忘记那天的感受。不到5分钟,他们完全击溃了我的自尊心。即便那位较友善的主管也让我觉得自己如同废物。这绝不是叫员工走人的方式。"

苏德兰斯说,昔日的痛苦记忆给了自己这种启示——怜悯、诚实而不失尊严地解雇自己的员工。1997年,作为国际盖特韦通信公司的IT经理,因为业绩问题他不得不解雇一名技术员。在解雇的同时,他还为这人提供了新职业介绍咨询服务、一笔丰厚的解雇金及介绍未来职业的推荐信。

如何正确解雇员工是很多管理者都不具备或不愿意煞费苦心去培育的一项技能。可对那些留下来的人及走掉的人来说这很重要。如果解雇方式得当,员工会伤心而不是愤然离开。如果弄得一团糟,就会自断退路、使留下来的人感到惊恐并对将来招聘员工十分不利。

人们似乎通常认为,解雇表明组织与管理出现问题,因为过于敏感,所以不愿讨论。但作为管理的一部分,解雇员工与招聘、雇用与留住员工同样重要,是管理一定要学会的行为准则。解雇员工是个敏感的问题,但并不意味着管理者可以不理不睬。不失尊严地解雇员工需要慎重、牺牲与技能。这并不总是很容易,但可以做好。

以下介绍三种解雇员工的方法。

一、纠正训练

第一步是找出有问题的雇员,然后通告他们没有尽职。管理者应该亲自与该员工面对面地交流。许多公司制定有特殊计划,旨在让员工了解成败攸关时期的重要性。格林莱特公司人力资源总监的普尼特·巴辛开展了一项他称之为"业绩改善计划"的方案,希望把边缘雇员从边缘拉回来。诸如此类的计划通常被称为进步训练或纠正训练。它们的中心内容是设置一段察看期以观察表现不佳的雇员,此间的所有工作活动都被记录在案。这种记录法以人道的方式给员工施加了压力。通过制定一个不太高的目标让员工争取完成,表明公司并非一心想把他们逼上绝路。反过来,这些员工或许会看到恢复好名声的一条康庄大道。然而,倘若他们仍然没有改善业绩,就为解雇提供了理由。

二、"暗示—询问—解雇"

被解雇从来不是件舒服的事,但"暗示—询问—解雇"的方法依据这样一种观念:如果某人已经料到会听到坏消息,那么告诉他就比较容易。解雇通常以这一问题开始:"从对你进行察看以来你觉得你的业绩如何?"大多数时候,员工都知道自己的表现不尽如人意,回答时就知道自己即将被解雇。这时,再证实这种怀疑:"是的,你想的没错,你将失去工作。"话一说完,再立刻提出另一个问题:"对此你怎么看?"

接着雇员通常会表示悲伤,但不会表示愤怒,当他们开始担心即将被解雇时,他们却更容易接受这种不可避免的事情。通常如果加以恰当提示,大多数人都能认识到将发生可怕的事情。出于某种原因,承认这种现实能够消除最初的痛楚。

三、劝说法

高科技咨询公司ＳＥＩ采取了另一种手法,力求减轻解雇造成的心理打击。开除工作表现差的员工前,ＳＥＩ的高层主管会竭力说服他们辞职。人力资源主管罗德·鲍斯韦尔说,这种方法使雇员能够不失尊严地离职,因为决定命运的正是他们自己。这种办法没有痛苦地获得了所需结果。举例说,由于一位年轻的程序设计员一再拒绝佩戴公司编号,鲍斯韦尔告诉这年轻人:如果不首先辞职,他将被公司开除。结果,那人当天就跳了槽。

一些公司则尽量设法避免解雇员工。柯达公司的信息总监托马斯·奈斯沃纳与其人力资源部门的代表一道制订了一项雇员再培训与再指派计划，以便留住那些处境如同走钢丝般岌岌可危的员工。

解雇员工的时候态度温和极其重要。在解雇时看似无情或高兴的管理者会有招致臭名声的危险。如果解雇时不顾对方的尊严，任何一名雇员都可能在背后议论雇主的过去，从而暗中破坏其目前的工作。解雇时毫不留情留下的恶名不仅会疏远现有的雇员，还会把未来的求职者吓跑。关键在于一开始要处理好。解雇员工可能会影响管理者的名声，但如果善待员工、怜悯而不失尊严地对待他们，你就没必要担心自己的名声。

第8章
给员工输送新鲜血液，让团队从优秀到卓越
——培训育人心理学

现代社会已经进入了后工业时代，知识经济、信息经济的提法也越来越开始得到各方面的承认。培训是这种急剧变化的基石之一，培训通常被看成是传播具体知识以取得胜任一定任务的能力。通过培训，可以增强员工的人际交往技能，增强专业技能，可以使新员工迅速适应现实的工作，缩短适应期。但是在现代，对员工进行培训只能在几年内缩短技能差距，一旦对员工的培训计划有所忽视，员工很有可能迅速地落伍。在正确采取行动并进行计划时，管理者都认识到培训的好处是至关紧要的。

第8章 给员工输送新鲜血液，让团队从优秀到卓越——培训育人心理学

培训的含义

培训和开发活动，是人力资源管理的重要组成部分，是维持整个组织有效运转的必要手段。及时地、连续地、有计划地培训和开发组织内部的人力资源，是保持和增进组织活力的有效的途径。

培训是一个自治采取的促进内部成员学习的正式步骤，目的是改善成员行为，增进其绩效，更好地实现组织目标。培训管理从某种意义上说，是一个组织学习活动和提高学习效率的过程，是企业管理者和培训专家依据组织战略目标制定培训政策、筹划培训项目，并付诸实施的过程。从不同侧面看，培训有不同的含义。

一、为实现组织目标服务

从培训开发和组织目标的关系看，培训过程首先应当有利于阻止目标的实现。培训不是一种时尚，为培训而培训是不会收到良好效果的，必须从组织的功能着手，找出对员工进行培训的具体目标。如果一种培训活动不能对组织目标产生积极的影响，就没有理由开展培训活动。必须考虑的另一问题时，对员工的培训和开发，必须是实现组织目标的有效途径。与可以帮助实现组织目标的其他方法和途径相比，要考虑培训是不是成本最小，或者障碍最小的方式。再者，既然要求培训支持组织目标的实现，那么培训活动应该从什么角度帮助实现组织目标？帮助的程度究竟有多大？这也是必须认真分析和解决的问题。因此，当组织实施一项培训计划的时候，必须详尽准确地分析培训所耗费的成本，所能取得的收益。这会纠正实际培训工作的偏差，使组织的培训活动有效地促进组织目标的实现。

二、员工培训和开发活动是员工职业发展的推动器

现代人力资源管理认为,员工作为组织成员,不但要为实现组织目标而努力,同时也要努力使自己的人力价值增加,使自己的职业能力增加,把自己推向更高的职业发展阶段。为此,必须有一种可行的心理契约,即个人对组织的期望与组织对个人期望的承诺之间,需要一种心理契约,这是组织凝聚力赖以形成的基础。培训和开发活动强化了这种心理契约;真正有效的员工培训活动不仅能够促使组织目标实现,而且能够提高员工的职业能力,拓展他们的发展空间。因此,培训和开发活动是员工职业发展的推动器。

三、培训是一种管理工具

不论何时何地,都应当把培训看成是一种管理手段,而且是一种有效的管理手段,因为它不是在消极地约束人的行为,而是在积极地引导人的行为。世界各地的企业每年培训开发活动的经费数以百万计,对这些巨额支出的效果,必须依据能否达到进组织所需要的工作能力决定。管理者期望通过培训和开发活动促进组织目标的实现,这一过程必须通过影响员工在特定工作情景下的行为选择完成。如果说接受培训之后的员工工作绩效有所提高,那就是通过行为目标和方式的改进实现的。把职工培训看成是一种管理工具,也就是要通过培训员工塑造员工的合理行为。

四、员工培训和开发是一种重要的投资方式

与传统的人事管理不同,现代人力资源管理把员工视为一种资源。许多高科技公司没有巨额的物质财富,但拥有具有先进科技开发能力,娴熟管理技巧的员工,这些是公司赖以生存发展的最宝贵的资源。这种公司的发展壮大是难以阻挡的。微软等企业的成长已证明了这一点。企业的培训和开发活动,在增加受培训者人力价值的同时,也使企业所拥有的人力资本得以增加。在知识经济时代的信息社会里,企业资产的增加不仅意味着物质资产规模的扩大,更重要的是资本增值能力的提高,以及对物质资本吸引力的增

加。而这些，离开人力资源都办不到。许多著名的跨国企业之所以舍得对员工培训进行大规模的投资，正是因为意识到了这一点。在未来的企业竞争中，对人力资本的投资包括员工培训投资，将是更有潜力、更有收益的投资方式，是保持竞争优势和提高竞争地位的重要手段。

员工培训的类型

不同的培训对象和培训内容，需要不同的培训方式，从而形成了不同的培训类型。实际工作中，培训的类型多种多样，并随时间的发展而丰富。其中，从培训内容出发进行培训类型划分，在实际工作中特别重要。

培训内容的一般分类

员工培训的完整内容是，通过各种引导或影响，从知识，技能，态度等方面改进职工的行为方式，以达到期望的行为标准。

一个公司的员工培训工作，应包括三方面的内容：

（1）知识培训。通过这方面培训，应该使员工具备完成本职工作所必需的知识，包括基本知识和专业知识。还应让员工了解公司的基本境况，如公司的发展战略、目标、经营状况、规章制度等，使员工能较好地参与公司活动。

（2）技能培训。通过这方面培训，应该使员工掌握完成本职工作所必备的技能，包括一般技能和特殊技能，如业务操作技能、人际关系技能等，并培养开发员工这方面的潜力。

（3）态度培训。员工的工作态度对员工士气及公司影响甚大。通过这方面的培训，应该树立起公司与员工之间的相互信任，培养员工的团队精神，培养员工应具备的价值观，增强其作为公司一员的归属感和荣誉感。

培训内容的具体分类

知识，技能，态度，是培训员工工作的三大内容。每一个方面的内容，又可以进行具体划分。其中关于技能内容的划分，对培训工作有直接的指导作用。

（1）最高层管理人员技能培训。培训内容主要是领导艺术培训，包括如何指导下属就职，如何完成特殊委派等;同时，也培养最高层的管理技能，如转变管理体制和制定战略决策的方法等。

（2）经理技能培训。培训内容包括决策计划技能和交流协作技能;时间管理，项目管理，辅导员工，制定工作目标和指导下属等。

（3）主管技能培训。培训内容包括基本人际交流技能，执行政策，辅导雇员，时间管理等。

（4）职业技能培训。培训内容包括各科专业技术培训，处理紧急情况的技能培训，计算机技能等专项技能（如财务，采购，工程）培训等。

（5）行销技能培训。现代企业注重营销工作，因而营销技能培训受到普遍重视。其内容包括培训销售人员，介绍新产品，提高销售营销经理的规划能力和市场调查能力等。

（6）安全和健康培训。目的是在降低劳动保护成本的同时，确保工作场所的安全和人员健康，其内容越来越多地涉及如何处理工作压力和建立健康的工作生活方式。

（7）新员工上岗技能培训。是为确保新员工有一个良好开端而进行的工作技能培训。设计的内容可以小到工作场所和操作方式的基本介绍，大到介绍公司文化的方方面面。

第8章 给员工输送新鲜血液，让团队从优秀到卓越——培训育人心理学

培训的方式

员工培训作为一种特殊的学习活动，有着特定的规律;掌握这些规律，对于提高培训活动的效率具有重要意义。从总体上看，在员工培训工作中，应该注重如下几个方面。

一、明确目标

人们的行为目标规范着他的行为方式。一般说来，高标准的目标总是比低标准的目标更容易导致高水平的绩效。因此，培训者的一个重要任务，是使受训者认同培训项目的目标。在实际操作中，有一些问题尤其需要注意。首先，从培训开始起，就要注意在每个关键时刻向被培训者传达学习的目标，建立起一种目标导向的学习模式;其次，在设计目标时要注意难度，一方面需要受训者花费气力方能达到，另一方面也不要过难，使受训者无法达到。这样的培训项目才既有挑战性，又不致使受训者产生挫折感，影响员工的学习信心。为此，常常需要将整体目标分解为一个个子目标，通过小测试或样本工作任务的事实，使员工不断保持成就感。

二、行为示范

人们通常通过设立榜样来表明什么是理想的和恰当的行为模式。如果榜样的行为能得到某种奖励和补偿，必然会强化与榜样类似的行为。在员工培训中，为了增加受训者对榜样的认同感，必须注意所树立的榜样与学习这个方面的人条件相似。最好使用关键行为表，对榜样的行为进行清楚和详细的描述。示范行为应从易到难，而且要有一定的重复率。

三、事实材料

事实材料能使受训者产生丰富的联想，有利于受训者理解和接受培训内容。因此，应首先概述培训主题，使受训者理解培训活动中相关题材之间的

联系；然后尽可能使用较多的受训者熟悉的事例来讲授材料，以使学习要点鲜明生动。

四、亲自实践

积极地实践是掌握所学知识和技能的重要环节。虽然这种做法会增加培训成本，但是只有通过充分的实践活动，员工所学的行为方式才能成为自然的行为习惯，才能确保受训者真正掌握所学内容。在培训的初期，培训者应该直接监督受训者的实践活动，以及时纠正受训者的偏差，防止其错误固定化。通过培训者的指导和调整，使员工所学的内容成为一种条件反射，这对受训者实现从学习到实践的转换是很有意义的。

五、效果反馈

反馈也是增强培训效果的重要一环。员工应该在其行为发生后及时知道后果，并能够将行为与结果两者紧密地联系起来。反馈的重点是告诉受训者何时何地以何种方式正确地完成了何种工作。

反馈的方式是：

（1）直接给受训者有关某行为正确与否的信息。从而提高调整今后行为的依据。

（2）强调他人对自己学习的关注，以增强学习的动力和信心。

（3）反馈要及时，以防止受训者混淆行为因果之间的联系。

在实践中，还要处理好正向反馈和负向反馈的关系。正向反馈给予补偿，目的是强化受训者正确的行为。最有效的补偿来源是受训者的直接上司。负向反馈则是惩罚，它会导致对某种行为的抑制。在培训过程中，惩罚往往会引起受训者强烈的挫折感。

第8章　给员工输送新鲜血液，让团队从优秀到卓越——培训育人心理学

培训的方法和技术

培训的方法和技术多种多样，它们应用的广泛程度也有一定的差别。表8-1是美国拥有100名以上员工的100个企业对培训手段的调查结果。

表8-1　培训手段及其应用程度

培训方法	使用这种方法的组织所占的比重（%）
录像带	2
演讲	90
一对一教学	79
角色扮演	62
游戏	54
录音带	51
幻灯片	46
电影	43
案例研究	41
自我评价	41
非计算机的自学	27
多媒体	7
远程电话会议	11
远程可视会议	10
计算机联网会议	3

各种培训方法的特点有很大差别。采用教师演讲方法进行培训，可以迅速而有效地传达知识，但是这种方法有单向沟通的缺点。如果教师不能注意到受训者在学习能力、方式和兴趣方面的差异，如果没有重视受训者的反馈，就不容易受到好的培训效果。

近年来，各种高科技手段在培训中的作用日益显著，如远程培训。远程电话会议的特点是教学双方无法看到对方，但是可以通过声音进行交流。远程可视会议的特点是为受训者和教室配备电话和话筒，学员和远方的教员进

行交流时，不仅能够听到对方的声音，还可以看到对方的表情和演示。可视电话的出现为远程培训提供了良好的条件。

另外，运用计算机和多媒体的培训也在普及。计算机辅助训练可以进行高度的仿真模拟。这种以计算机为基础的培训方式有很多优点。一是它便于根据受训者的不同要求对培训内容进行剪裁；二是生动的界面容易提高受训者的参与程度；三是声音和图像相结合，便于说明学习要点。当然，这种培训手段的缺点也很明显，那就是成本比较高。但是，这种培训手段也有降低成本的余地，因为它不需要受训者的空间转移，减少了脱产培训的时间和公司旅行费用。

除此之外，各种实际模拟的培训方法也在推广。模拟方法经常在培训如何处理复杂情况的技能时使用。如商业游戏，由几个员工或员工小组一起参加，各个小组根据其面临的环境对有关的经济变量做出决策，然后以博弈的方式进行互动。又如案例分析，一般提供给受训者一个现实的问题，由受训者进行分析，并要求他给出解决方案。还有角色扮演，即通过让受训者扮演一种特定的角色，并与其他人一起进入这种角色面临的环境，使受训者理解和体会这种角色的切身感受。

优秀企业的培训经验

佳都：无处不在的培训

佳都国际（集团）有限公司自1992年建立以来，已在中国大陆设立了十家分公司，并在中国香港、美国设立了分支机构，是中国大陆发展最迅速、最具活力的IT企业之一。

第8章 给员工输送新鲜血液，让团队从优秀到卓越——培训育人心理学

在这十几年中，人才的开发、利用及管理对佳都国际的发展起着至关重要的作用。佳都国际尤其强调对员工的培训，在人力资源管理中，佳都把培训放在首位。

一、无处不在的"培训"

佳都国际每个部门的职责明确，即使这样，组织如此庞大的员工队伍的培训也不是件容易的事，并不是所有的培训都由培训经理来完成，佳都国际首先把专业培训分到各个部门。比如销售人员有自己的销售任务，产品经理要想帮助销售人员完成销售任务，要想帮助销售人员达到目标就要对他的成员进行销售技能的传授，这个过程就是个培训的过程，所以这个部门经理就是培训师。而培训经理主要负责员工的入门培训、企业文化的传播等大的方面，同时对整个培训进行统筹、协调、实施、跟进、评估。因此，佳都国际要求每个管理者都要成为培训师，从这个意义来讲，佳都国际的培训无处不在。

二、完备的"外训"系统

佳都国际已经建立了一套完善的外训系统，这主要表现在两个方面。

首先，佳都国际会定时请一些高级培训师来授课，比如对员工的企业忠诚度、职业操守、领导的艺术等的培训。这种"请进来"的方式效果显著，尤其对企业难以解决的一些内部矛盾很有帮助，因为，企业管理者在不少时候都是"当局者迷"的。

其次，公司会根据员工的需要送员工到外面的培训机构去进行专门的培训，比如去进行短期的课程培训或是到大学接受再教育等，这种切合员工需求的培训是最受员工欢迎的。

三、培训的艺术

员工最好的培训师就是他的直接上司。国外有一分钟的管理艺术之说，它包括一分钟目标、一分钟批评、一分钟表扬，这其实比任何一种培训都重要。举个简单的例子，员工完成了一项方案，作为他们的上司能立即给予表

扬,这样员工不仅知道了这件事该这样做,而且下次做得会更有热情;如果方案不完善,上司的提醒会使他改进,从而改变错误的行为方式,这种方法在培训中是最直接有效的。不管是内训还是外训,佳都国际的最终目标都是使每一位员工都能在这种培训下成为行业里最棒的。

四、培训的价值

企业是否成功是以百年来算的,世界前500强企业都超过了一百年。俗话说"十年树木,百年树人",那么以人为本的企业不也得用百年来建立吗?由此,一个企业如果想做"百年老店",对员工的培养是绝对不能忽视的。

从管理者的角度讲,一个管理者是否成功,要看他的存在是否能使企业一如既往地朝良性方向发展下去。朝好的方向发展靠什么呢?就是靠对企业员工的培养和训练。就是基于这样的认识,佳都国际才如此重视对员工的培训。

IBM:做完美的IBM人

IBM是信息产业中有代表性的企业,人们称它为"教育产业"。这是一个自员工进公司到离开公司都要经常反复进行教育的公司。其教育方法也不同于一般公司的那种马马虎虎的教育。他们是彻底地将公司的方针灌输到人们的心里,以期培育成完美的IBM人,这点正是与其他公司的不同之处。

公司认为,通过对员工的反复教育,不仅可以提高IBM员工的能力,也可以使员工具备作为一般市民的修养。

如果IBM的员工被评价为优秀市民,这也就是对公司的高度评价,其结果也与公司事业的发展相联系。

因而,在IBM,对临近退休的员工,也要进行教育进修。不过,在这种情况下,进行的教育主要是一般修养方面的教育,而不是人事管理或加强营业方面的教育。说得更准确一些,是为了提高作为IBM的员工或作为曾在IBM工作过的员工所必须具备的教养和知识而举办的学习会。

若在一般的公司,就会认为"退了休的人,就没事了",恐怕不再考虑退休后的事。而IBM则希望得到"该人不愧曾是IBM的人,各方面都很干练"的评价。

IBM的退休人员确实在不断增加。这些从IBM退休的人们分别去各地度晚年,在步入人生第二阶段的时候,不知不觉间就会宣传对IBM的信赖和表现出其所具有的智能。也就是说,把长期无偿宣传IBM的种子撒在全国各地。IBM公司就是能看到这么远。

这种学习会常常邀请各界权威人士前来参加。因此,出席这种学习会的除了要退休的员工外,还有各部门的管理人员,有时甚至董事、经理等也出席。

IBM教育的特征在于,不仅是现职人员,甚至连已经离开公司的人也作为对象。员工在进公司的同时,首先必须接受新员工教育。新员工教育涉及IBM各工种的大致情况,一般大约要进行3个月。

然而,进入公司后,从第一年到第三年之间,要实行一种称之为入厂教育的再教育,为造就IBM人而逐步地"加工"。5年后,还要接受骨干员工教育。

这样虽然经过了充分训练,但是在这个期间,还要随时参加很多讨论会、学习会、讲演会等,所以,如果认为在入厂教育后就"不会再有进修了",那就大错特错了。

人性育人术(一)——洞察下属的学习需求

了解下属的学习态度

下属如果有幸在热心教育的领导底下工作,定能增进能力,比起在不热心教育的领导底下工作有利多了。因不热心教育的领导不愿多花时间训练下属，在他们心目中认为教育训练等于是浪费时间。这两者相较之下，前者定可造就高水准的绩效，这种成果是由领导对属下的教育关心而来的。

由测验结果得知，下属人员对领导的热心教育程度也有意见：

（1）若只循老经验依样画葫芦学习，自己的工作到底与其他工作有何关联，自己都不清楚，如此萧规曹随般地工作总有令人厌烦的一天，最好能更广泛地教导。

（2）把握工作重点，并教导我们应使用何种方法才能与其他部门相配合。

（3）希望能详细教导我们有关其他单位的工作。

（4）多给我们学习、研究工作的机会。

（5）希望训练我们从事上级的工作。

下属人员可由领导处学到对工作的认识与做法，并可由老前辈处学习实际工作方法，且在吸收技术与知识的过程中学会如何经营企业，思考工作时可能会产生何种问题，同时明白一切作业都要配合实际工作情况。举例让他们学习，这种经验可使员工对于将来可能发生的问题增加预测能力，让他们发挥解决问题的智慧。

不过有时亦可采取放任的态度，配合其成熟度给予适当的工作，此后再训练他更高一级的知识与技能。在这种教育训练过程中，不能过分呵护，否则会抑制他们的成长。有时不妨撒手不管，养成他独自研究的习惯，训练个人的执行力，这点很重要。你不妨出个研究的题目让他自行解决，有时也可反问他："依你看应如何？"即使下属失败了也不要急着过去帮忙，直到他独自克服困难为止。这种做法也许稍为严苛，却很有价值。员工由于自己的努力而解决了问题，内心将充满成就感，更会领悟到只要努力就能完成事情的道理，使他慢慢产生自信心。

对于过分呵护的领导，属下认为既然你已给予我这份工作，就应让我独立完成，否则等于扼杀了我的成长，领导绝对必须注意此点。

让下属产生学习的心理需要

这是有关自我启发的问题。

所谓自我启发，意思是说，为了提高个人的能力，自拟计划而实行，以便达到某个目标。

在学生时代，任何人都有一些擅长与不擅长的学科。例如，喜欢英文的人，总是自动购买参考书，上电视讲座的课。讨厌英文的人，即使父母怎样激励，就是鼓不起劲来，对参加补习或是请家庭教师，都抱着"退避三舍"的态度。因此，英文成绩总是不与"努力"的程度成正比，常常为低分而大为头痛。

从这个体验不难知道，自我启发的特征，在于唤起学习意愿。因此，开发能力的根本，在于自我启发。

话是这么说，自我启发也有缺点，那就是，只学习自己有兴趣的事。另外，学习意愿的程度，以及借此想达成的目标（水准），也因人而迥异。

因此，领导干部（管理人员）在平时就得对"希望做什么工作"之类的事，有个详尽的了解，对部属的希望、能力、性格等做全盘的分析。

然后告诉部属说："你如果要做你一心想做的业务，就得对目前所做的工作中的那些部分，好好下工夫呀。"

如此这般，在适当时机要做这样的指导，好让他对工作发生兴趣，自动产生学习的意愿。

你应有的解决方法是要解决你的问题，就得依照下列方法处理。

（1）好好反省下面缺点：①是不是从不考虑到部属的愿望与意向？②是不是只站在自己的立场，片面认为部属应该对目前的工作再下工夫，不必谈其他？③是不是只知以说教方式，劝他说："从事任何工作都要自己拿出热忱来学习。"

（2）工作分配时要考虑到让部属负责一直想做的工作。即令无法马上做到，至少也要有"待机而行"的计划。

（3）部属如果希望做某种工作，你就先给他一些课题，让他去研究。事后，还得令他提出研究报告，并且给以适切的指导。

（4）如此反复，让他体验到"学习的乐趣"。

鼓励成员的进取精神

下属做工作，必须有些进取精神，这样才能把工作干得更好。但话是这样说，能一以贯之地做到积极进取，却不是一件容易的事。有人雄心勃勃，矢志进取，但一朝受挫就意志消沉一蹶不振；有人一时成功就洋洋得意，结果不思进取。由此可见，要积极进取确实不易。

所谓进取就是不断地奋斗，这正是一个人的活力所在，也是一个团体的活力之所在。领导者的领导能力如何，一个重要的方面就是看其下属的士气如何、进取精神如何。激励进取既是下属成功的关键，也是团体使领导事业成功的关键。

对于那些易满足于现状的人，要让他们看到还有更美好的东西还等着他们；对于那些一有成绩就骄傲的人，要告诫他们，这只是万里长征走完了第一步，以后的路还很长很长；对于那些易受挫折的人，要告诉他们"不要为打翻的牛奶瓶而哭泣"，明天太阳依旧从东方升起。这样的领导者才会是一个成功的领导者。

明朝名臣张居正最后为朝廷重用，并进行了一场轰轰烈烈的改革，但若没有他人的指导和激励，也就不会有后来的辉煌。张居正少年得志，在13岁

第8章 给员工输送新鲜血液，让团队从优秀到卓越——培训育人心理学

参加省里的考试时，主考官见其文章，拍案叫绝，并准备授予"举人"。这时，湖广巡抚顾璘正巧来到这里，看过张居正的文章后也赞叹不已，忽然他叫道："让其落第。"原来，顾璘是这样想，自古少年得志者最后成大业的极少，于是故意不录取他，杀一杀他的傲气。

张居正见榜后，傲气顿减，开始反省自己的错误，不断地进取，终于在3年后取得举人。张居正的成功也说明了进取的重要性，而这一点正是深益于其"老上级"顾璘的鼓励。

人性育人术（二）——润物细无声的秘诀

有诗云：随风潜入夜，润物细无声。说的是春雨对大地万物无声的滋润。培育人才也如同春雨润物一样，把自己的知识技能不知不觉地传给自己的下属，而下属没有从领导那儿索取什么技能，但却发觉自己能力提高了不少。这就是润物无声的作用。

耳濡目染，润物无声

领导往往带几个副手跟自己一起工作。他不明确地告诉大家"你们该怎么做"，而是沉默不语，仿佛说："看我做就知道了！"于是领导就自己动手做给下属们看，下属从中知道干事的方法，或者下属们自己去做，领导在一旁加以指点，久而久之，下属的能力就不知不觉地提高了。古人说："强将手下无弱兵。"此话正说明了这个道理。

这种润物无声的育人方法其中重要的一点就是为下属创造一个良好的育人环境。有一个精明能干的领导带领大家工作，又有一个良好的工作氛围，这样下属整天耳濡目染，自然就会更进一步了。这如同下棋，跟一个棋艺差

的人学一定进步不大，要想有更大的进步就必须跟高手一起杀它几回，自己的棋艺自然不自觉地就提高了。

能干的领导必有能干的下属，这是由于一方面能干的领导善于选人，另一方面能干的领导对下属起着巨大的影响作用。

叩开原子大门，率先进入原子核领域的英国科学家卢瑟福，被人们誉为原子核物理之父。他先后任教于加拿大麦吉尔大学、英国曼彻斯特维多利亚大学和剑桥大学。他不仅自己由于在元素蜕变和放射性化学方面的研究获得了1908年的诺贝尔化学奖，而且他的学生和助手先后有十余人获得了科学界的这项最高奖赏。这在科学史上是史无前例的。卢瑟福及其学生和助手的成功主要是卢瑟福在自己的工作过程中时时处处地影响着自己的学生和助手，从而使他们成为尖端的科学人才。一个典型的方法就是：卢瑟福每次写完一个科学报告以后，都坚持让自己的学生作最后的"检审"。学生通过阅读他的科学研究的报告，不仅能从文章的思路来拓宽自己思维，而且还学到很多的研究方法。经过长期的合作，学生的分析能力和研究能力就会提高一大步，也难怪卢瑟福有那么多的学生和助手获诺贝尔奖。

这种育人方法非三五日之功，必须从长考虑，戒骄戒躁，只有长期的潜移默化，才会终有成效。作为领导者，则必须有比较高的才能，同时还要有影响他人的艺术，做到以知识去提高人，以道德去感化人，"随意潜入心，育人细无声"。

因任施教的技巧

育人的目的在于能够在用人之后能更好地发挥他们的才能，做好团体的事业，因此育人就必须要为我所用，需要什么样的人才就培育什么样的人才，要因任施教。我们知道对一个商业部门来说资金是极为宝贵的，商家既要在业务上投资,为了更好地发展还不得不在人力资源开发上投资。商家总是想以最少的投入取得最大的收益,在人才的培养上应该根据自己的实际需要来选择培育。这就如同在市场经济条件下,市场上需要什么样的产品就应生产什么样的产品一样,商家只有根据自己的需要,选择培育适当的人才,才能实现最佳的效益。

许多大企业成功的关键就在于能够根据自己的需要,去学习相关的专业知识,这样学即有所用。目前台湾最具规模的工程公司是中鼎公司。它不仅成为岛内外著名的综合性工程公司,最近几年营收及获利率更呈稳定成长,平均每年都有20%的成长率,而其成功的关键就是人才的开发和利用。

中鼎公司极其重视人才的培训。在技术培训方面,一是对各部门新员工施以1~3个月不等的专业训练;二是在职训练每年举行,内容为晋级的专业训练或第二专长训练。在专业训练方面,课程由资深领导与专业技术人员担任讲师,就其专业领域及实际经验授课,以达经验继承与继往开来的目的。由于该公司有丰富的工程服务经验以及相关的制造业、营建业及高科技工业等方面雄厚的人力资源,故而发展极快。

领导事业成功的关键就是用好人,而用人之先则主要是培育自己需要的人才。

培养接班人,要从长计议

领导和下属一道把事业搞得红红火火,这是应该骄傲的,但对领导者来说,就不得不考虑十年二十年之后这事业会是什么样子。凭领导者现在的才能可以成就一番大的事业,但在自己引退之后,这事业就应有人继承下来并让它发扬光大。因此领导者对接班人的选择极为重要。中国在用人方面有句话叫"知人善任",怎样才能更好地"知人"呢?比较起来,领导者还是对自己培育出来的人了解放心，故适当的接班人的选择最好从培养接班人开始。

培养接班人，从长远看来，这是领导育人的极重要一环。领导从身边的人中培养接班人，首先自己对他们都比较了解，知道他们各自的能力和品质；其次，培养的接班人对自己的事业最了解，而且自己的经营理念将得以传承。

我们可以看到许多大企业的失败，其中一个重要的原因就是在接班人的选择上出了偏差，那么究其更深层次的原因就是没有培养接班人或是没有培养好接班人。相反而言，许多事业延续长久正是得益于接班人的培养。韩国三星集团的创始人李秉哲把儿子作为自己事业的接班人，结果其子接管父亲的事业，公司的发展比以前更胜一筹；台湾著名的企业家王永庆把大女儿作为事业的重点培养对象，将来在王彻底引退后，大女儿可独自撑起大权。

培养选择接班人，领导对此必须慎之又慎，这事关成败的大局。领导最好先物色几个人作为接班人的人选而加以培养，然后再看培养的效果如何，从而从中选出最优秀的作为事业的接班人。如果领导认为自己选定的接班人能力有限而不能维持以后的大局，就应该重新寻找适当的人选而加以培养。

接班人的培养如同为以后的发展铺路，路铺好了，发展也就比较容易了。

以"前车之鉴"育人

一个人的能力来自两方面：一是从亲身实践中来，这一知识最深切最宝贵；二是从他人的实践经验中来，包括看书、交谈、经历等知道别人是在怎么做。亲身实践而学来的知识能力固然可贵，但一个人的精力毕竟有限，就不可能任何事情都去亲身实践，因此学习借鉴他人的经验就成为一种必要。

别人成功的经验，也有失败的经验，但这些经验中都是有意义的，从成功中可以借鉴具体的做法，从失败中可以吸取教训，从而使自己以后不致犯同样的错误。人类社会发展上千年，给我们留下了丰富的知识；人类世界又是如此之大，我们可以从不同的区域、不同的国度吸取经验教训。

领导者在育人方面就应多讲前人经验的积累，用前人的事实说明下属该怎样做又不该怎样做。这样下属在工作、为人、处事方面就会少走许多弯路。

美国一家公司的方法值得借鉴。按美国的惯例，企业领导一旦退休便与公司"永别"。但费尔柴尔德工业公司却打破常规，招聘退休干部回公司担任"特别讲师"，充分发挥他们的才智，让他们为改善经营管理服务。1982年11月至12月，该公司举办了有12名事业部长级退休人员参加的经营讲座，5名退休人员登台现身说法，通过具体事例专门介绍自己在职期间的"失败教训"、创办新的事业部门以及处理与下级关系的经验，涉及内容非常广泛。这种别开生面的经营讲座在公司内引起了极大的反响，它使经营者学到了书本上学不到的东西。

以"前车之鉴"育人比简单的理论灌输更易为人所理解，而且成本较低。领导者适当地以自己和别人的经验教训来与下属交谈，让他们从中有所收获，这对育人是很有好处的。

"引狼入室"，制造危机感育人

美国某地区为保护森林中的羊群，就把所有的狼都杀光了，结果出乎意料的是羊群却逐年减少。原来，没有了狼之后，这些羊群很少奔跑，对疾病的抵御能力极差，同时大量羊群的繁殖使它们没有足够的食物。考虑到这种情况，当地民众又从外地引入了狼群，最后这些羊群又恢复了生机。

这一小小的事例说明了没有危机感就没有活力，这样最终会导致自己毁灭。对一个团体也是一样，如果没有压力那么个人就会缺乏动力。我们可以想象在"吃大锅饭"的年代，干好干坏一个样，干多干少一个样，谁都不想吃亏，所以就没有人愿意去多干；但分开以后，多干多得，不干就什么也没有，谁不努力去干好呢？关键就是生存的压力使人去奋发前进。

随着竞争的激烈，一个人要想在社会上立足就必须提高自己的能力而不被"狼"吃掉。领导可以利用下属的这些心理，从外部招纳有能力的人，让他们去抢旧部属的饭碗。面对竞争的压力，旧部属也就不得下放低姿势，努力去提高自己的技能以做好自己的工作。

日本三泽公司的总经理三泽千代对这一育人艺术深有体会。

三泽认为一个公司如果人员长期固定，就少了新鲜感和活力，容易产生惰性，找些外来的人加入公司，制造紧张气氛，企业自然就会生机勃勃。于是三泽公司每年都要从外部"中途聘用"一些精干利索、思维敏捷、年龄在25～35岁的职员，甚至还聘请常务董事一级的大人物，让公司上下的职员都感受到压力。由于这一措施，从而使企业内部始终保持着奋发向上的活力。而同时，员工的能力都普通提高。

"引狼入室"的主要目的是让下属都有一种生存的压力，从而努力地提高自己的能力把工作干好。不过，在引进外部人才时领导也必须注意，首先这些人才必须是少而精，才能达到实际的效果，不然就对内部人员构不成压力；再是因为下属长期为你工作，心目中有一种功臣的感觉，如果引进人员过多则会使下属认为领导喜新厌旧、让外人来夺自家人的饭碗，就会导致自己人愤然出走，也就达不到育人的效果。

"即时教导"省时间

要从忙碌中腾出时间来教育部属,的确是不容易的事,但是,认真说来,你本身很可能也犯了错。

第一,观念错误。也许你认为育才之事,必须通过外面的"讲习会"、"讲座"才能得到效果。培养人才并不一定只靠这一类的"研习会",你必须知道,"即时教导"也可以通过工作时达到它应有的成效。

第二,你是不是认为,"即时教导"是一种"很特殊的教育方式"?错了!领导干部每天在做的"领导工作",它本身就是"即时教导"。对这一点,你必须有正确的认识。

例如,下面的事就属于"即时教导"的范畴。

早上进了办公室就以充满活力的口气,与在场的同事打招呼。

这种看似没什么的平平常常的行为,其实,已经暗示了部属:"见了人就要这样打招呼呀。"

又如,提醒部属说:"你呀,可不能做这种事,因为……"此类指正也是道道地地的"即时教导"。

换句话说,日常的"领导方式",以及领导人员的言行本身,对部属就发挥了指导作用,因此,领导人员的一举一动、一言一语,都要符合这种教育作用。千万不能漫不经心,在部属面前露了"破绽"。

你应有的解决方法是你在感叹"没有时间"之前,应该切实检讨自己,对下列各点尤其要有彻底的认识:

(1)培育部属的方法,绝不能限于"即时教导",通过工作而做的"即时教导",才是培养人才的根基。

(2)"即时教导"并不是"特别"举行的某种教育,而是你每天的管理工作本身,就有"即时教导"的作用。

（3）实施"即时教导"并不需要专门挤出时间。只要你有下列的条件就能做得好：①"教育部属是我的重要工作"——要有这种责任感；②"设法早日把他训练成可以从事某某业务的人——要有这种指导的意愿。

（4）如果你想拥有一段时间实施教育，必须在开始工作之前就确保它。在工作最忙碌的阶段，想在下班后实施教育，往往由于加班，无法如愿。另外，在工作告毕之时实施教育，由于部属的学习意愿不高，做来也效果难彰。

（5）要知道"时间是自己找出来的"，只要有这种观念，你就随时可以找出时间，活用于部属的"即时教导"上。

优化员工的道德

事业中的道德如同一个人本身的道德一样，它可以使更多的人与你建立良好的关系，这一关系的建立必然会为事业奠定基础。事业中的道德诸如员工的职业道德、商业信誉等。这些因素是企业或是其他团体形象的一个标志，而它们则是每一个职员道德集合的结晶，因此要提高团体的形象就要努力培养所属职员在事务中应具备的道德。

优化员工的道德，一方面要致力于改正员工的缺点，另一方面又要把团体的道德灌输给下属。这样下属就能对内与同事协调地处理人际关系，对外取信于公众，为团体带来良好的声誉。

就以商业为例，俗话说："顾客就是上帝。"这是商业中不变的真理。要赢得顾客的信任，靠的是什么呢？应该是产品和服务的质量。产品的质量可以通过提高科技水平和加强管理监督做好，但要在服务方面更上一个台阶，除了加强管理以外，还要着重对员工的道德培养。对员工的道德培养应着重于乐于助人，即时时刻刻关心顾客，想为之所想，急为之所急，使顾客能感觉出有人情味,这样顾客的回头率就会越高。

一个团体事业的成功靠的是每个成员的协作。这个团结的氛围来自何方?答案可能有很多,但就主要而言可以说成一个"忠"字,忠于集体,忠于事业。领导者要做好自己的工作,要使集体的事业成功,就必须培养忠实于集体和事业的下属。忠是道德的一个方面,因此也是优化道德的一个重要方面。

古今中外杰出的领导者在育人方面都特别强调以德育人,可见品德的重要。除了上面所说的"助人为乐"、"忠于他人"以外,还有勤俭节约、诚实信用等。

朱元璋就是一个以节俭育人的典范。朱元璋出身贫苦农民,历尽艰辛,因而深知民间疾苦。在南京营造宫殿时,负责施工的大臣送上设计图案,朱元璋当即将那些需要精力雕琢的部分取消,改让画工画上自己的艰苦经历,以提醒自己不忘过去,并告诫子孙创业之难,期望他们能守住帝业。他还命人把唐代诗人李山甫的《上元怀古》诗书于屏风上,让子孙能得以见之。朱元璋还要求子女绝不能贪图享受。他命人把太子朱标带到农村,让他亲眼看看农民生活和耕作的情景。同时,朱元璋还告诫自己的下属要节俭。这样,在朱元璋的言传身教下,明朝的上层人物在相当的一段时间内保持着节俭的良习。大明江山也因此受益并一直延续了270多年。现代史学家总是心有疑问,明代皇帝是历代皇帝中最昏庸最无能的之一,却又存在了那么长的时间,除了早先建立的一套体制以外,节俭之风不能不说是一个原因。

领导者成就事业,道德育人在先,可谓未雨绸缪。

培养员工坚强的意志

意志是为了实现预定的目标而自觉努力的一种心理过程。它有两个特征:一是它的目的性,二是它的坚持性,使人在实现目标的整个过程中,能够自觉排除自身情绪的干扰，克服外部困难的阻力，而坚持不懈地努力。任何人如果没有坚忍不拔的意志，必将一事无成。因此每个人不仅要时时刻刻注意培养自身的意志，对领导者而言在育人方面也必须重视下属意志的培养，因为意志可以充分发挥一个人的潜力，从而促进事业的发展。培养意志应主要从以下四个方面入手。

一、持之以恒

不管做什么事，都最讲究一个恒心，有恒心才能一如既往地把一件事干到底。前人说："积土成山，风雨兴焉；积水成渊，蛟龙生焉；积善成德，而神明自得，圣心备焉。故不积跬步，无以至千里；不积小流，无以成江海……锲而不舍，金石可镂。"这都说明了要成就事业，必须坚忍不拔、锲而不舍；如果没有恒心，任意放纵，半途而废，就没有多大出息。"一曝十寒"、"三天打鱼，两天晒网"、懒懒散散是没有成功的希望的。常言道："坚持就是胜利。"能够坚持下去，必然有一股一以贯之的意志在支配。

国外一家大公司在育人上有这样一个绝招，对新来的员工让他们带上公司的产品去推销，身上不准带钱，可想而知，如果不能推销出去，就没有车费，就没有吃饭的钱。此刻此景，员工一定感到压力极大，但这是上级的一次考验，如果失败就很难在公司里混下去。于是大多数员工终于克服重重困难，把产品推销了出去，因而得以留用。这种方法不失为一种逆境育人的好方法。在逆境面前，人最易退缩，若能坚持不懈，诚是可贵。

二、抵抗欲望的诱惑

人最大的敌人不是别人，而是自己。这敌人不是自己的躯壳，而是自己的欲望。战胜欲望也就战胜了自我，否则各种安逸的生活、优厚的待遇、诱人的荣誉等都会使自己的人生之船偏离航向。领导者育人就要让下属不纵欲，做一个心静如水的人，就如同"任尔东西南北风"，"我自岿然不动"一样。

人非草木，都有七情六欲，为自身需要去追求正常的利益是无可厚非的，在商品经济时代甚至是应给予鼓励推动的，但万事都得有一个度，超过这个度就会背离初衷而适得其反，故不可纵欲。

第一，不可为物欲所诱惑。物欲可以说在人的欲望中居于第一位，因为人们总是希望自己的财富更多一些，从而地位也就高一些。所以在社会激烈的竞争之中，对方往往以物欲作为突破口，收买已方下属从而获取重要情报或是挖走自己的重要人员。因此，抵制物欲的诱惑既是个人成功的关键，也是领导事业成功的关键。

第二，不可为女色所迷。自古英雄难过美人关，但能过美人关的英雄还是大有人在。自古英雄丧于色的举不胜举。周幽王喜褒姒而西周亡，吴王宠西施而为越王勾践所灭，仅此两例就可以说明贪于女色的危害。领导者育人不仅要教育部属不能因色误事，还要教育部属莫要贪恋女色而丧失斗志。

第三，不要玩物丧志。每个人都有自己的喜好，但若一味沉溺于此，便会影响事业的发展。人一心不可二用，倾注于一方必然会忽略另一方面，有时由于对其他事懈怠处之就会错失良机。

第四，不可纵酒。酒本是作为药物以强身健体，但后来渐渐成为日常饮用的物品，而且成为人际交往中不可缺少的工具。但若不加节制，滥饮酒精，必然会因酒误事。

领导者必须让下属不纵欲，时时警醒他们要以大事为重。

三、胜不骄

人在得意之时往往喜不自禁，既有"一日看尽长安花"的飘飘然，又有"莫使金樽空对月"的放纵。在得意之时各人神态不一，既有成功喜悦的内心表白，也有的丑态百出。胜利的确难得，有平时汗水的结晶，也有机遇的垂青，一朝若有收获，又怎不令人欢欣鼓舞。那种感觉只要看看捧着沉甸甸的稻穗的农人那欢欣喜悦的泪水就知道了，成功就该庆祝一番。可是成功之后有的人骄傲自满，以为后无来者，就不思进取了。另外，一有成绩就放纵自己其实是心灵脆弱的表现，这种性格一旦遇到挫折，整个心理一下就垮了。故领导者育人就应培养他们的意志，让他们在胜利时能保持清醒的头脑继续干自己的事。

四、败不馁

胜不骄就应败不馁，这是一个坚强人性格的表现。许多人往往在困厄之时把自己的弱点暴露无遗，因为人若不得志，在失意之时就容易放纵自己，就没有了追求、没了斗志。故在困难之中而不丧失斗志极为难得，许多惊天动地的大业都是在困境中创造的。勾践卧薪尝胆夙愿得偿，清代蒲松龄曾为之评说：苦心人、天不负，卧薪尝胆，三千越甲可吞吴。

相较而言，项羽自刎乌江则是自暴自弃。育人要使人做到事败志不败，还应培养不畏困难、迎难而上的作风。

让下属树立理想

理想是一个人的精神支柱，是完成各项事业的向心力、凝聚力和推动力。理想就是一个人要达到的目标，就是一个要实现的梦想。有人想过无所事事的生活，这是他的理想。有人要得到更多的物质，这是他的理想；有人要干一番轰轰烈烈的事业，这是他的理想。总之不同的人有不同的理想，但我们这里要说的理想是需要经过努力奋斗方能达到的目标。有了这样的思想，才能不因一时的得失而丧志，才能在工作中不屈不挠地对待失败，又能冷静地看待成功。因此树立崇高的理想是领导者育才的重要方面。

一、人贵有志

理想是人所追求的目标。人们常把理想与志向相提并论，常问"你的理想是什么"，"你的志向是什么"，可见两者联系紧密。一般而言，理想是志向的基础，而志向则是实现理想的意图和决心。领导者育人就应让下属树

第8章 给员工输送新鲜血液，让团队从优秀到卓越——培训育人心理学

立远大的理想，明确自己的志向。

理想、志向是一个人进取发展的推动力。一个没有理想的人无益于一架躯壳，如行尸走肉。理想可以推动一个人去奋斗，领导者就可以利用这一点去推动事业的发展。拿破仑说："不想当将军的士兵不是好士兵。"作为一个军人，干一行就应爱一行并在这一行中努力进取达到更高一层，"将军"应是每个士兵的理想。同样，不想当领导的职员不是好职员。不管怎样，必须首先有为之奋斗的理想，才有不懈的努力。因此每个下属都必须树立自己的理想。

近代以来我国涌现了一大批优秀的科学家，他们都怀着为祖国而奋斗的理想。詹天佑立志修一条自己的铁路，在清政府决定修京张铁路时，一些外国工程师就声称："如果没有我们，这条路就不可能问世。"面对各种压力，詹天佑毅然挺身而出，担当了此项重任。志向既立，面对外国人的嘲讽，詹天佑和中国工人克服种种困难，只用4年的时间就完工了，而且比原计划提前2年完工，还结余28万两银子。同样，飞机设计师冯如（1883~1912）决心造出世界一流的飞机，为中国人争光，终于他经过精心设计，打破了以前的记录。

育人从大的方面来说，就要培养他们，使之具有远大的理想和志向，在实际操作中可以以适当的形式，让他们提出近期和远期的奋斗目标，并以别人的成就事例或者现身说法来影响他们，督促其理想的实现。这样，自己的下属在实际工作中就不会盲目，就不会"做一天和尚敲一天钟"，而是一个有理想有目标的人。有理想则有奋斗的干劲，有了干劲又会推动理想的实现。

二、有志者，事竟成

理想、志向是人生旅途中的航灯，即使在漆黑的夜晚，它也会指给人前进的方向。一个没有志向的人如心中没有罗盘，不敢轻易迈出一步，唯有在原地打转，这样就不会有发展；而有志之人，时时刻刻地想着自己的奋斗目

标,并通过实际的努力去实现它,同时,在美好前景的诱惑下,人们奋斗起来更有干劲。有此精神,事业就成功一半了。

华裔盲女云海泽,自幼双目几乎完全失明,但她立志克服残疾,自食其力,有所作为,并以坚忍不拔的决心与毅力,矢志努力,不仅读完小学、盲人学校和大学,而且以其出类拔萃的学习成绩得到英国颇有名气的罗尔斯·罗伊斯公司的录用,从事飞机发动机的设计工作。她借助于盲文书写、摸读的文字符号、印字机等,掌握了先进的技术,成功地为EHl01直升机设计出了RTM322新型发动机,荣获以雕刻家伊丽莎白·弗克林命名的"弗克林奖",同时还受到戴安娜王妃的亲切接见。如果云海泽没有远大的理想,她就只能做一个不为人所知的盲女,就不会有刻苦的奋斗,也就不会有以后的成就。

因此,领导育人重在让下属树立理想,有理想方能坚定地奋斗;同时,领导者也不得不考虑,即依据各人的潜力从而确立各自的志向,不要降低标准,也不应"好高骛远";另外,立志不应有年龄限制,只要有潜力、有能力,就可以确立自己的奋斗目标。